JN412370

성경의 핵심 본문을 통한 100가지 만남

# 바이블 라이프

성경의 핵심 본문을 통한 100가지 만남

# 바이블 라이프

BIBLE LIFE

정종돈 지음

한국NCD미디어

## 추천사

**광주새순교회 원로목사 윤정중**

나는 요즈음 책을 손에 잡으면 서문을 보며 저자의 간절한 마음을 보게 됩니다. 그러면 저자의 목양 스타일과 열정을 알게 될 뿐 만 아니라 무엇을 쓰고자 했는지를 잘 알게 됩니다. 요즈음 많은 사람들이 말씀에서 멀어져 가는 시대입니다. 그런데 이 책은 성경이 어렵고 무거운 책이 아니라 오히려 쉽게 접근할 수 있도록 도와줍니다. 핵심과 요점을 가볍게 정리하여 누구나 그리고 청소년들도 핸드북처럼 두고 보거나 가지고 다니면서 봐도 좋을 것 같습니다. 특별히 저자의 용기에 대해 칭찬하고 싶은 것은 보수라는 분들의 눈초리를 두려움 없이 구어체나 문어체의 본문들을 과감하게 더 쉽게 각색하여 누구나 보편적으로 접할수 있도록 한 것입니다. 성경 본질에서 벗어나지 않은 책을 우리에게 내주신 것을 감사합니다. 사랑하고 축복합니다.

**광주CBS 대표 최문희 장로**

'쉽게'라는 키워드로 중무장한 100개의 글이 너무 친숙하게 다가옵니다. 교회와 성도와 말씀을 향한 저자의 일편단심이 구절구절 숨어 있어 '은혜' 보물찾기를 하는 듯합니다. 저자가 그동안 빚진 분들에게 애틋한 사랑의 고백이자 감사 편지요 마음의 표현으로 전달됩니다. '어떻게 하면 더 쉽게 풀어낼까?' 숱한 고뇌의 흔적들이 곳곳에 배어 있는 것이 주님의 사랑처럼 느껴집니다. 그것은 말씀의 은혜요, 저자의 사랑에 겹겹 은혜입니다. 어디에나 계시고 누구에게나 하나님이신 우리 주님을 너무 '쉽게' 만날 수 있는 따뜻하고 은혜로운 글입니다. 저자의 바람과 기도대로 이 글을 읽는 한 분 한 분이 하나님과 더 가까운 관계가 되고, 좀더 쉽게 성

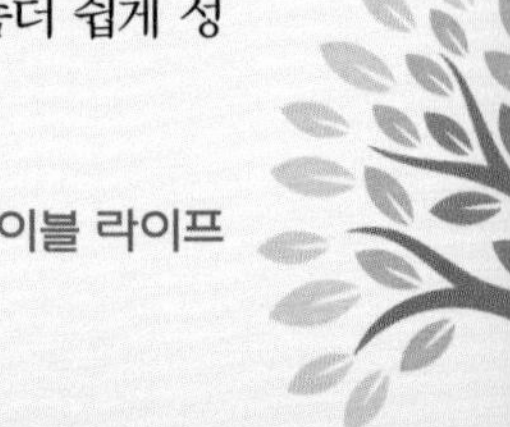

경을 대하는 '에벤에셀=도움의 돌'로 사용되길 소망하며, 이 귀한 책을 추천합니다. 원래 성경은 장절이 나뉘어져 있지 않았으니 한 번에 쭉~ 읽어가는 것이 제 맛입니다. 바라기는 성경전체를 이와 같이 만들어 엮어주실 날도 손꼽아 기다려봅니다. 끝으로 개인묵상, 소그룹 성경공부 교재로도 추천하며, 남녀노소 누구에게나 쉽게 다가오는 내용과 구성은 가정예배에서도 안성맞춤임을 살짝 귀띔해드립니다.

**광산교회 선교목사 윤홍성**

성경은 지루하고 이해가 어렵고 숨이 막히는 책으로 보기 쉽다. 성경을 이해하기 쉽도록 신구약 100개 주제와 100가지 말씀을 엮었다. 성경을 유기적으로 연결시키고 그 뜻을 쉽게 알도록 했다. 성경을 이해하기 쉽게 평소에 가르침에 열정이 있는 정종돈 목사의 재간이 보이는 책이다. 평신도 성경 읽기에 도움이 되고 교사나 리더들에게 유익한 책이다. 청소년들이 성경전체를 이해하는데도 지루하지 않고 쉽게 접근할 수 있을 것이다. 성경의 뼈대를 세우고 큰 흐름을 파악하기 쉽도록 도표까지 첨부한 좋은 책이다. 목회자들도 성경을 가르치거나 해석하는데 좋은 참고가 된다고 본다. 세상이 아무리 발전해도 겉모습의 발전이요 편리함을 보인다. 속사람과 영혼의 생명력은 하나님을 대면하고 가까이해야 하는데 결국은 성경이다. 성경을 차분히 살펴보고 좀더 깊이 생각하고 내 삶에 적용하도록 도움이 되는 책이다. 귀한 책이 한국교회와 목회자들에게 도움이 되리라 여기고 기쁘게 추천한다.

광신대학교 대학원장 신은균

이 책을 읽으며 어렸을 적 폴짝 거리며 건너가던 징검다리가 떠올랐습니다. 징검돌 하나하나를 건너다보면 어린아이도 그 넓은 시냇물을 건너갈 수 있었습니다. 이 책은 100개의 징검돌을 성경이라는 드넓은 강에 나란히 놓아두었습니다. 그런데 돌과 돌 사이가 그리 넓지 않아 누구나 건널 수 있는 징검다리가 될 수 있도록 애쓴 흔적이 여기 저기 묻어 있는 책입니다. 가능한 쉽게 성경을 소개해서 읽는 사람들에게 부담은 덜어주고 이해는 더 해주는 책입니다. 그러나 쉽게 쓰여 졌다고 해서 그 무게감이 가벼운 것은 결코 아닙니다. 성경이 전달 하려고하는 것만큼 묵직한 주제는 없을 것입니다. 그 무거운 것을 관심있는 사람은 누구나 읽고 이해하고 적용할 수 있도록 구성해 놓았습니다. 그러기에 독자를 향한 저자의 관심과 사랑이 흠뻑 녹아 있는 책이기도 합니다. 이것은 저자의 장점이자 능력이기도 합니다. 저자의 수고에 감사를 드립니다. 아울러 이 책을 꼭 읽어 볼 것을 권하고 싶습니다.

목 차

## 구약 Old Testment

## 신약 New Testament

## 서문

어린 시절 쓸 데 없는 놈이라고 부모에게 많이 듣고 자랐다.
참 '몹쓸 사람'이었는데 '쓸 사람'이 된 것이 불과 몇 년일까 싶다.
오랜 날들 쓸지 모르는 사람이었다.
겨우 '쓸 데 있는 사람'이 되고, 겨우 '쓸지 아는 사람'이 된 것 같다.

이 책의 발단은 성경의 핵심 본문을 가지고 성경 읽기를 해보자는 데 있다.
그러다가 발견한 책이 휘트커 커니홈의 『E100 성경 읽기』 전의우 옮김, 성서유니온였다.
100개의 본문으로 압축된 성경통독 첫걸음이라는 훌륭한 책이다.
본문의 100개 선정도 그 책에서 차입했다.
귀한 분에게 모든 빚을 지고 출발한 셈이다.
이 책으로 성도들과 성경 통독을 계획하다가 불편함(성경 따로, 책 따로)을
개선해보고자 성경 본문을 함께 수록하면 어떨까 했다.

그러다가 성경을 쉽게 이해할 수 있는 번역본이 필요했다.
먼저 『쉬운 성경』 아가페 출판사을 가져왔다.
그리고 종종 개역 성경을 가져오기도 했다.
이유는 쉽게 접근하자는 데 있었다.
또 구어체로 된 본문은 과감하게 좀 더 쉽게 각색을 했다.
아울러 성경의 장, 절을 맞추다 보니 여의치 않았다.
그래서 절을 뺐다. 모든 것의 시도는 '쉽게'라는 것이었다.

사실, 성경은 신학자나 목사들의 전유물이 아니다.
신학자들과 많이 배운 유식한 분들이 성경에 대해 더 잘 알고,
영리한 분들이 잘 이해하는 것은 분명하다.
하지만 더 안다고 신앙이 좋은 것은 아니라고 생각한다.
성경은 누구나 쉽게 읽고 하나님을 믿을 수 있도록 쓰였다.
처음 쓰인 성경은 그 당시 누구라도 읽으면 알 수 있는 언어라고 했다.
(지금은 다른 시대와 언어, 문화, 역사를 가지고 있어서 조금 어렵게 느껴지지만)
글씨만 안다면 누구라도 읽고 들어서 이해할 수 있고 믿을 수 있는 책이다.

누구나 하나님을 믿을 수 있다.
인종과 국적, 학식의 유무와 상관없이, 연령의 차이에 상관없이,
신분이나 지위는 물론 어느 것에도 구애받지 않는 '누구나'이다.
이 누구나를 벗어나 특정한 누구의 것이라면 오늘날의 기독교는 없을 것이다.

기독교는 '들음'의 종교라고 늘 귀에 못이 박히도록 사람들은 말한다.
즉 말씀하시는 하나님이라고, 하나님의 말씀은 누구나 들리는 것이라고,
'귀 있는 자는 들을지어다'의 귀는
어떤 수준을 말하는 것이 아니라 자세를 말하는 것이다.

자꾸만 오묘한 말씀의 풀이라든지, 감추인 비밀이라든지,
특별한 계시라 하면서 성경의 일반화와 보편화를 무시하면서
어떤 깨달은 자, 많이 배운 자의 능력으로 도치하는 경향이 있다.
성경은 누구나 읽어서 하나님의 은혜로 들리고 보이고 알게 된다.
단, 읽고 보고 들은 자의 각각의 받아들임이 있는데 그것이 외골수가 될 수는 있다.

하지만 그 또한 일반적이고 보편적인 것이 아니라면 통용할 수는 없다.
사실 다른 학문의 학자라면 그 외골수가 발전하고 발전하여
새로운 학문을 열고 새 능력이 원천이 되어 특별한 자가 되는 것이 지당하다.

엄격한 의미에서 신학의 발전은 쉽게 성경을 읽게 하는데 있다.
그래서 신학의 역할이 있다면 성경을 읽는 독자(신자를 독자라고 하자)들이
하나님과 더 가까운 관계가 되고 성경을 쉽게 이해하도록 돕는데 있다.

그렇다고 모든 신학의 학문을 부정하는 것은 아니다.
여타의 일반학문의 공격으로부터 변증한다는 점에서 정말 필요하다.
또 수많은 의심과 질문에 대한 답변으로도 필요적이다.

무작정 '성경을 믿자'가 가장 무식하게 말하는 것 같지만 가장 정확하다.
왜냐하면 기독신앙의 전제는

전능하신 하나님이 자기백성에게 주시는 절대적 말씀이기 때문이다.
그 말씀의 깊이와 수사修辭를 위해서는
체계적으로 깊이 있게 보는 노력이 필요하다.
그것이 성경을 공부하고 신학을 하는 것이 아닐까 싶다.
이 책은 그런 면에 있어서는 별로 도움되지 않는다.

단, 성경을 장 절 없이 쭉 연결지어서 통문장식으로 읽어보는 것이다.
그러나 엄청난 분량을 다 그리할 수 있는 재간은 없다.
깊이 있게 보고자하는 학문적 식견도 많이 부족하다.
100개의 본문들을 이리저리 이어서連環 이야기가 되도록 풀었다.
'성경의 내용이 이런 것이었구나!'를 쉽게 한번 보자는데 있다.
이런 시도는 훌륭하신 분들이 많이 하셨다.
그런 면에 있어 이 책은 결코 독창적이지 못하다. 하나의 아류亞流일 뿐이다.

늘상 '써 봐야 뭐해? 다른 좋은 책들이 있는걸…' 하면서 주눅 든 상태였다.
그럼에도 책으로 내게 된 것은 곁에서 용기를 주며 보채는 분들이 있었다.
또 K-Pop 가수인 BTS의 노래 「소우주-Mikrokosmos」에서도 힘을 얻었다.
용기를 주신 분들, 힘을 받은 노래에서 책은 시작되었다.
70억 인구 누구라도 자기만의 빛, 자기만의 세상이 있다는 것이다.

> 반짝이는 별빛들 깜빡이는 불 켜진 건물 우린 빛나고 있네
> 각자의 방 각자의 별에서 어떤 빛은 야망 어떤 빛은 방황
> 사람들의 불빛들 모두 소중한 하나 어두운 밤 외로워 마
> 별처럼 다 우린 빛나 사라지지 마 큰 존재니까 Let us shine
> 어쩜 이 밤의 표정이 이토록 또 아름다운 건
> 저 별들도 불빛도 아닌 우리 때문일 거야~
> 한 사람에 하나의 역사 한 사람에 하나의 별
> 70억 개의 빛으로 빛나는 70억 가지의 world
>
> -BTS의 소우주(Mikrokosmos)에서-

100개의 성경본문을 이리저리 엮었다.
그리고「살펴보기」를 통해서 그 성경이 무엇을 말하는지를 보았다.
「생각하기」는 작은 질문이자, 한편으로 '아, 이런 말씀인가'를 보고자 했다.
「적용하기」는 그 말씀에서 이런 삶을 돌아보고 살았으면 했다.
모두가 본인에게 하는 말이다. 더 살피고 더 생각하고 살기로 했다.
모두가 내 것이 아닌 누구로부터 알게 모르게 빚진 것들이다.
그런 빚을 지고 사는 것이 쉬이 어디서나 낯을 들지 못하는 이유이기도 하다.

신앙과 신학에 눈을 뜨게 하신 서철원 교수님이 계시다.
추천의 글을 써주신 윤홍성목사님, 신은균교수님, 최문희대표님, 윤정중목사님,
책이 나오기까지 교정과 수정을 거듭해주신 은하패밀리(조은하 수미니 채미니)
진심으로 감사드리며 빛과소금교회 성도에게도 한없이 감사드린다.

늘 주님 앞에 미안치 않는 삶을 살아야 했는데 여전히 자신이 없다.
지금까지 살아있는 것에 많이 감사하고 이제라도 더 사는 만큼 덜 부끄럽기를…

2021년 6월
정종돈

## 이 책 이렇게 보면 좋겠습니다.

자신의 선입견을 충분히 가지고 보셔도 됩니다.
자신의 선지식을 들고 보셔도 됩니다.
'아 이 사람은 이렇게 썼구나.' 하시면 됩니다.
그런데 작은 조언을 드리자면
성경 본문을 읽으시면 좋겠습니다.
다 아는 본문이니까 쓰윽 지나칠 수 있습니다.
그래도 장과 절이 분명치 않는, 장과 절이 없는 본문을 천천히 읽으시면 좋습니다.

또 성경을 잘 모르신다면 성경 본문을 꼭 읽고 다음을 읽었으면 좋겠습니다.

1. 먼저 본문을 읽으십시오.
   가급적이면 한 페이지에 성경본문을 담았습니다.
   실제 본문은 훨씬 더 길고 깊지만 한 페이지에 담았을 뿐입니다.
   그리고 제목을 보십시오.

2. 살펴보기를 읽으십시오.
   본문을 다시 줄여 놓기도 하고
   '이렇게 보기도 하겠구나.'를 썼습니다.

3. 생각하기를 읽으십시오.
   가급적이면 보편적 생각을 담고자 했습니다.
   '이런 생각도 가능할까.'를 썼습니다.

4. 적용하기를 보십시오.
   이것은 자의적일 수 있습니다.
   하지만 '이렇게 살라는 것이 아닐까' 하는 것입니다.

**마지막으로 본문을 한 번 더 쓰윽 보시면 좋겠습니다.**
**중요한 것은 하나님의 말씀이니까요.**

## 성경

성경은 인쇄술이 발명되지 않았을 때는 필사筆寫본으로 이어 왔습니다.
원본과 같을까요?
늘 그런 의심이 있었는데 1947년에 이스라엘 사해死海 근처
쿰란 동굴에서 성경 사본들이 발견됩니다.
기원전 250년에서 기원후 68년까지의 사본이었습니다.
그런데 1947년까지 가지고 있었던 다른 수많은 사본과 비교해보니
거의 차이가 없었습니다.

성경은 약 2,600번 넘게 말합니다.
'이것은 여호와의 말씀이니라'
성경은 하나님에 대해서 말해 줍니다.
하나님이 사람을 얼마나 사랑하시는가를 말합니다.
그리고 그 사랑을 입은 자들이 어떻게 살아갈 것인가를 말합니다.

성경의 영어 Bible은 원래 그리스어 'biblos'에서 유래합니다.
신구약 성경의 약約은 약속約束이라는 말로 영어 Covenant언약
혹은 동의라는 뜻입니다.

## 구약성경

구약이란 말이 별로 마음에 들진 않습니다.
Old 라는 말이 자칫 옛것, 오래된, 지나간 의미를 줄까 싶어서입니다.

구약은 하나님이 예수 그리스도가 오시기 전 인간의 구원에 대하여 인간과 맺으신 언약이라는 말입니다.
구약은 율법의 언약이라고 합니다.

신약은 그리스도께서 오신 후 인간의 구원에 대하여 하나님께서 사람과 맺으신 언약입니다.
신약은 그리스도를 통해 주시는 은혜의 언약이라고 합니다.

**구약성경은 모두 39권입니다.**
**율법서 5권**
**역사서 12권**
**시가서 5권**
**선지서 17권**

신약성경은 모두 27권입니다.
복음서 4권
역사서 1권
서신서 21권
예언서 1권

구약은 하나님께서 천지를 창조하실 때부터 예수님 이전까지의 이야기를 이스라엘을 중심으로 기록했습니다.

# 1 Genesis

태초에 하나님께서 하늘과 땅을 창조하셨습니다.
그 땅은 공허하고 혼돈하였습니다. 그 때에 하나님께서 말씀하셨습니다.
그 말씀은 곧 세상이 되었습니다. 하나님께서 보시기에 좋았습니다.

빛이 생겨라.
밝음을 '낮'이라 부르시고 어둠을 '밤'이라 부르셨습니다.
저녁이 지나고 아침이 되니 이 날이 첫째 날이었습니다.

물 한가운데 둥근 공간이 생겨 물을 둘로 나누어라.
그 공간을 '하늘'이라 부르셨습니다. 이 날이 둘째 날이었습니다.

하늘 아래의 물은 한 곳으로 모이고 뭍은 드러나라.
뭍을 '땅'이라 부르시고 모인 물은 '바다'라고 부르셨습니다.
땅은 풀과 씨를 맺는 식물과 열매를 맺는 온갖 과일나무를 내어라.
이 날이 셋째 날이었습니다.

하늘에 빛들이 있어 낮과 밤을 나누고, 계절과 날과 해를 구별하여라.
우주 공간에 떠 있는 것들은 하늘에서 빛을 내어 땅을 비추어라.
해와 달과 별을 만든 날은 넷째 날이었습니다.

물은 움직이는 생물을 많이 내어라. 새들은 땅 위의 하늘을 날아다녀라.
생육하고 번성하고 땅 위에 충만해라.
이 날이 다섯째 날이었습니다.

땅은 온갖 생물을 내어라. 가축과 들짐승을 각기 그 종류에 따라 내어라.
우리가 우리의 형상대로 사람을 만들자. 모든 생물을 다스리게 하자.

그래서 하나님께서 하나님의 형상대로 남자와 여자를 만드셨습니다.
생육하라. 번성하라. 땅에 충만하라. 움직이는 모든 생물을 다스려라.

땅 위의 온갖 씨 맺는, 열매 맺는 모든 나무를 너희 양식으로 삼아라.
또 땅의 온갖 생명 있는 모든 것에게는 내가 푸른 식물을 먹이로 준다.
이 날이 여섯째 날이었습니다.

그리하여 하늘과 땅과 그 안의 모든 것들이 다 지어졌습니다.
일곱째 되는 날에 하나님께서 하시던 일을 마치시고 쉬셨습니다.
하나님께서 일곱째 되는 날에 복을 주시고 그 날을 거룩하게 하셨습니다.
여호와 하나님께서 땅과 하늘을 만드셨을 때의 이야기는 이러합니다.

여호와 하나님께서 땅의 흙으로 사람을 지으셨습니다.
그리고 사람의 코에 생명의 숨을 불어 넣어 사람이 생명체가 되었습니다.
하나님께서 에덴에 동산을 만드시고, 사람을 그 곳에서 지내게 하셨습니다.
또 아름답고 먹기 좋은 열매를 맺는 온갖 나무들을 자라게 하셨습니다.
동산 한가운데에는 생명나무와 선악을 알게 하는 나무도 있었습니다.

하나님께서 그 사람에게 명령하셨습니다.
"너는 동산에 있는 모든 나무의 열매를 마음대로 먹어라.
그러나 선악을 알게 하는 나무의 열매만은 먹지 말라.
만약 그 나무의 열매를 먹으면, 너는 반드시 죽을 것이다."

또 하나님께서 말씀하셨습니다.
"남자가 혼자 있는 것이 좋지 않으니, 그를 도울 짝을 만들어 줄 것이다."
아담을 깊이 잠들게 하고 그의 갈비뼈 하나를 꺼내 여자를 만드셨습니다.
그러자 아담이 말했습니다.
"내 뼈 중의 뼈요, 내 살 중의 살이라."
"남자에게서 나왔으므로 '여자'라고 부를 것이다."

그리하여 남자는 자기 부모를 떠나 아내와 한 몸을 이루게 되는 것입니다.
아담과 그의 아내는 벌거벗었지만, 부끄러워하지 않았습니다.

_ 창세기 1장에서

## 살펴보기

성경은 하나님께서 세상을 창조하는 것으로 출발한다.
세상과 생명의 기원, 하나님의 창조는 하나님의 전능하심에서 기원한다.
하나님께서 지으신 것은 '보시기에 좋았더라.'이다.
**모든 것의 판단 기준은 '하나님 보시기에 좋았더라.'이다.**

그중에 인간아담과 하와은 하나님의 형상으로 지음 받았다.
지•정•의知•情•意를 가진 존재이며 모든 피조물을 다스릴 자이다.
하나님의 창조는 엿새 동안 이루어졌고,
마지막 이레째에는 안식安息이 있었다.
안식일은 창조의 기념일이기도 하다. 안식의 개념은 창조 때부터 시작된다.
하나님 없는 세상은 늘 공허하고 혼돈하다.
하나님의 말씀이 들어오면 정돈되어지고 각각의 질서가 세워진다.
**신앙이 그렇다. 공허하고 혼돈한 인생을 사는 이에게 질서를 세운다.**

| 하나님의 6일 창조 | | | | | | |
|---|---|---|---|---|---|---|
| 1일 | 2일 | 3일 | 4일 | 5일 | 6일 | 7일 |
| (光)<br>빛 | (天)<br>하늘 | (地)<br>땅 | (光)<br>해, 달, 별 | (天)<br>새, 물고기 | (地)<br>육지동물 | (安息)<br>안식 |

## 생각하기

세상과 인간의 기원을 말한다. 하나님은 세상의 주관자이시다.
세상 만물을 사람과 관계하사 사람에게 다스리게 하신다.
주어진 시간과 공간의 물질을 다스리는 존재가 사람이다.
하나님은 선악과 금지명령을 통해 자발적 순종을 원하신다.
하나님을 의지할 것인지 하나님을 무시할 것인지의 문제이다.
**선good은 하나님이 명하시는 것이고, 악evil은 하나님이 금하시는 것이다.**

## 적용하기

하나님께서 창조하셨다는 것에 대한 믿음은 성경 전체의 믿음이다.
인간은 하나님의 형상이다. 사람은 자신의 삶을 다스리는 자이다.
하나님과의 관계 - 말씀을 듣고 살아가는 존재이다.
남자와 여자 - 하나님이 짝 지워주신 부끄럽지 않는 관계이다.

| 성경의 12시대 | | |
|---|---|---|
| 시대 | 내용 | 인물 |
| 1. 창조시대 | 창조부터 아브라함 이전까지 | 아담 노아 |
| 2. 족장시대 | 민족이 형성되기까지 4대족장 | 아브라함 이삭<br>야곱 요셉 |
| 3. 출애굽시대 | 4백년의 이집트 노예에서 해방 | 모세 아론 |
| 4. 정복시대 | 가나안 땅을 정복해 가는 시기 | 여호수아 |
| 5. 사사시대 | 왕없이 각각 지파 공동체의 혼란기 | 옷니엘 에훗 드보라<br>기드온 입다 삼손 |
| 6. 통일왕국시대 | 사울 다윗 솔로몬 120년 | 사울 다윗 솔로몬<br>각각 40년 |
| 7. 분열왕국시대 | 솔로몬 사후: 북-이스라엘, 남-유다 | 북멸망-BC 722년<br>남멸망-BC 586년 |
| 8. 포로시대 | 바벨로에 포로로 잡혀간 시기 70년 | 에스겔 다니엘 |
| 9. 포로귀환시대 | 고레스의 포로귀환 칙령으로 | 에스라 느헤미야 |
| 10. 침묵시대 | 신구약 중간시대 | 바리새인 사두개인<br>열심당 |
| 11. 복음시대 | 예수의 공적 생애 3년 | 마태 마가 누가 요한 |
| 12. 교회시대 | 예수 승천 이후 오순절 성령강림으로 | 예루살렘교회<br>안디옥교회 |
| 13. 선교시대 | 사도행전 1:8절에 따라 | 사도바울 |

## 2 아담, 너 어디 있느냐

뱀: "하나님이 정말로 동산의 어떤 나무의 열매도 먹지 말라고 하시더냐?"
여자: "먹지도 말고, 만지지도 말라. 그러면 죽을 것이라고 하셨다."
뱀: "너희는 죽지 않아. 먹으면 눈이 밝아지고, 선과 악을 알게 될 거야.
너희가 하나님과 같이 될까 봐 그렇게 말씀하신 거라고."

여자가 보니 그 나무의 열매는 먹음직스러웠고 보기에도 아름다웠습니다.
사람을 지혜롭게 해 줄 것처럼 보였습니다.
여자는 열매를 따서 먹고 옆에 있는 아담에게도 먹게 했습니다.
벌거벗고 있다는 것을 알고 무화과나무 잎을 엮어 몸을 가렸습니다.
그 때, 그들은 여호와 하나님께서 동산을 거니시는 소리를 들었습니다.
아담과 그의 아내는 여호와 하나님을 피해 동산 나무 사이에 숨었습니다.

하나님: "아담아, 너 어디에 있느냐?"
아담: "제가 벌거벗었기 때문에 두려워서 숨었습니다."
하나님: "벌거벗었다고 누가 말해 주더냐? 먹지 말라 한 열매를 먹었느냐?"
아담: "하나님이 저에게 주신 여자가 그 나무 열매를 주어서 먹었습니다."
하나님: "도대체 네가 무슨 일을 저지른 것이냐?"
여자: "뱀이 저를 속였습니다. 그래서 제가 그 열매를 먹었습니다."
하나님: "뱀, 너는 모든 동물보다 더욱 저주를 받을 것이다.
배로 기어 다니고, 평생토록 흙먼지를 먹고 살아야 할 것이다.
내가 너와 여자를 서로 원수가 되게 하고, 네 자손도 그리 될 것이다.
여자의 자손이 네 머리를 부수고, 너는 그의 발꿈치를 물 것이다."
"여자, 너는 고통 중에 아기를 낳게 될 것이다.
너는 네 남편을 지배하려 할 것이고, 남편은 너를 다스릴 것이다.
아담, 너는 평생 수고해야 땅에서 나는 것을 먹을 수 있을 것이다.
땅은 가시와 엉겅퀴를 낼 것이다. 너는 일하다가 흙으로 돌아갈 것이다.
이는 네가 흙으로 지음을 받았기 때문이다."
동물 가죽을 아담과 하와에게 입히시고 에덴동산에서 쫓아내셨습니다.

_ 창세기 3장에서

## 살펴보기

'타락'墮落이란 타墮 떨어지다, 무너지다, 부서지다와
락落 떨어지다, 몰락하다, 쓸모없게 되다의 의미를 갖는다.
**사탄의 목적은 하나님과의 관계를 의심하게 하고 종국에는 갈라놓는 것이다.**
그것은 곧 하나님이 지으신 세상의 파괴이다.

사람에게 다가온 사탄의 죄의 모습은 먹음직하고, 보암직하고, 탐스럽다.
탐하고 난 뒤의 결과가 실망과 헛됨이라면 그것은 죄다.
죄의 결과로 여자는 남편에게 복종해야 한다. 해산의 고통도 더하셨다.
남자의 삶은 힘겨운 책임을 갖게 되었다. 사람은 죽음에 이르게 되었다.
인간은 하나님과 영적인 단절과 육적인 죽음도 갖게 되었다.
하나님께서는 가죽으로 옷을 지어주셨다.
동물의 첫 희생이며 그 희생은 부끄러움을 덮었다.

## 생각하기

죄지은 인간에게 첫 음성은 '아담아 너는 어디 있느냐?'이다.
우리들이 죄를 지으면 항상 먼저 찾아오셔서
"OO야, 너는 지금 어디 있느냐?" 하시며 죄를 대면하게 하신다.
"예, 여기에 있습니다."가 아닌 '~때문에'라고 한다면 아담의 후예이다.
서로의 벗은 몸이 부끄러웠다는 것은 서로가 낯선 사람이 된 것이다.
**이 낯설음은 피조물까지 이르며 나중엔 적대관계와 두려움으로 온다.**
사탄은 정복될 것이다. 여자의 후손으로, 다른 인간으로 약속하신다.
'여자의 자손이 네 머리를 부수고, 너는 그의 발꿈치를 물것이다.'
아담은 타락한 이후에 아내 이름을 '하와'라고 지었다. '생명'이라는 뜻이다.

## 적용하기

하나님께서는 일반적으로 끊임없는 은총을 주신다.
그러나 사탄은 지금도 '절대로 죽지 않아.', '결코 죄는 들키지 않아.' 하고
'괜찮아, 너만은 아냐.' 하면서 죄 가까이에서 응원을 할 것이다.
남자의 삶은 가족의 생계를 위한 땀을,
여인은 아이 낳는 고통을 통해 하나님을 찾게 될 것이다.
**그러나 사람들은 하나님을 찾는 것이 아니라 스스로의 자구책을 만들어 간다.**

## 3 40일 동안 비가 내리다

여호와께서는 사람의 악한 행동이 땅 위에 크게 퍼진 것을 보셨습니다.
그리고 그들의 생각이 언제나 악할 뿐이라는 것도 아셨습니다.
여호와께서는 땅 위에 사람을 만드신 것을 후회하시며 마음 아파하셨습니다.
'내가 만든 땅 위의 사람들을 모두 멸망시키겠다.
사람에서부터 땅 위의 모든 것들, 공중의 새까지도 멸망시키겠다.
왜냐하면 내가 그것들 만든 것을 후회하기 때문이다.'

하지만 노아는 여호와의 마음에 들었습니다.
노아는 그가 살던 시대에 의롭고 흠 없는 사람이었습니다.
그는 하나님의 뜻을 따라 하나님과 함께 살았습니다.

하나님께서는 사람들의 타락함을 보셨습니다.
모든 사람들이 땅 위에서 하나님의 길을 더럽힌 것입니다.
하나님께서 노아에게 말씀하셨습니다.
"나는 땅 위의 모든 사람들을 땅과 함께 다 쓸어버리겠다.
너는 잣나무로 배를 만들어라.
너와 네 아들들과 네 아내와 네 며느리들은 모두 배로 들어가거라.
모든 생물을 암컷과 수컷 한 마리씩 배로 데리고 들어가라."
노아는 하나님께서 명령하신 대로 모든 일을 했습니다.

홍수가 시작 되었을 때 노아의 나이는 육백 살이었습니다.
그 날, 땅 속의 샘이 열리고 하늘의 구름이 비를 쏟아 부었습니다.
비는 땅 위에 사십 일 동안 밤낮으로 쏟아졌습니다.
비가 사십 일 동안 그치지 않고 내려 대홍수가 났습니다.

물이 불어나니 배가 땅에서부터 물 위로 떠올랐습니다.
하늘 아래의 높은 산들도 모두 물에 잠기게 되었습니다.
땅 위에서 움직이던 생물은 모두 죽었습니다.
새와 가축과 들짐승과 땅에서 기던 것과 사람들이 모두 죽었습니다.
물이 백오십 일 동안 땅을 뒤덮고 있었습니다.

_ 창세기 6장과 7장에서

### 살펴보기

노아 때 죄가 가득 찼다. 한자어로는 관영貫盈이라 한다.
하나님께서 심판을 결정하신다. 하지만 노아는 여호와의 마음에 들었다.
노아는 그가 살던 시대에 의롭고 흠 없는 사람이었다.
'하나님 마음에 들었다.' '의롭다.' '흠 없다.' '하나님의 뜻에 따라 동행했다.'
사람들은 먹고, 마시고, 시집가고, 장가들고, 사고, 파는 일들이 우선이다.
거기에 힘 가진 자들이나 갖고자 하는 자들의 탐욕과 악함은 커져간다.

### 생각하기

세상은 하나님의 신앙을 가진 자들과 가지지 않는 자, 둘로 나뉘어 살았다.
그러나 결국엔 같아지게 되었다.
죄악으로 가득 찬 세상을 구원하시기로 한 것은 노아 때문이다.
노아의 가족아내, 아들, 며느리은 불신의 시대에 120년간 방주方舟를 짓는다.
노아의 삶은 아내와 아들 며느리에 이르기까지 좋은 영향력을 끼친다.
사람들은 방주를 짓는 동안 많이 비웃었을 것이다. '무슨 비가 온다고….'
120 년간의 방주 짓는 기간은 많은 사람들이 회개할 수 있는 시간이다.
**그러나 세상이 멸망한다는 노아의 메시지를 아무도 귀담아 듣지 않았다.**
베드로는 홍수를 '세례를 받아야 구원을 얻는다.'는 세례의 예표로 여겼다.

### 적용하기

지금 내가 행하는 신앙을 다른 이웃들이 평가를 한다면?
'믿을 만한 진실 된 신자다.' '그 사람이 교회 다니면 난 안 간다.'
어느 쪽일까? 내 스스로에게 '넌 괜찮은 신앙인이야.'라고 말하자.
사람들은 좀처럼 하나님을 믿지 않는다. 믿고 있는 우리가 대단하다.
그렇다면 신앙생활을 하지 않는 자들 앞에서 당당히 자기믿음을 드러내자.
**익명으로 신자 생활을 한다면 이내 그들과 같아지고 말 것이다.**

다시 한 번 지구의 종말과 심판은 올 것이다. 노아의 홍수가 예표이다.
언제일지는 아무도 모르나 분명 '내가 다시 오리라.'고 하신다.
어느 날, 하나님께서는 이 세상을 불로 심판 하실 것이다.
그 때 하나님께서는 예수를 따르는 자들을 구원하신다. 그것을 믿는다.
하지만 우리 개인적인 종말은 내가 죽으면 끝이다.
**그 이전에 나는 탑승을 해야 한다. 지금은 노아의 방주가 '예수 믿음'이다.**

## 4 무지개 약속

땅 속의 샘들과 하늘의 창들이 닫히고 하늘에서 내리던 비도 그쳤습니다.
백오십 일이 지나자, 물이 많이 줄어들었습니다.
그 해의 일곱째 달 십칠 일에 배가 아라랏 산에 걸려 머무르게 되었습니다.

노아가 육백한 살 되던 해 첫째 달, 곧 첫째 날에 물이 땅에서 말랐습니다.
둘째 달, 이십칠 일에는 땅이 완전히 말랐습니다.

하나님께서 노아에게 말씀하셨습니다.
"너는 아내와 아들들과 며느리들을 데리고 배에서 나오너라.
각종 생물, 즉 새와 짐승과 땅 위에서 기는 모든 것도 이끌고 나오너라.
그것들이 땅 위에서 활동하며 땅 위에서 번성할 것이다."

노아는 배에서 나와 여호와께 제단을 쌓았습니다.
깨끗한 새와 짐승으로 태워 드리는 번제물로 바쳤습니다.

하나님께서 노아와 그 아들들에게 복을 주시며 말씀하셨습니다.
"자녀를 많이 낳고 번성하여 땅을 채워라.
땅 위의 모든 짐승과 하늘의 모든 새와 땅 위를 기는 모든 것과
바다의 모든 물고기가 너희들을 두려워할 것이다.
내가 이 모든 것을 너희들에게 주었다.
살아서 움직이는 모든 것이 너희의 음식이 될 것이다.
전에 푸른 식물을 음식으로 준 것 같이, 이제는 모든 것을 음식으로 줄 것이다.
다만 고기를 피째 먹지는 말라. 피에는 생명이 있다.
누구든지 사람의 피를 흘리면 누군가 그 사람의 피를 흘리게 할 것이다."
이는 하나님께서 자기 모습대로 사람을 지으셨기 때문이었습니다.

하나님께서 말씀하셨습니다.
"내가 너와 너희와 함께 사는 모든 생물 사이에 대대로 세울 언약의 표다.
내가 내 무지개를 두었으니, 그것이 나와 땅 사이의 언약의 표이다."

_ 창세기 8장과 9장에서

## 살펴보기

아라랏산은 현재 터키 동쪽에 있는 5,137m의 높은 산이다.
방주의 크기는 대략 길이 135m, 폭 23m, 높이 15m의 3층 규모이다.
비가 내리는 기간은 40일이었고, 150일간 물이 넘쳤고, 150일 동안 빠졌다.
2월 17일에 비가 내리기 시작해서 다음해 2월 27일 날 배에서 내린다.
방주方舟와 배선-船의 차이점은 방향키가 있고 없고이다.

방주가 아라랏산에 멈추고 노아는 방주에서 나와 하나님께 예배를 드린다.
**하나님께서는 '다시는 홍수와 같은 것으로 멸망시키지 않겠다.'고 무지개를 주시고 언약을 하신다.**

## 생각하기

노아의 삶은 평소에 어땠을까? '그 시대의 온전한 자요 의인'이라고 쓴다.
이런 칭찬을 들은 자는 죽지 않고 승천한 에녹과 마리아의 남편 요셉이 있다.

하나님의 심판의 사유는? 죄가 가득차고 넘쳤다는 것이다.
신앙있는 자와 신앙이 없는 자의 삶이 방불彷彿할 때이다.
내 신앙이 하나님을 믿지 않는 자들과 구별되지 않는다면?
**겨우 교회 가고, 예배하는 것 외에 다른 게 없다면? 내 죄가 세상을 채운다.**

하나님의 용서는 어떻게 이루어지나? 지은 죄를 날마다 회개하는 것이다.
또 나는 나에게 죄를 지은 사람을 용서하는 것이 마땅하다.
일흔 번씩 일곱 번이라도 용서해야 한다. (마태 18:22)

## 적용하기

방주에서 나온 노아의 첫 행보는 하나님께 감사와 희생의 제사이다.
그는 실로 아담 이후에 새로운 세상의 시조始祖와 같다.
그래서 주시는 생육과 번성 충만의 메시지가 같다.

무지개는 대기 중 많은 물방울에 빛들이 굴절 혹은 반사하여 생긴다.
그러나 하나님께서는 그 자연현상에 자신의 증거를 삼으신다.
'다시는 물이 모든 육체를 멸하는 홍수가 나지 아니하리라.'
**우리에게 무지개는 하나님의 홍수심판의 증거요, 하나님의 언약이다.**

## 5 자, 내 이름을 내자

땅 위의 모든 사람들이 한 가지 언어를 쓰고 있었습니다.
사람들이 동쪽으로 옮겨 가며 시날 땅 평야에서 살았습니다.
그들이 서로 말했습니다.
"벽돌을 만들어 단단하게 굽자. 자, 우리의 성을 세우자.
꼭대기가 하늘까지 닿는 탑을 쌓자.
그렇게 우리 이름을 널리 알리고, 온 땅에 흩어지지 않도록 하자."

여호와께서 사람들이 쌓고 있는 성과 탑을 보려고 내려오셨습니다.
"이 사람들은 한 백성이고, 그들의 언어도 다 똑같다.
그래서 이 일이 시작되었는데, 이것은 하려는 일의 시작에 불과하다.
그들은 하려고만 하면 어떤 일이든지 할 수 있을 것이다.
그들의 언어를 뒤섞어 놓아 자기들끼리 하는 말을 알아듣지 못하게 하자."

그래서 여호와께서는 그들을 온 땅 위에 흩어 놓으셨습니다.
그들은 성 쌓는 일을 그만두셨습니다.
여호와께서 온 땅의 언어를 뒤섞어 놓으셨으므로 '바벨'이라 했습니다.
또한, 거기에 있던 모든 사람들을 온 땅 위에 흩어 놓으셨습니다.

_ 창세기 8장에서

## 살펴보기

노아의 홍수 이후 사람들은 흩어지는 것이 두려웠다.
힘을 모아야 했다. 그 두려움 때문에 높은 탑과 성을 쌓는다.
그들은 진흙으로 벽돌을 굽고 역청bitumen으로 반죽을 한다.
**가인은 범죄한 후 에덴 동편에 가서 맨 먼저 성城을 쌓는다.**
사람들은 하나님의 약속을 믿지 않는다. 내 힘으로 자기를 보호하고자 한다.

그때까지 인간들은 한 가지 언어를 사용했다.
발달된 사회는 힘을 쌓고, 힘을 키우고, 힘을 독점해 갔다.
그러면 당연히 하나님의 존재는 뒷전으로 가지 않을까?
바벨탑은 그 힘의 총아寵兒이다.
결국 하나님의 능력만큼 힘이 강해지려고 했다.

## 생각보기

시날평지는 현재 이라크이며 티그리스강과 유프라테스 강 사이이다.
흔히 말하는 메소포타미아 강과 강 사이이다.
역사에서 말하는 메소포타미아 문명인 것이다.
성을 쌓고 탑을 쌓는 목적은 '흩어짐을 면하자.', '우리의 이름을 내자.'이다.
이것은 오늘날 부富와 권세를 따라가는 자들의 공통분모이다.
**내 사업의 확장과 내 재산의 증식, 내 자녀에 대한 집착은 어떤 이유일까?**
바벨탑: 거대한 건축-꼭대기가 하늘까지 닿고자 한 것이 단순히 건물일까?
**나의 자고**自高=스스로 높아짐**함은 '내 이름을 내자'가 아닌가?**
사회가 주는 과학, 기술, 문화, 문명 등 어디든 팽배하다. 바벨탑이다.

## 적용하기

하나님께서는 '내려오셨다.'came down는 표현을 쓰신다.
보통 일이 아니라는 것이다. 그리고 사람들의 언어를 흩으신다.
그렇게 해서 하나님은 땅을 충만케 하시는 일을 하신다.
땅을 충만케 하는 것은 하나님의 뜻이고 그 방법은 언어를 흩으시는 것이다.
드디어 언어에 따라 사람들의 대이동이 이루어진다.
**바벨탑은 분명 공든 탑이다. 그러나 목적이 선명하지 않는 탑은 무너진다.**
그리고 그 결과는 참혹하다. 내 삶에도 무너진 바벨탑들이 여기저기 있다.
**'하나님 보시기에 좋았더라.'가 아니라면 모두를 내려놓는 게 옳은 것이다.**

## 6 나를 선택하다 - 책임진다고

여호와께서 아브람에게 말씀하셨습니다.

"네 나라와 친척과 아비의 집을 떠나 내가 너에게 줄 땅으로 가거라.
너를 큰 나라로 만들어 주고 복을 주어 너의 이름을 빛나게 할 것이다.
네게 복 주는 사람에게 내가 복을 주고 너를 저주하면 내가 저주하겠다.
땅 위의 모든 백성이 너를 통해 복을 받을 것이다."

아브람은 하란을 떠났습니다. 롯도 아브람과 함께 떠났습니다.
그 때 아브람의 나이는 일흔다섯 살이었습니다.

가나안 땅에 가뭄이 들었습니다.
가뭄이 너무 심해서 아브람은 이집트로 내려가 살았습니다.
이집트에 이르기 바로 전에 아브람이 아내 사래에게 말했습니다.
"당신은 매우 아름다운 여자요. 이집트 사람들이 당신을 보면
'이 여자는 저 사람의 아내다.'라며 나를 죽이고 당신은 살려 줄 것이오.
그러니 당신은 그들에게 내 누이라고 말하시오.
그러면 나쁜 일이 일어나지 않고 당신 덕분에 나도 살 수 있을 것이오."

아브람이 이집트로 내려갔습니다.
이집트 사람들이 보기에 사래는 매우 아름다웠습니다.
파라오의 신하들도 사래를 보고 파라오에게 사래를 자랑했습니다.
사래는 왕의 궁전으로 불려 갔습니다.
사래 때문에 파라오는 아브람에게 잘 해주었습니다.
왕은 아브람에게 양 떼와 소 떼와 암나귀와 숫나귀를 주었습니다.
아브람은 왕에게서 남자 종과 여자 종과 낙타까지 얻었습니다.

그러나 여호와께서 파라오와 파라오의 집에 큰 재앙을 내리셨습니다.
여호와께서 그렇게 하신 것은 아브람의 아내 사래의 일 때문이었습니다.
그러자 파라오가 아브람을 불러서 말했습니다.
"왜 나에게 이런 일을 하였느냐? 어찌하여 네 아내라 하지 않았느냐?"
그의 아내와 속한 사람과 재산을 가지고 이집트에서 떠나게 했습니다.

_ 창세기 12장에서

## 살펴보기

하나님은 아브라함에게 언약을 맺으시고 많은 후손을 약속하신다.
가나안 땅으로 부르셨다. 75년을 살던 땅을 떠나라는 것이다.
'네 나라와 친척과 아비의 집을 떠나 내가 너에게 보여 줄 땅으로 가거라.'

부르심의 근거나 이유는 없다-오직 하나님의 뜻일 뿐이다.
갈대아 지방 우르-메소포타미아-하란에서 가나안으로의 이동이다.
사실 가나안 땅이라고는 말씀하시지 않았다.
아브라함의 유일한 행동은 하나님을 믿고 가는 것뿐이다.
거기엔 큰 민족이 네게서 이루어질 것이라는 약속이 있었다.
**그것도 무엇에 근거한 것이 아니라 하나님의 사랑과 은혜에 해당된다.**

## 생각하기

**익숙한 것으로부터 떠남이다.**
**하나님을 따른다는 것은 내가 의지하는 본토 친척 아비를 떠난다는 것이다.**
전혀 새로운 세상으로의 진입이다. 신앙생활이 그렇다.
내가 하나님의 부르심을 받고 신앙을 가진 뒤에 떠나고 버린 것이 무엇인가?
아직도 내가 떠나지 못하고 버리지 못한 것들은 무엇일까?

내가 하나님을 먼저 믿은 것이 아니다.
**하나님께서 나를 먼저 찾아오셨고 믿게 하셨다.**

## 적용하기

'너를 축복하는 자에게는 복을 내리고, 너를 저주하는 자에게는 저주하리라.'
이 말은 내가 너와 함께하여 너를 보호하고 너를 인도하겠다는 말이다.
**이 뜻은 내가 너를 책임지겠다는 말이다.**
그렇다. 부름을 받고 예수를 따라온 나도 하나님께서 책임지신다.

오랫동안 익숙한 옛 삶의 터전들을 떠나는 것이다.
의지했던 모든 것을 다 놔두고 오직 한 분만을 의지하고 가는 것이다.
**사실 신앙이라는 것은 불편한 선택처럼 보인다.**
마음대로 살던 내가 시시콜콜 간섭을 받게 된다.
하지만 내가 내 삶을 주도해 갈 때보다 더 좋은, 더 나은 삶이 전개된다.

## 7 약속의 확신

여호와께서 환상 가운데 아브람에게 말씀하셨습니다.

"아브람아, 두려워하지 말라. 나는 네 방패이다. 네게 큰 상을 줄 것이다."

하나님께서 아브람을 밖으로 데리고 나가셔서 말씀하셨습니다.

"하늘을 보아라. 별들을 세어 보아라. 네 자손이 저 별들처럼 많을 것이다."

아브람은 여호와의 말씀을 믿었습니다.

여호와께서는 이런 아브람의 믿음을 보시고 아브람을 의롭게 여기셨습니다.

하나님께서 아브람에게 말씀하셨습니다.

여호와: "나는 너를 인도해 낸 여호와이다. 내가 땅을 너에게 주기 위해서이다."

아브람: "여호와여 제가 이 땅을 얻게 될 것을 어떻게 알 수 있겠습니까?"

여호와: "나에게 삼년 된 암송아지, 암염소, 숫양 한 마리를 가지고 와라.
그리고 산비둘기 한 마리와 집비둘기 새끼 한 마리도 가지고 오너라."

아브람은 그 동물들을 죽여 반으로 갈라 서로 마주 보게 해 놓았습니다.

하지만 새들은 반으로 쪼개지 않았습니다.

해가 지자 아브람은 깊은 잠에 빠져 들었습니다.

아브람이 잠든 사이에 어두움이 몰려왔으므로 두려움에 빠지게 되었습니다.

그 때 여호와께서 아브람에게 말씀하셨습니다.

"잘 들어라. 네 자손은 나그네가 되어 낯선 땅에서 떠돌게 될 것이다.
그 땅의 사람들이 네 자손을 종으로 삼고 사백 년 동안 괴롭힐 것이다.
그러나 그 나라에 내가 벌을 주리니,
네 자손은 많은 재물을 가지고 그 나라에서 나오게 될 것이다.
네 자손은 4대만에 이 땅으로 돌아오리라."

갑자기 연기 나는 화로와 타오르는 횃불이 나타나서
반으로 쪼개 놓은 동물들 사이로 지나갔습니다.

하나님: "내가 이집트 강에서부터 유프라테스 강까지 네 자손에게 주리라."

_ 창세기 15장에서

## 살펴보기

아브람은 조카 롯과 헤어지고, 4개국 연합군에 승리했으나 불안하다.
그 때 하나님께서 방패와 상급이 되겠고 땅과 후손을 줄 것이라 약속하신다.
아브람에게 밤중의 별만큼 후손을 주시겠다고 하신다.
그는 하늘의 뭇별처럼 자손이 많을 거라는 말씀을 믿는다.
이 믿음을 의라고 하신다. 의심하는 자에게 의심을 풀어주신다.

아브람은 이 땅을 내 소유로 주신다는 것을 어찌 아느냐고 질문한다.
쪼갠 동물 사이를 지나가는 약속을 하신다.
당대 언약을 맺을 때 동물을 절반으로 쪼개놓고 둘이 지나가는 예식이다.
하나님께서 자기 목숨을 걸고 약속을 지키시겠다는 은총이다.
**그렇게 하나님께서 내게도 자신의 약속으로 매이신다.**

## 생각하기

하나님께서 방패가 되어준다는 말은 모든 공격을 막아주겠다는 말씀이다.
**오늘날 신앙을 가진 우리에게도 하나님은 방패가 되신다.**
나와 하나님이 약속을 맺는다? 전능하신 하나님이 나에게 매인다는 말이다.
이것이 전능하신 하나님과 나 사이에 가능한가? 감히 상상을 넘어선다.
내가 하나님의 말씀을 믿는다? 이것도 보통은 아니다.
이것을 하나님께서 의로 여기신다. 내가 행하는 어떤 행동이 아니다.

아브람은 깊은 잠이 들고 하나님은 쪼개진 제물 사이로 지나가신다.
쌍방언약이 아닌 하나님만이 약속 이행자가 된다.
내 신앙의 유약함은 이 언약을 준수할 수 없어 수없이 넘어질 것이다.
**하지만 하나님의 신실하심은 자기 아들을 내어주셔서 나를 기어이 구하셨다.**

## 적용하기

내게 하늘의 별처럼 멀리 뵈는 소망이 있을까?
아브라함에게 이 약속의 성취는 500년 뒤다.
내게는 눈앞에 이루어지는 소망이 아닌 영원한 소망이 있다.
천국에 대한 소망, 내 다음세대에 대한 소망도 신자들이 갖는다.
**믿음은 금처럼 변하지 않는 귀한 것이다.**
**내 믿음은 작지만 내 믿음의 내용 – 예수 그리스도는 한량없이 크시다.**

# 8 나에게 웃음을 주셨다

아브라함은 사라가 낳아 준 아들의 이름을 이삭이라고 지었습니다.
하나님께서 명령하신 대로 태어난 지 팔 일 만에 할례를 베풀었습니다.
아브라함의 아들, 이삭이 태어났을 때, 아브라함의 나이는 백 살이었습니다.
사라가 말했습니다.
"하나님께서 내게 웃음을 주셨다. 이 이야기를 들은 사람들도 웃을 것이다."

이 일들이 있은 뒤에 하나님께서 아브라함의 믿음을 시험하셨습니다.
하나님: "너는 사랑하는 아들 이삭을 데리고 모리아 땅으로 가거라.
네 아들을 잡아 태워 드리는 제물인 번제물로 바쳐라."
아브라함은 아침 일찍 이삭과 두 종을 데리고 길을 떠났습니다.
이삭: "불과 장작은 있는데, 번제로 바칠 양은 어디에 있나요?"
아브라함: "하나님께서 번제로 바칠 양을 준비하실 것이다."

하나님께서 일러 주신 곳에 이르렀습니다.
자기 아들 이삭을 묶어 제단 위에 놓고 칼을 들어 아들을 죽이려 했습니다.
그 때에 여호와의 천사가 하늘에서부터 그를 불렀습니다.
"네 아들에게 손대지 말라. 아무 일도 그에게 하지 말라.
네가 하나밖에 없는 아들을 아낌없이 바치려 하는 것을 내가 보았으니,
네가 하나님을 두려워하는 줄을 이제 내가 알았노라."

눈을 들어 살펴보니 나무에 뿔이 걸려 있는 숫양 한 마리가 보였습니다.
아브라함은 그 양을 잡아다가 자기 아들 대신에
하나님께 번제물로 드렸습니다.
이 일 때문에 아브라함은 그 곳의 이름을 '여호와 이레'라고 불렀습니다.

하나님께서 약속 하셨습니다.
"내가 분명히 너에게 복을 주고 또 많은 자손을 줄 것이다.
네 자손은 하늘의 별처럼 바닷가의 모래처럼 많게 될 것이다.
나에게 복종하였기에 네 자손을 통해 모든 나라들이 복을 받을 것이다."

_ 창세기 21장과 22장에서

## 살펴보기

25년 만에 약속했던 아들 이삭이 태어난다.
이전에 아브라함의 아내는 잉태를 알리는 말씀에 실없이 웃었다.
자신에게는 아이를 낳을 능력이 끊어졌다는 것을 알았기 때문이다.
이름은 '웃었다'는 뜻의 '이삭'이라고 짓는다.
하나님의 말씀을 믿지 못한 실없는 웃음이자 엄청난 기쁨의 웃음이다.
자신의 이름에서 하나님의 약속을, 부모의 기대를 지니고 살아 갈 이름이다.
**사라에게 이삭이란 이름은 하나님에 대한 불신과 하나님의 능력이 교차한다.**

## 생각하기

약속은 바랄 수 없는 중에 이루어진다.
하나님이 하시는 일이다. 그것이 우리의 믿음이다.
그런데 그 아들을 제물로 바치라고 하신다.
아브라함은 기꺼이 순종한다. 다음날 새벽에 떠난다.
브엘세바에서 모리아산까지는 약 70km이고 사흘길이다.
도중 아브라함은 어떤 심정이었을까? 아들과 눈 한번 부딪쳤을까?
말없이 길을 가는 아버지를 따라가는 이삭은 어떠했을까?
하나님께서는 종종 자기 백성에게 감당하기 어려운 시험을 하신다.
그때 오직 하나님을 믿고 행함이 하나님께 만족을 주는 내가 된다.

## 적용하기

아브라함은 이삭을 통해 엄청난 기쁨과 시험을 만난다.
그러나 '기쁨과 시험 모두 주님이 주신 것이라면 믿음으로 받겠나이다.'
'하나님께서 하시는 일은 모두 옳습니다. 따르겠나이다.'

종종 이해할 수 없는 일들이 내 삶에서 일어날 때 어떻게 해야 할까?
**'하나님께서 하시는 일은 모두 옳습니다. 따르겠나이다.'**
**이런 나의 신앙적 태도는 하나님의 예비하심 '여호와 이레'를 볼 것이다.**

내가 하나님의 말씀을 믿지 못해서 지나쳐버린 하나님의 은혜는 없었을까?
나의 가장 귀한 것은 무엇인가? 그것을 하나님께 바치라고 한다면?
그것이 내 것인지? 하나님께서 주신 것인지?

## 9 도망가는 자를 찾아오신 하나님

이삭이 늙어 눈이 어두워져 앞이 잘 안 보이게 되었습니다.
어느 날 이삭이 맏아들 에서를 불렀습니다.
"나는 이제 늙어서 언제 죽을지 모르겠다.
죽기 전에 네가 해 주는 음식을 먹고 너에게 복을 빌어 주마."
그래서 에서는 사냥을 하러 들판으로 나갔습니다.
리브가는 이삭이 아들 에서에게 한 말을 엿듣고
둘째 야곱에게 요리와 빵을 주었습니다. 야곱이 아버지께 가서 말했습니다.
"저는 아버지의 맏아들 에서입니다. 말씀하신 맛있는 요리를 해 왔습니다."
"목소리는 야곱의 목소리 같은데 손은 에서의 손처럼 털이 많구나.
네가 정말 내 아들 에서냐?"
이삭이 야곱에게 복을 빌어 준 후, 에서가 사냥을 마치고 돌아왔습니다.

에서도 맛있는 요리를 만들어 그것을 들고 아버지에게 들어갔습니다.
야곱: "네 동생이 와서 나를 속였구나. 네 동생이 너의 복을 빼앗아 갔다".
에서가 야곱을 죽이려 한다는 말을 리브가가 듣고 야곱에게 말했습니다.
"내 말을 잘 들어라. 지금 당장 하란에 사시는 내 오빠 라반에게로 가거라.
가서 라반의 딸들 가운데서 한 여자를 골라 그 여자와 결혼하여라."

야곱은 브엘세바를 떠나 하란으로 가던 중 꿈에서 하나님을 만났습니다.
"나는 네 아브라함의 하나님, 이삭의 하나님 여호와다.
내가 너와 네 자손에게 네가 지금 자고 있는 땅을 줄 것이다.
자손은 많아져 사방으로 퍼지며, 모든 민족이 너로 인해 복 받을 것이다.
나는 너와 함께하고 네가 어디로 가든 너를 지켜 줄 것이다.
너에게 약속한 것을 다 이루어 주기 전까지 너를 떠나지 않을 것이다."

꿈에서 깨어난 야곱은 이렇게 맹세했습니다.
"아버지의 집으로 돌아가면 여호와를 저의 하나님으로 섬기겠습니다.
제가 기둥처럼 세운 이 돌은 하나님의 집이 될 것입니다.
하나님께서 저에게 주신 모든 것의 십분의 일을 하나님께 바치겠습니다."

_ 창세기 27장과 28장에서

## 살펴보기

이삭은 리브가에게서 쌍둥이 에서와 야곱을 낳는다.
야곱은 형 에서를 기만欺瞞-속이다하여 장남의 권리를 빼앗는다.
아버지 이삭은 죽음이 가까이 왔다고 믿고 아들 에서에게 복을 빌어주려 한다.
어머니 리브가는 아들 야곱과 합작하여 아버지를 속이고 축복을 받는다.
브엘세바에서 도망가다 100km 떨어진 벧엘에서 하나님의 말씀을 듣는다.
"내가 너와 함께 있겠다. 내가 너를 버리지 아니하고 떠나지 않을 것이다."
이후 리브가는 사랑하는 아들 야곱을 죽는 날까지 보지 못한다.
이삭은 에서를 편애함으로 하나님을 대적하나 끝내 하나님의 뜻대로 간다.

## 생각하기

**하나님의 말씀은 윤리책이 아니다. 우리의 이해를 넘어서 있다.**
하나님은 창조주와 구원주로서 선택의 특권을 갖고 계신다.
에서와 야곱 중에서 야곱을 선택한다. 그렇다고 에서를 버린 것은 아니다.
하나님의 구원사를 이어가는데 주요 인물이 야곱일 뿐이다.
그래서 선택자의 죄악에 대하여 하나님께서 끝까지 책임지신다.
이 선택은 예수를 믿는 하나님의 자녀들에게도 하나님께서 하실 일이다.
**스토리의 주인공이 아니라고 버리시지 않는다.**
**성경의 '가인', '함과 야벳', '이스마엘', '에서' 모두 하나님의 장중에 있다.**

## 적용하기

하나님의 뜻, 아버지의 편애, 어머니 리브가의 욕심, 야곱의 기만이 섞였다.
리브가는 믿음과 죄가 동시에 드러난다. 우리가 그렇다.
그 결과는 내가 책임져야 한다.
야곱이 거짓으로 속이고 가져간 장자권이 실제적 도움이 있었을까?
하나도 없다. 오히려 타향살이 이십 년 동안 속고 산다.
단, 아버지의 대를 이어가는 믿음의 가문, 그리스도의 조상의 혈통이다.
**하나님의 사람은 혈육이나 사람의 뜻으로 되는 것이 아니다.**
하나님의 약속과 뜻은 사람이 가진 모든 것들을 초월하여 이루어 가신다.
도망가는 야곱을 찾아가서 위로하신다.
**먼저 하나님의 자녀로서 부모 된 내가 내 자녀를 진정으로 축복해야한다.**
부모와 자녀 간에, 부부간에 서로를 기만하고 속이는 일이 없어야 한다.

## 10 마음을 만질 때 가능하다.

야곱이 말했습니다.
"제 할아버지 아브라함의 하나님, 제 아버지 이삭의 하나님!
하나님께서 저에게 '네 나라, 네 집으로 돌아가거라.' 말씀하셨습니다.
저는 하나님의 온갖 은혜와 사랑을 받을 자격이 없는 사람입니다.
제가 처음 요단 강을 건넜을 때, 저에게는 지팡이 하나밖에 없었습니다.
그런데 지금은 재산을 둘로 나눌 수 있을 만큼 많은 재산이 있습니다.
제발 저를 제 형 에서로부터 구해 주십시오.
에서가 저와 아이들의 어머니와 아이들까지 해치지 않도록 해 주십시오."
야곱은 자기가 가진 것 중에서 에서에게 줄 선물을 준비했습니다.
그리고 자신은 홀로 뒤에 남았습니다.

어떤 사람이 와서 밤새도록 야곱과 씨름을 했습니다.
야곱을 이길 수 없음을 알고, 야곱의 엉덩이뼈를 쳐서 어긋나게 만들었습니다.
그 사람: "날이 새려고 하니 나를 놓아 다오."
야곱: "저에게 복을 주시지 않으면 보내 드릴 수 없습니다."
그 사람: "네 이름이 무엇이냐? 이제부터 야곱이 아니라 이스라엘이다.
네가 하나님과 씨름했고, 사람과도 씨름을 해서 이겼기 때문이다."

그래서 야곱은 그곳을 '브니엘'이라고 불렀습니다.
야곱이 말했습니다. '나는 하나님의 얼굴을 보고도 죽지 않고 살았다.'
야곱이 그 곳을 떠나려 할 때에 엉덩이 때문에 다리를 절뚝거렸습니다.

에서가 오자 야곱은 형에게 일곱 번이나 땅에 엎드려 절했습니다.
그러자 에서가 달려와 야곱을 맞이했습니다. 두 사람은 함께 울었습니다.
야곱은 형님 에서에게 선물을 주었습니다.
에서: "야곱아, 그런 것은 나에게도 얼마든지 있다. 네 것은 네가 가져라."
야곱: "형님이 저를 받아 주시니 마치 하나님 얼굴을 뵙는 듯합니다."
에서: "자, 이제 가자. 나도 너와 함께 가겠다."
야곱: "형님, 형님께서도 아시겠지만, 아이들은 약합니다.
저는 가축 떼와 아이들의 걸음걸이에 맞추어 천천히 가겠습니다."

_ 창세기 32장과 33장에서

### 살펴보기

야곱은 하란에서 라헬과 레아, 실바와 빌하를 통하여 열두 명의 아들을 낳는다.
레아와 라헬의 질투는 열 두 아들을 이루고 하나님의 약속을 성취시킨다.
아버지를 속인 야곱은 자신보다 더 야비한 장인 라반에게 속아 이십 년을 산다.
결국 장인을 속여 부자가 된다. 가족이 있는 고향으로 도망간다.
그런데 고향에는 이십 년 전 자신이 속이고 왔던 형 에서가 있다.
두려운 그는 밤새 하나님에게 매달리고 야곱은 이스라엘로 이름이 바뀐다.
에서는 이십 년 전의 분노가 삭은 반면, 야곱은 형의 분노를 기억하고 의심한다.
화해는 했으나 100% 형을 믿지는 않는다. 오히려 에서의 사랑이 돋보인다.

### 생각하기

자신이 아버지와 형을 속였는데 자신 또한 장인에게 속는다.
하나님께서는 사람의 마음을 만지신다. 장인 라반의 마음도, 형 에서의 마음도.
이 일은 야곱이 할 수 있는 일이 아니다. 아예 할 수 없다.
**그가 할 수 있는 일은 이제 하나님에게 매달리는 것 밖에 없다.**
그래서 야곱을 버리고 '이스라엘'이라는 이름은 얻는다.
**'오직 하나님을 의지하는 자 = 하나님과 겨루어 이긴 자'이다.**
야곱은 성격 탓일까? 마지막까지 에서를 믿지 못하고 형과 합류하지 않는다.

### 적용하기

야곱의 대명사는 20년 동안 친근한 단어 '속임수'이다.
고향으로 돌아온 야곱은 에서에게 예물을 보내 마음을 사례한다.
예물 받치는 수준이나 에서를 맞는 태도는 마치 군왕을 맞는 신하의 예이다.
자신이 할 바를 다 하는 것이다.
마치 자기 힘껏 세상을 살아가는 우리들의 모습이다.
그래도 안심이 안 되는 그는 하나님을 찾을 수밖에 없다.
20년 전 떠날 때 하나님이 하신 벧엘의 약속을 처음부터 신뢰했다면 어땠을까?
'네가 돌아올 때까지 어디로 가든지 너와 함께 하겠다.'

야곱은 자신의 자녀들과 많은 재산 모두 하나님의 은혜라고 고백한다.
내게 주어진 것들이 하나님의 은혜임을 감사하자.
내 안에 아직 용서하지 못한 누군가가 있는가? 하나님은 사랑이시다.
(보기 싫은 사람, 만나기 싫은 사람, 외면하는 사람)

## 11 편애가 낳은 시기

야곱은 자기 아버지가 살았던 가나안 땅에서 살았습니다.
요셉은 늙어서 낳은 아들이었으므로
야곱은 요셉을 요셉의 형들보다 더 사랑했습니다.
요셉의 형들은 사랑을 독차지한 동생이 미워 인사말도 건네지 않았습니다.

요셉이 꿈 이야기를 형들에게 들려주었습니다.
"우리가 들에서 곡식 단을 묶고 있는데, 내 곡식 단이 일어서니
형들의 곡식 단이 내 곁으로 몰려 들어 내 곡식 단 앞에 절을 했어요".
요셉의 형들은 꿈 이야기 때문에 그전보다도 더 요셉을 미워했습니다.
그 후에 요셉이 또 꿈을 꾸고 말했습니다.
"꿈에서 보니 해와 달과 별 열한 개가 나에게 절을 했어요."

어느 날, 요셉의 형들이 아버지의 양 떼를 치려고 세겜으로 갔습니다.
야곱이 요셉에게 양을 치는 형들의 소식을 알려달라고 하며 들에 보냅니다.
요셉의 형들은 멀리서 요셉이 오고 있는 것을 보았습니다.
그들은 요셉이 가까이 오기 전에 요셉을 죽이기로 계획하며 말했습니다.
"꿈꾸는 자가 온다. 죽이고 아버지에게는 들짐승에게 죽었다고 말하자.
그가 꾼 꿈이 어떻게 되는지 한번 두고 보자."
그러나 형 르우벤이 계획을 듣고 '요셉을 죽이지는 말자'고 제안했습니다.

요셉이 가까이 다가오자 그들은 요셉을 웅덩이에 던져 넣었습니다.
다행히 그 안에는 물이 없었습니다.
요셉이 웅덩이에 있는 동안 형들은 자리에 앉아서 음식을 먹었습니다.
이스마엘 사람들이 오고 있는 모습이 보였습니다.
"차라리 요셉을 저 사람들에게 팔아 버리자. 그러면 죽이는 죄는 아니다."
요셉을 웅덩이에서 꺼내어 은 이십 세겔을 받고
이스마엘 사람들에게 팔았습니다.
요셉을 산 사람들은 요셉을 이집트로 데리고 가서 보디발에게 팔았습니다.
보디발은 파라오의 신하였고, 왕궁 경호대의 대장이었습니다.

_ 창세기 37장에서

### 살펴보기

요셉에 대한 아버지의 편애는 다른 형제들의 시기를 가져온다.
형제들은 요셉에게 인사말조차도 건네지 않는다.
요셉이 꿈 이야기를 전달할 때마다 요셉을 더 미워한다.
그 꿈의 내용은 형들이 요셉에게 꿇어 절한다는 것이다.

그 시기로 살해를 생각하다 돈을 받고 팔아 버린다.
요셉은 노예가 되어 이집트로 팔려간다.
**꿈도 팔려갔을까? 꿈은 사라지는 걸까? 그 꿈이 어떻게 되는가 보자.**

### 생각하기

아버지 야곱도 사실은 부모의 편애로 인하여 부모와 생이별을 했다.
그런데 야곱이 요셉을 편애하는 것이다.
형들은 야곱의 꿈을 시기했지만 아버지는 마음에 담아둔다.
아버지 이삭과 할아버지 아브라함의 언약들을 기억했을 것이다.
**야곱은 할아버지 아브라함과 유년기 15년을 이삭과는 75년을 같이 살았다.**

시기심이 형제를 죽이고자 하는 마음으로, 미움이 살인의 동기로 된 것이다.
편애는 나쁜 것이지만 하나님께서는 그것을 자기 계획안에 사용하신다.
가족은 하나님이 주신 힘이고 방패이다. 창칼이 되지 않아야 한다.
**꿈을 주시는 이는 하나님이고 그 꿈을 간직하고 키워가는 것은 내 책임이다.**

### 적용하기

요셉의 형들이 하는 말 새겨두자. 말이 씨가 되어 그 결과를 볼 것이다.
'그 꿈이 어떻게 되는지 우리가 볼 것이라.'
형들은 그 꿈을 부숴버렸지만 다시 이집트에서 자라게 된다.
내가 꿈꾸는 것이 무엇인가? 하나님이 주신 꿈인가?
요셉이 노예로 팔렸는데 이집트 황제의 측근에게 팔릴 줄 어찌 알았겠는가.
하나님의 계획은 하나하나 진행되어가고 있다.
**나의 현재 모습도 하나님의 큰 계획에 속해 있다. 하나님의 이끄심을 믿자.**

가족들이 서로에게 힘, 방패가 되도록 축복의 기도를 매일 해야 한다.

## 12 위기는 기회다

요셉은 자기 주인인 이집트 사람 보디발의 집에서 살았습니다.
보디발은 하나님께서 요셉이 하는 일마다 잘되게 하신다는 것을 믿었습니다.
그는 요셉에게 집안 일과 자기가 가진 모든 것을 맡겼습니다.

어느 날, 주인의 아내가 요셉에게 말했습니다.
"나와 같이 자자."
"제가 어떻게 그런 나쁜 일을 할 수가 있겠습니까?
그것은 하나님께 죄를 짓는 일입니다."

집에 요셉 밖에 없자 주인의 아내가 요셉의 옷자락을 붙잡고 또 말했습니다.
"와서 나와 같이 자자."
그러나 요셉은 붙잡힌 옷을 남겨 둔 채 집 밖으로 뛰쳐나갔습니다.
주인의 아내는 남편이 돌아오자 요셉이 남겨둔 옷을 들고 말했습니다.
"요셉이 나를 강간하려 했어요. 소리를 지르니 옷을 버려두고 도망쳤어요."

보디발은 요셉을 붙잡아 감옥에 넣었지만 여호와께서 함께 계셨습니다.
요셉은 간수장의 신뢰를 받아 감옥에서 이루어지는 모든 일을 맡았습니다.
한편, 요셉은 이집트 왕 파라오의 꿈을 해몽해 준 유일한 사람이었습니다.
꿈은 이집트 온 땅에 칠년의 풍년과 칠년의 가뭄을 예견하고 있었습니다.

파라오는 지혜롭고 현명한 요셉에게 이집트 땅을 맡기게 되었습니다.
요셉이 이집트 왕 파라오를 섬기기 시작한 때의 나이는 서른 살이었습니다.
요셉은 풍년이 든 칠 년 동안에는 자라난 모든 식물을 거두어들였습니다.
이후 요셉이 말한 대로 칠 년 동안의 가뭄이 시작되었습니다.
모든 땅의 백성들에게 먹을 것이 없었습니다.
가뭄이 심해지자 백성들이 파라오에게 먹을 것을 달라고 부르짖었습니다.
요셉은 창고를 열어서 이집트 백성들에게 곡식을 팔았습니다.
모든 땅의 백성들이 곡식을 사기위해 이집트의 요셉에게 왔습니다.
온 세계에 심한 가뭄이 들었기 때문입니다.

_창세기 39장과 41장에서

## 살펴보기

요셉은 이집트 노예시장에서 황제 경호대장 보디발의 집으로 팔려간다.
보디발은 여호와께서 요셉이 하는 일마다 성공하게 한다는 것을 알았다.
그래서 요셉에게 집안일과 자기가 가진 모든 것을 맡긴다.
요셉은 주인 아내의 유혹을 거절하자 아내의 모함으로 감옥에 간다.

여호와께서는 요셉이 감옥에 있어도 함께 계시고 한결같은 사랑을 베푸신다.
간수장의 마음에 든 요셉은 감옥에서 이루어지는 모든 일을 맡게 된다.
그 무렵 왕궁 신하들이 감옥에 들어왔고 요셉은 그들의 꿈을 해몽해 준다.
한참 뒤 파라오가 해괴한 꿈을 꾸고 전국에서 해몽자를 찾았으나 허사다.
요셉의 해몽으로 감옥에서 풀려난 신하가 요셉을 추천한다.
요셉은 파라오 앞에서 당당하다. 이 당당함은 어디서 올까?
**'저는 꿈을 해몽할 능력이 없고 하나님께서 해몽해 주실 것입니다.'**

## 생각하기

이집트에서 요셉의 삶은 이전 가나안 땅의 철부지 소년의 삶이 아니다.
어디에서 그런 신앙심들이 발현됐을까?
아버지 야곱에게서 여호와 하나님의 이야기를 들었을 것이다.
야곱의 어린 시절 형 에서와의 힘겨루기부터 환도뼈를 다친 이야기까지.
**요셉의 성실함과 정직함, 하나님에 대한 인식은 아비에게서 왔을 것이다.**

## 적용하기

노예의 삶이 시작된 요셉은 그야말로 모범적 노예이다.
주인에게 온갖 충성을 다하고 맡겨진 일에 완벽한 능력과 책임감이 있다.
이집트 황제의 경호대장이 하나님을 인정 할 정도이다.
**주인의 마음을 시원하게 해드리는, 한 치의 어긋남 없이 정직하고 성실하다.**
**이런 일상적인 삶의 태도는 하나님 앞에서 살아가는 요셉이고 우리여야 한다.**

그 정직함이 감옥으로 가게 한다. 순결함이 강간미수범이 된다.
약속한 자가 배신을 한다. 요셉의 인생은 그야말로 반전反轉의 역사이다.
날마다 은근슬쩍 다가오는 욕심과 유혹에 견고한 신앙을 유지하자.
**내가 있음으로 내 주변의 사람들이 복을 받는 하나님의 사람이 되자.**
**최악의 상황에도 하나님의 도우심은 언제나 있다. 그것이 형통이다.**

## 13 예견된 만남

야곱은 이집트에 곡식이 있다는 것을 듣고 아들들에게 말했습니다.
야곱: "왜 가만히 앉아서 서로 얼굴만 쳐다보고 있느냐?
이집트에는 곡식이 있다고 한다. 이집트로 가서 곡식을 사 오너라."
하지만 야곱은 요셉의 동생 베냐민을 형들과 함께 보내지 않았습니다.

요셉은 곡식을 사러 오는 사람들에게 곡식을 팔고 있었습니다.
형들은 요셉에게 와서 땅에 엎드려 절했습니다.
요셉은 그들을 보자마자 자기의 형들이라는 것을 알았습니다.
그러나 모르는 체하였습니다. 요셉이 쌀쌀한 말투로 물어 보았습니다.
요셉: "너희들은 어디에서 왔느냐?"
형들: "우리는 가나안 땅에서 먹을 것을 사려고 왔습니다."
요셉은 형들을 알았지만, 그들은 요셉을 알아보지 못했습니다.
요셉은 형들이 자기에게 절하는 꿈을 꾼 것이 생각났습니다.
요셉: "너희들은 정탐꾼이다. 이 나라의 약점을 알아내려고 왔다!"
형들: "아닙니다. 당신의 종인 우리는 먹을 것을 사러 왔을 뿐입니다.
가나안에 살고 열두 형제 중 열 명으로 한 아버지의 아들입니다.
한 동생은 그 곳에 아버지와 함께 있고 다른 동생은 없어졌습니다."

요셉: "하나님을 두려워하는 사람이다. 내 말대로 하면 살려 주겠다.
한 사람만 여기 감옥에 남아 있어라.
나머지 사람들은 곡식을 가지고 돌아가 굶주린 식구들을 먹이라.
그리고 막내 동생을 데리고 오너라. 그러면 너희를 살려 주겠다."
형들: "우리가 동생에게 한 일 때문에 이런 벌을 받는가 보다.
동생이 애원할 때 듣지 않아서 지금 이렇게 당하는 것 같다."

그리하여 요셉의 형들은 곡식을 나귀에 싣고 길을 떠났습니다.
돌아가서 지금까지 일어난 일을 모두 야곱에게 이야기해 주었습니다.
야곱: "너희는 내 자식들을 빼앗아갔다. 요셉도, 시므온도 없어졌다.
이제는 베냐민마저 데려가려고 하는구나. 어찌 이런 일들이…."

_창세기 42장에서

### 살펴보기

요셉은 아마 자기 형제들도 곡식을 사러 오리라 기대했을 것이다.
그들이 와서 절을 할 때 요셉은 십여 년 전의 꿈을 기억한다.
정탐꾼이라며 그들의 내면을 떠본다.
요셉은 보복보다 형제들이 자신들의 죄를 어찌하나 보고 싶었던 것이다.
형제들은 요셉의 사건을 기억하며 뉘우치고 있다.
더 확인하고자 형제 중 한 명을 두고 가서 동생 베냐민을 데려오라 한다.
르우벤이 자신의 아들을 담보로 베냐민을 데려가려하나 야곱은 거절한다.

### 생각하기

요셉은 복수보다 형제들의 형제 됨을 보고자 한다.
형제들은 네 명의 어머니 아래 태어난 아들들이다.
배다른 동생 베냐민에 대한 아비의 태도가 나타난다.
요셉으로 인하여 야곱의 가족이 화합하게 된다.
형제들은 이집트의 감옥에서 사흘을 지낸다.
거기에서 회개하고 자신들의 과거를 돌아보는 것이다.
아버지 야곱은 아직까지도 요셉이 죽었다고 속고 있다.

### 적용하기

야곱은 '너희들은 왜 서로 보고만 있느냐?'라고 꾸짖는다.
요셉의 형제들은 대기근에서 이렇다 할 묘책도, 책임도 갖고 있지 않다.
아버지 야곱은 아직까지 자식베냐민을 편애한다.
요셉이 형들을 보고 꿈을 기억함은 하나님의 섭리를 보는 것이다.
요셉의 파란만장한 이야기는 오늘을 사는 성도들의 이야기이다.
**모든 삶의 과정 속에서 하나님이 함께 하심을 보게 한다.**

형들을 시험하며 가족애를 살피고 형들이 회개할 수 있는 배경을 준다.
요셉의 '나는 하나님을 경외한다.'는 형들에게 보여주는 신앙고백이다.
형들이 회개하는 대화를 듣고 요셉은 돌아서서 눈물을 흘린다.
자기 가족들을 구원하기 위한 요셉의 지략이 돋보인다.
철저하게 용서의 사람이고 하나님과 동행하는 요셉이다.
아버지 야곱의 베냐민 거부와 한탄은 아직껏 온전치 못한 가족의 모습이다.
이 또한 하나님께서는 하나로 묶어 내실 것이다.

# 14 내가 대신 종이 될 것입니다

가나안 땅에는 아직도 가뭄이 계속되었습니다.
야곱의 가족은 이집트에서 가져온 곡식을 다 먹었습니다.
야곱: "이집트로 다시 가서 먹을 음식을 더 사 오너라."
유다: "베냐민을 보내 주지 않으시면 내려가지 않겠습니다.
베냐민을 다시 데리고 오지 못한다면, 죽을 때까지 저를 욕하십시오."

다시 이집트에 가서 요셉을 만났습니다.
요셉: "당신들이 말했던 늙으신 아버지는 안녕하시오?
그분이 아직도 살아 계시오?"
형들: "당신의 종인 우리 아버지는 안녕하십니다.
그분은 아직 살아 계십니다."
요셉: "이 사람이 당신들이 말했던 그 막내 동생이오?
애야, 하나님께서 너에게 은혜를 베푸시기를 바란다."
요셉은 울음을 그친 후에 마음을 달래면서 '음식을 내와라' 했습니다.
자리가 나이 순서대로 정해져 있어 형제들은 놀랐습니다.

[형들이 돌아가려고 할 때]
요셉: "저들의 자루에 곡식을 넣을 수 있는 대로 넣어라.
돈도 넣어 주어라. 그리고 내 은잔을 저 막내 동생의 자루에 넣어라."

[형들을 뒤 따라 가서]
요셉: "내 잔을 훔쳤다. 내 잔을 훔친 자는 내 종이 될 것이다."
베냐민에게서 훔친 잔이 나오자 요셉은 베냐민을 놔두고 가라고 합니다.
형들: "아버지가 늙으셨을 때 낳은 아들이 있었는데
막내 동생의 형은 죽었습니다.
지금 그 베냐민은 아버지의 마지막 남은 아들이 되었고
아버지는 그 아이를 매우 사랑하십니다.
만약 그 아이가 아버지를 떠나면 아버지는 돌아가시고 말 것입니다."
유다: "제발 저를 종으로 삼으시고 베냐민은 돌아가게 해 주십시오."

_창세기 43장과 44장에

## 살펴보기

식량이 떨어지자 야곱은 다시 가서 양식을 사오라고 한다.
아들들은 베냐민 없이 갈 수 없다고 한다. 시므온이 이집트에 있는데도.
유다가 담보로 동생에게 해가 없을 것을 약속하자 드디어 수락한다.
**드디어 야곱을 요셉, 베냐민에 대한 편애에서 벗어나게 하는 시점이다.**

요셉은 곡식도 주고, 돈도 넣어주며 베냐민의 자루엔 잔을 넣어 보낸다.
형들을 최종적으로 시험하는 것이다.
과연 형제들 간에 시기, 질투 없이 하나가 되었는지 보는 것이다.
베냐민에 대한 유다의 변호에서는 우애와 효도를 모두 볼 수 있다.
유다는 상대방이 이집트의 총리라는 것을 알면서 담대하게 호소한다.
아버지를 위해, 베냐민에 대해서 기꺼이 희생하겠다고.

## 생각하기

일 년 동안 시므온이 잡혀있고 식량은 떨어져도 분명하지 않다.
유다의 설득에 야곱은 자신의 고집을 내려놓고 아들들의 연합을 본다.
자신이 라헬의 아들들만 사랑하는 어리석음도 깨달았을 것이다.

이집트에 도착하자 놀라운 일이 일어났다.
열두 명의 아들들이 한 식탁에 앉는다. 누가 이 잔치를 하는가?
요셉의 회한과 나이대로 앉아있는 자신을 본 형들의 어안을 생각해보자.
**'하나님 보시기에 좋았더라'가 시작되어 12지파를 만들어가지 않을까?**
요셉은 형들 사이에 불화, 반목, 시기가 없음을 본다.

## 적용하기

가족들 간의 불화와 반목으로 냉대를 안고 살아갈 수 있다.
야곱의 가족들은 상호간에 알력배다른 모친 4명의 자녀이 있다.
요셉이 그 화해의 중심에 있다. 나의 가족관계는 어떤가?
유다를 대표로하는 야곱의 아들들의 성장이 있다.
책임추궁과 회피가 우선 일텐데 오히려 책임지는 자가 된다.
심지어 자신의 생명을 담보로 한 희생은 다른 형제들의 성숙을 가져온다.
요셉에겐 감정유지가, 형제들은 뉘우침과 방향전환이 있다. 참 용서이다.
말로만 용서하고 예전 상태에서 멈춰 상대방을 본다면 참용서가 아니다.

## 15 당신들은 아닙니다

가나안 땅에도 가뭄이 왔고 야곱의 집에도 식량이 다 떨어졌습니다.
야곱은 이집트에는 아직도 곡식이 있다고 들었습니다.
그리하여 요셉의 형 열 명을 곡식을 사기 위해 이집트로 보냈습니다.
요셉의 형들이 왔습니다. 형들은 땅에 엎드려 요셉에게 절했습니다.
요셉은 여차한 과정을 통하여 형들이 마음을 다 떠보았습니다.

요셉은 자기 종들 앞에서 더 이상 북받치는 감정을 억누를 수 없었습니다.
"형님들, 내가 요셉입니다. 아버지께서 아직 살아 계신가요?"
형들은 너무 놀라 아무런 대답도 할 수 없었습니다.
"내가 형님들이 이집트에 노예로 팔았던 바로 그 요셉입니다.
하지만 염려하지 마세요. 저를 이곳에 판 일로 마음 아파하지 마세요.
하나님께서 먼저 이곳으로 보내셔서 사람들의 생명을 구하신 것입니다."

"앞으로도 오 년 동안은 심지도 못하고 거두지도 못할 것입니다.
하나님께서 우리 가족이 살아남도록, 저를 먼저 이곳에 보내셨습니다.
그러니 저를 이곳에 보내신 분은 형님들이 아니라 하나님이십니다.
하나님께서 저를 이집트 왕의 가장 높은 신하로 만드셨습니다."

"이제 가나안 땅 집으로 가셔서 아버지에게 이렇게 말씀드려 주세요.
하나님께서 저를 온 이집트의 주인으로 만드셨습니다.
앞으로도 오 년 동안 가뭄이 있을 터이니 이곳으로 오세요.
아버지의 가족과 가지신 모든 소유가 굶주리는 일이 없도록 하겠습니다."

요셉의 형들이 왔다는 소식에 파라오가 요셉에게 말했습니다.
"아버지와 가족 모두를 모시고 오라 하시오. 내가 가장 좋은 땅을 주겠소."
형들이 돌아가서 야곱에게 말했습니다.
"요셉이 아직 살아 있습니다. 요셉은 이집트의 총리가 되었습니다."
요셉의 형제들은 요셉이 했던 말을 빠짐없이 야곱에게 들려주었습니다.
이스라엘이라고도 부르는 야곱이 말했습니다.
"내 아들 요셉이 아직 살아 있다니! 죽기 전에 가서 만나 봐야겠다."

_창세기 42장과 45장에서

## 살펴보기

이집트 주변국가 모두가 가뭄에 허덕일 때, 야곱 가족도 같은 처지이다.
야곱이 이집트에 곡식이 있다는 말을 듣고 식량을 구하러 자식들을 보낸다.
곡식을 구하러 온 형들은 상대가 전혀 누군지 모르고 총리에게 절을 한다.
유년기에 요셉이 꾼 꿈의 성취가 되는 장면이다.
요셉은 여러 경유를 거쳐 형들의 진심을 알아낸다.
형들이 자신에게 한 부당한 행동을 전혀 떠올리지 않는다.

형들은 요셉을 팔았던 과거를 뉘우친다.
**하지만 요셉은 '이 때를 위하여 하나님께서 먼저 나를 보내셨다.'고 한다.**
아버지 야곱은 죽은 줄 알았던 요셉의 생존소식에 기뻐한다.

## 생각하기

요셉은 형들에게 이집트의 총리됨을 하나님께서 준비시킨 일이라고 한다.
형들의 잔인한 시기로 죽음 직전에 살아 이집트로 온 야곱이다.
이제는 오히려 형들을 비롯한 온가족의 생계를 위해 이집트로 이주시킨다.
아브라함에게 약속한 내용이 시작되는 것이다. '이방에서 객이 되어….'

아브라함의 약속을 믿고 있고 출애굽을 암시하는 요셉이다.
살아오면서 만난 어떤 일들은 한참이 지난 뒤에야 고백하게 된다.
**'아하, 이 때를 위함이었어.' 하나님께 하신 일이다.**

## 적용하기

요셉의 족장시대가 이제는 세계사의 이야기로 커져간다.
하나님께서 요셉의 일생을 통해 일하심을 보자.
편애-시기-살해의도-인신매매-노예-모함-감옥-배신-해몽-이집트 총리.

**어떻게 나를 인도해 오셨는지 나의 지난 과거를 보면 알 수 있다.**
**과거 속에서 어떻게 나에게 일하셨는지를 살펴보자.**
요셉이 가진 하나님의 시각이다. 그 하나님의 시각으로 나를 보자.
나의 성공과 출세, 심지어 실패와 좌절까지도 그분의 경륜에 있다.
혹, 형제간의 불화나 가족 간의 갈등이 있다면 하나님의 시각으로 보자.
거기엔 용서가 있고 화해가 있고 사랑이 있지 않는가?

## 16 물에서 건져내었다 - 구원?

야곱의 자손은 모두 칠십 명이었습니다.
얼마 후에 그 시대에 살던 사람들은 다 죽었습니다.
그러나 이스라엘 백성은 자녀를 많이 낳아 그 수가 크게 늘어났습니다.

새 왕이 이집트를 다스렸고 그 왕은 요셉이 누구인지를 알지 못했습니다.
그 왕이 말했습니다.
"이스라엘 백성이 너무 많아서 그들은 우리보다도 강해졌다.
만약 전쟁이라도 일어나면 그들은 적과 한편이 될 것이다."
그들에게 강제로 일을 시켜서, 비돔과 라암셋에 국고성을 짓게 했습니다.
더 힘든 일을 시켜도 이스라엘 백성의 수는 더 늘어났습니다.

히브리 산파들에게 이집트 왕이 말했습니다.
"히브리 여자들이 아기를 낳을 때 만약 딸이면 살리고 아들이면 죽여라!"
하지만 산파들은 하나님을 두려워하여 남자 아이들도 다 살려 주었습니다.
이집트 왕이 산파들을 불러서 왜 살려 두었느냐고 묻자,
"히브리 여자들은 우리가 도착하기 전에 아기를 낳습니다."
파라오가 명령을 내렸습니다.
"히브리의 남자 아이는 나일 강에 던져라. 여자는 살려도 좋다".

레위 집안의 한 여자가 아들을 낳았습니다.
여자는 그 아기가 너무 잘 생겨서 세 달 동안 숨겨 두었습니다.
세 달이 지나 더 이상 숨길 수 없어 갈대 상자에 넣어 강에 띄웠습니다.
그 때, 파라오의 딸이 목욕을 하려고 강으로 나왔다가 상자를 보았습니다.

열어 보니 남자 아이가 울고 있고 공주는 불쌍하다고 생각했습니다.
히브리 사람의 아이인 줄 알았지만 자신의 아들로 삼았습니다.
이름을 물에서 건져내었다 해서 '모세'라고 지었습니다.

_ 출애굽기 1장과 2장에서

## 살펴보기

이집트로 내려간 70명이 400년이 지나자 장년 남자만 60만 명이 된다.
아브라함에게 약속한 것의 성취이다. 그것은 아브라함 믿음의 실재이다.
'네 자손이 하늘의 별처럼 바다의 모래처럼 많으리라.'
하지만 요셉을 알지 못하는 왕이 등장해 이스라엘 사람들을 노예로 부린다.
이집트의 파라오가 인구 억제를 위한 강압정책을 펴도 막을 수 없다.
파라오는 이스라엘의 번성에 두려움과 위기의식을 느껴 더 강하게 억압한다.
유아 학살명령을 내릴 정도로.
산파들은 파라오보다 하나님을 더 두려워한다. 생명에 대한 경외이다.

모세는 자신의 정체를 안 뒤, 의분義憤으로 인한 살인자가 된다.
졸지에 왕자의 신분에서 도망자가 되어 미디안의 땅에서 산다.

## 생각하기

이스라엘 백성의 인큐베이터가 이집트였다. 가나안에서는 할 수 없는.
아이러니하게 이집트의 보호 아래 대 민족으로 성장할 수 있었다.
**하나님이 하시는 일은 다 이해할 수 없으나 자신의 섭리대로 인도해 가신다.**
노예로 전락할 안일에 빠진 백성에게 가나안에 대한 동경을 주시는 것이다.
**모세가 탄생했고 물에 띄운 그가 구원받음은 장차 구원자로 준비시킴이다.**

## 적용하기

하나님께서 자기백성에게도 종종 굴곡을 주실 때가 있다.
**하나님께서 하시는 일에는 실수가 없으니 왜 그러시는가를 물어야 한다.**
사단의 세력이 극악해도 하나님의 능력은 단순하게 산파들의 마음을 산다.

주도면밀한 전개가 펼쳐진다.
3개월 양육된 모세-강물에 놓아줌-누이가 따라감-이집트 공주에게 구원-유모가 된 어머니-아들 삼아 왕자로 40년을 살아감-자기 정체성의 확인-의분으로 인한 살인-신분의 전환(왕자 신분-노예 신분-살인자-도망자)

하나님이 하시는 일에 지레 겁먹을 수는 있지만 포기는 바람직하지 않다.
원하지 않는 일들에서도 하나님의 섭리를 발견하는 것이 중요하다.
**내 삶을 주도면밀하게 인도하심을 고백하려면 범사에 그를 인정하는 것이다.**

## 17 모세 - 하나님을 만나다

모세가 이드로의 양 떼를 돌보며 하나님의 산인 호렙산에 이르렀을 때 여호와의 사자가 떨기나무의 불꽃 속에서 나타났습니다.

하나님: "나는 네 조상의 하나님이다. 아브라함, 이삭, 야곱의 하나님이다.
나는 내 백성이 얼마나 괴로워하는지를 알고 있다.
나는 그들을 이집트 사람들에게서 구해 주려고 내려왔다.
너가 가서 내 백성 이스라엘 사람들을 이집트에서 인도해 내어라!"
모세: "제가 그들에게 '너희 조상의 하나님께서 나를 보내셨다.' 했을 때
그들이 '하나님의 이름이 무엇이냐?'고 물으면 어떻게 대답해야 합니까?"
하나님: "나는 스스로 있는 자이다. 너는 이스라엘 백성에게로 가서
스스로 있는 분이 나를 너희에게 보내셨다고 말하여라."
모세: "만약 이스라엘 백성이 내 말을 믿지 않으면 어떻게 합니까"?
하나님: "네 지팡이를 땅에 던져라." 던지자 지팡이가 뱀이 되었습니다.
"손을 펴서 뱀의 꼬리를 붙잡아라." 다시 지팡이가 됩니다.
"네 손을 옷 안에 넣어 보아라." 넣었다 빼니 문둥병이 생겼습니다.
"이제 손을 옷 안에 다시 넣어 보아라." 손이 깨끗해졌습니다.
"두 기적을 믿지 못하면, 나일강에서 물을 퍼다 땅에 부어라.
그러면 그 물이 땅 위에서 피로 변할 것이다."

모세: "하지만 주님, 저는 말을 잘 하지 못합니다."
하나님: " 누가 사람의 입을 만들었느냐?
누가 말 못하는 자를 만들고, 듣지 못하는 자를 만들었느냐?
나 여호와가 아니냐? 그러니 가거라! 내가 네 입과 함께 하겠다.
네가 할 말을 내가 가르쳐 줄 것이다."

모세: "주여, 제발 보낼 만한 능력 있는 사람을 보내십시오".
하나님: "네 형 아론은 말을 아주 잘 하지 않느냐?
네가 할 말을 내가 가르쳐 줄 테니 그것을 아론에게 말해 주어라."

_ 출애굽기 3장과 4장에서

## 살펴보기

하나님께서는 모세에게 '너는 가서 내 백성을 구하라.' 하신다.
'I am Who I am' 하나님의 이름이다. 또 'I will be What I will be'이다.
젊은 장정이 아닌 40년간 이방인으로 살았던 80세의 모세를 부르신다.
하나님께서는 백성의 고통을 다 아시니, 모세의 처지와 형편도 다 아신다.
모세에게 '내가 너와 함께 하리라.' 하셔도 모세는 아직 하나님을 모른다.
갖가지 발뺌을 하는 모세를 설득하신다.
들고 있는 지팡이와 모세 손의 나병으로 확신을 더하신다.
"이집트에 큰 능력을 보여 줄 것이다. 내가 그 땅에 기적을 일으킬 것이다"
"누가 사람의 입을 만들었느냐? 나 여호와가 아니냐? 아론을 붙여주마."

## 생각하기

모세에게 지팡이는 하나님의 능력이자 동행 자체이다.
위험의 도구, 기적의 도구, 축복의 도구로 하나님 동행의 상징이다.
하나님의 때가 되면 하나님께서는 역사와 사람을 하나하나 준비하신다.
40년간 목가적이고, 안정된 생활을 하는 모세를 부르신다.
**모세의 능력, 조건으로 부르심이 아니라, 하나님의 계획에 따라 부르신다.**
**나이도 그리 중요하지 않고 그동안 무뎌진 성격도 중요하지 않다.**
계속 주저하는 모세에게 열심히 설득을 하신다.

## 적용하기

**하나님은 행동하시는 하나님으로 말씀만이 아닌 행동하시는 존재 자체이다.**
**나의 믿음은 언제나 교회 안에, 성경 안에만 있는 것이 아닐까?**
내가 믿는 하나님이 성경책에만 있다면, 내게 'I will be'는 거짓일까?
나는 언제부터 하나님께 쓰임 받는 자라고 생각하는가?
한 번도 그런 적이 없다면 지금 부르실 것이다.
내가 가진 처지와 형편을 다 아시고 차근차근 요구하실 것이다.
보채고, 달래고, 설득해서 자신의 일에 나를 쓰실 것이다.

내 삶에서 하나님의 능력과 이적을 보여주신 적이 있는가?
그것들은 더 큰 일을 하게 하실 것이라는 싸인이 아닐까?
하나님께 순종할 때 하나님의 임재와 기적을 경험할 수 있다.
하나님께서 말씀하시면 핑계 없이, 망설임 없이 '예' 하고 나서는 내가 되자.

## 출애굽의 기적[재앙]은 하나님의 설득처럼 보인다.

그보다 어떤 기적을 가지고 상대를 굴복시키고자 함은 아니다.
모세가 있고 아론이 있고 기적이 도입된다.

그러나 잘 보면 모두가 하나님의 말씀이 실재가 된다.
재앙이 있고, 재앙이 그치고 회복이 된다.
하나님의 존재를 무지한 자들에게 보여주고 들려주시는 것이다.

이 무지함에는 이스라엘 백성도, 이집트 백성도, 모세도, 바로도 포함된다.
당대 이집트는 전 세계의 상징이다.
이스라엘은 그저 작은 민족일 뿐이다.
그래서 하나님의 말씀을 듣는 존재로 바꾸고자 하시는 것이다.
그것이 출애굽이고 그것이 구원이다.

족장들의 이동경로



*출처: 『키워드로 읽는 성경』 김광복. 2020. 한국NCD미디어

## 18 강퍅한 자를 내 버려 두어라

여호와께서 모세에게 말씀하셨습니다.
"나는 너를 파라오 앞에서 마치 하나님과 같게 할 것이다.
그리고 네 형 아론은 너를 위해 대언자가 될 것이다.
네 형 아론에게 내가 너에게 명령한 모든 것을 말해 주어라.
나는 파라오의 고집을 그대로 두고 이집트에 많은 기적을 일으킬 것이다."

파라오 그에게 이렇게 말하여라.
'히브리 사람들의 하나님 여호와께서 나를 왕에게 보내셨다.
주님께서 내 백성을 광야로 보내서 나를 예배할 수 있게 하라 하셨다.'

파라오는 이 말씀을 듣지 않았습니다.
"보라. 나일강이 피로 변할 것이다.
물고기들은 죽고 강물에서는 냄새가 나서 물을 먹지 못하게 될 것이다."
파라오는 더욱 고집스러워져서 모세와 아론의 말을 듣지 않았습니다.
"이집트를 개구리로 벌 할 것이다. 나일강이 개구리로 가득 찰 것이다.
네 침대와 침실에, 백성의 집에, 밀 반죽에도 개구리가 들어갈 것이다.
너와 네 백성과 네 신하들의 몸 안으로도 기어들어 갈 것이다."

파라오는 일단 숨을 돌리게 되자, 또 다시 고집스러워졌습니다.
"온 이집트의 먼지가 이[louse]로 변할 것이다.
내가 파리 떼를 너와 네 신하들과 네 백성들과 네 집에 보낼 것이다.
여호와가 너의 모든 짐승에게 끔찍한 병을 내려 병들게 할 것이다.
아궁이의 재가 이집트의 모든 사람과 짐승들 몸에 종기를 일으킬 것이다."

"끔찍한 우박을 내릴 것이다. 사람이든 짐승이든 우박에 맞아 죽을 것이다.
만약 내 백성을 내보내지 않으면, 내일 네 나라에 메뚜기들을 보낼 것이다
어두움이 온 이집트 땅을 덮을 것이다."

여호와께서 모세에게 말씀하셨습니다. "이제 한 가지를 더하리라.
오늘 밤 자정쯤에 내가 이집트 온 나라를 다닐 것이니
이집트 땅에서 처음 태어난 것은 모두 다 죽을 것이다."

_출애굽기 7장부터 11장에서

## 살펴보기

여호와께서 이집트 왕 파라오에게 9가지 재앙을 내리신다.
나일강에서 시작해 땅과, 하늘, 태양계에, 사람에게 재앙을 행하신다.
모세는 시키는 대로 따른다. 그러나 파라오의 마음은 강퍅하다.
'강'強= 강할 강, '퍅'愎= 남의 말 잘 안들을 퍅
당시 최대 최고의 강대국의 파라오는 자칭타칭 태양신의 아들이라 했다.
그 파라오에게 이스라엘 백성은 재산과 같다.
약 200만의 장정 남녀노소의 노예들은 모든 산업의 원동력이기 때문이다.
**노예해방은 자신의 절대적 권위의 치명상이자, 국가재산의 손실이다.**
파라오가 마음을 수차례 바꾼 것도 이 맥락이다.
재앙은 점점 더 강해진다. 자연에서 식물로, 동물로, 사람의 목숨으로…….
파라오에게는 기회이다. 10번씩이나 하나님을 만날 수 있는…….
한편 그들이 섬기는 우상들신들에 대한 무기력함을 드러낸다.

## 생각하기

모세의 줄기찬 요구이다. '내 백성을 보내어 여호와를 섬기게 하라.'
하나님을 섬기는 자유를 얻기 위해 기적들이 도입된다.
그러나 그 재앙들이 실제 자유에 도움이 되지는 않는다.
오히려 세상의 권력이 얼마나 강하게 하나님께 대항하는지 알게 될 뿐이다.
계속 거절하자 '죽음 재앙'이 선포된다. 인간의 생사존탈권이 누구에게 있나?
처음 재앙 '피, 개구리, 이'는 이집트 신들의 제사장을 꺾고
다음 재앙 '파리, 악질, 독종'은 땅을 배경으로 하고
다음 재앙 '우박, 메뚜기, 흑암'은 하늘을 배경으로 한다.
**여호와가 하늘과 땅의 주인이며 세상의 모든 신은 우상이라고 선언함이다.**

## 적용하기

아직도 세상에는 많은 신이 있다고 생각하나?
**사람들은 신을 만들고 그 신들의 힘을 입어 자기가 신이 되고자 한다.**
하나님의 설득-나를 향한 설득도 이같이 10번은 더 되지 않는가?
파라오의 강퍅함은 오늘 세상의 모습이고, 내 자신도 거기에 있지 않는가?
강퍅함에 '나를 내버려 두신다.'는 말은 나를 상관치 않고 버린다는 말이다.
하나님의 말씀을 지키기 위한 고집 빼고는 모든 것을 다 내려놓아야 한다.
피, 개구리, 이, 파리, 악질, 독종, 우박, 메뚜기, 흑암 재앙 순서를 외우자.

## 19 새로운 날의 시작

모세와 아론에게 말씀하셨습니다.
"너희들에게 이 달은 일 년의 첫 달이 될 것이다.
이 달 십 일에 집집마다 양 한 마리씩을 준비하도록 하여라.
이 달 십사 일까지 그 양을 잘 지켰다가 어두워질 무렵에 잡도록 하여라.
피는 받아 두었다가 양을 잡아먹은 집 문틀의 옆과 위에 발라라."

"그 날 밤, 양을 불에 구워 먹되 쓴 나물과 무교병을 함께 먹어라.
양 전체를 불에 구워 먹어라. 아침까지 남으면 불에 태워라.
먹을 때는 금방 길을 떠날 사람처럼 준비하고 서서 먹어라.
이것이 여호와의 유월절이다."

"이 날 밤 나는 온 나라로 다니며 모든 처음 태어난 것을 죽일 것이다.
그리고 이집트의 모든 신들에게도 벌을 내릴 것이다.
그러나 너희가 사는 집에 피가 발라져 있으면 나는 너희를 지나갈 것이다.
너희는 언제나 이 날을 기억하며 대대로 이 날을 기념하여 지켜야 한다."

이스라엘 백성은 여호와께서 모세와 아론에게 명령하신 대로 했습니다.
밤중에 여호와께서는 이집트 땅의 모든 맏아들을 죽이셨습니다.
보좌에 앉아 있는 왕의 맏아들도 죽었습니다.
그리고 가축의 처음 태어난 것들까지 죽었습니다.

파라오가 밤중에 모세와 아론을 불러서 말했습니다.
"일어나서 내 백성 중에서 떠나가거라.
너희와 너희 백성은 원하는 대로 해도 좋다. 가서 여호와께 예배드려라.
너희 가축도 다 몰고 가라. 그리고 나를 위해서도 복을 빌어 주어라."

이스라엘 백성은 라암셋을 떠나서 숙곳으로 갔습니다.
아이들 말고 남자 어른만 해도 육십만 명 가량이 되었습니다.
그 밖에 이스라엘 백성이 아닌 다른 사람들도 많이 있었습니다.
이스라엘 백성은 이집트에서 사백삼십 년 동안 살았습니다.

_출애굽기 12장에서

## 살펴보기

모세가 이집트에 내리는 10번째 재앙으로 장자[처음 난 것]가 죽는다.
이 날이 죽음을 넘는 유월절[pass over 逾越節-넘을 '유', 넘을 '월']이다.
또 노예에서 구원받는 시작의 날이다.
유월절 양은 각 가족대로 준비한다. 가족공동체이다.
어린양의 피가 구원이다. 훗날 예수 그리스도는 유월절의 어린양이 되신다.
이들은 이집트생활 430년이 끝나는 날에 나왔다.
장정만 60만이다. 익숙한 삶을 떠나 미지의 삶으로 전진이다.
500년 전의 아브라함에게 약속하신 말씀의 성취이다.
**미지의 삶에는 오직 하나님만 바라보아야 한다. 가보지 않는 길이니 만큼…….**

## 생각하기

9가지 재앙은 하나님의 능력을 보인 것만은 아니다. 하나님의 인내이다.
하나님의 오래 참으심은 모든 사람이 구원받기 위해서이다. 지금도 마찬가지이다.
죄를 가진 자는 모두 죽는다는 대표성 원리로 장자[長子]가 죽는다.
그런데 이스라엘의 장자는 모두 산다. 아니, 어린양의 피를 바른 집은 산다.
**같은 죄로 죽어야 할 자들이 모두 살아난다. 이것이 은혜이고 부활이다.**
그것이 유월절의 만찬이다. 무교병은 새 생명의 상징이다.
이 명령은 이제껏 본적이 없는 생소한 것이다. 모두 순종한다.

## 적용하기

이달부터 일 년의 첫 달이고 첫 날이다. '너는 이제부터 새 생명이다.'
그것이 유월절이다. 그 어린양의 피는 예수 믿는 자들에게 예수의 피다.
그래서 유월절에 가진 식탁은 하나님과 함께 먹는 식탁이다.
마치 예수님이 최초의 성찬을 제자들과 함께 먹었던 것처럼.
**이 성찬에 임하는 자들이 하나님의 자녀이고 백성이고 가족이다.**
**그리스도의 피와 살은 내 음료이고 양식이 된다.**

내 인생의 가장 중요한 날이 언제일까?
생일? 결혼일? 구원받은 날? 모두 소중한 날이다.
가장 중요한 날은 내가 하나님의 백성이 된 날이다.
**그날부터 나는 새로운 시작이 된 것이다. 나는 새사람이라는 확신이 있는가?**
새사람이 사는 방식은 하나님의 말씀을 먹고 사는 일이다.

## 20 앞뒤는 막히고 하늘은 열려 있고

파라오가 이스라엘 백성을 내보냈습니다.
하나님께서 블레셋 땅을 통과하는 가까운 길로 인도하지는 않았습니다.
왜냐하면 '전쟁을 보면 마음을 바꿔 이집트로 돌아가자.' 할 것 같아서 입니다.
그래서 하나님께서는 이스라엘 백성을 홍해 쪽의 광야로 인도하셨습니다.

낮에는 구름기둥으로, 밤에는 불기둥으로 불을 밝히시면서 인도하셨습니다.
덕분에 이스라엘 백성은 밤낮으로 갈 수 있었습니다.

여호와께서 모세에게 말씀하셨습니다.
"파라오가 이스라엘 백성을 뒤쫓아 올 것이다.
하지만 내가 그와 그의 군대를 물리칠 것이다.
이 일로 내 영광이 드러나고, 그들은 내가 여호와라는 것을 알 것이다."

그 사이 파라오와 그의 신하들은 마음을 바꾸었습니다.
'우리 밑에서 종살이하던 자들을 내보냈으니 어쩌자고 이런 일을 했을까?'
파라오는 군대를 이끌고 이스라엘 백성이 진을 친 홍해 곁까지 왔습니다.

이스라엘 백성은 파라오 군대가 가까이 옴을 보고 무서워 부르짖었습니다.
"이집트에 무덤이 없어서 우리를 이 광야로 끌어내어 죽이려는거요?"
"왜 우리를 이집트에서 데리고 나왔소?"
"이집트 사람들을 섬기는 것이 광야에서 죽는 것보다 우리에게는 낫소."

하지만 모세가 대답했습니다.
"두려워하지 마시오! 여호와께서 오늘 우리에게 베푸실 구원을 보시오.
오늘이 지나면 이 이집트 사람들을 다시는 보지 않게 될 것이오.
그저 가만히 있기만 하시오. 여호와께서 여러분을 위해 싸워 주실 것이오."
모세가 하나님의 명령대로 지팡이를 들어 바다를 가리켰습니다.
바다가 갈라지고, 백성은 마른 땅 위로 바다를 건널 수 있었습니다.
여호와께서 밤새 강한 동풍을 일으키셔서 바닷물을 뒤로 밀어 내셨습니다.

그리하여 바다를 마른 땅으로 바꾸어 놓으셨습니다.
바다가 둘로 갈라지고 마른 땅이 되었습니다.
이스라엘 백성은 마른 땅을 밟고 바다를 건넜습니다.
양쪽에는 바닷물이 벽을 이루고 있었습니다.
파라오의 말과 전차와 전차를 모는 군인들이 뒤좇아 바다로 들어왔습니다.

모세는 손을 들어 바다를 가리켰습니다.
새벽이 되자, 바닷물이 다시 깊어지기 시작했습니다.
이집트 군인들은 바다에서 도망치려고 했습니다.
그러나 여호와께서 그들을 바다에 빠뜨리셨습니다.

이스라엘 백성은 여호와께서 이집트 사람들을 물리치신 큰 능력을 보고
여호와를 두려워했습니다.
그리고 이스라엘 백성은 여호와와 여호와의 종 모세를 믿었습니다.

_ 출애굽기 13장과 14장에서

## 살펴보기

하나님의 인도는 가까운 길이 아닌 먼 길이다. 전쟁을 보고 뒤돌아 갈까 봐.
구름기둥과 불기둥이 앞장선다. 모세가 아니다.
도착한 곳은 홍해 바다를 경계로 더 이상 전진 할 수 없는 막힌 곳이다.
파라오는 안정을 찾자 군대를 모아 추격을 한다.
'우리 밑에서 종살이하던 이스라엘 백성을 내보냈다.
우리가 어쩌자고 이런 일을 했을까?'
그들에게 200만 명의 노동력 상실은 국가의 존립 위기가 되는 것이었다.

## 생각하기

가까운 길이 아닌 돌아가는 길이고 광야길이다.
인도자는 불기둥 구름기둥이다.
우리가 가는 길도 내가 원하지 않는, 좋아하지 않는 길일 수 있다.
우리에게 인도자가 있다면 하나님의 말씀이고 기도이다.

백성들은 진퇴양난이다. 뒤에는 이집트 군대가, 앞에는 바다가 막혀 있다.
여기에서 모세를 원망한다. 심지어 이집트로 돌아가자고 한다.
하나님이 바다를 갈라 홍해를 걸어서 건너고 이집트 군대는 수장이 된다.

## 적용하기

약속하신 땅은 가나안이었지만 가는 과정은 알려주시지 않는다.
**목표를 주시고 그 목표에 이르기까지 하나님을 믿어야 한다.**
우리들도 마찬가지이다. 목적과 목표뿐만 아니라 과정까지 분명해야 한다.
**하나님이 주실 답만 믿을 것이 아니라, 답을 쓰는 과정에서도 믿어야 한다.**

진퇴양난? 그때는 하늘을 보자. 열려 있다.
'두려워말고 가만히 하나님이 하시는 것을 보라.'
파라오는 그 많은 것을 보고 당했어도 여호와를 인식하지 못한다.
그렇다. 지금도 어떤 말씀이나 어떤 기적을 봐도 하나님을 모르는 자 있다.
**내가 하나님을 믿고 말씀을 듣는다는 것은 신통神通한 것이다.**

엄청난 은혜를 입어도 어느 한 순간 앞뒤가 막힌 상황을 만나면
'이게 뭐야? 차라리 그때가 좋았지. 돌아가자.' 지금도 이 타령이신가?

이스라엘 백성들의 출애굽 이동 경로

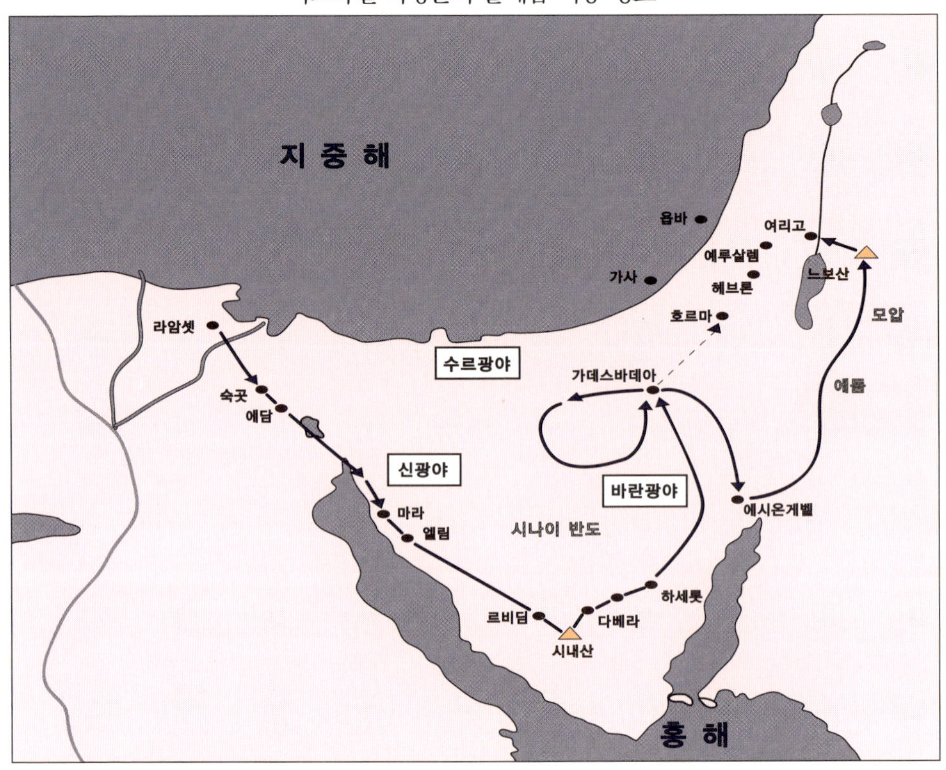


*출처: 『키워드로 읽는 성경』 김광복, 2020, 한국NCD미디어

## 이집트에서 탈출 - 출애굽 이집트를 애급이라는 부르는 이유는?

2천년 전, 당대 로마에서 이집트를 가리키는 말이 '아이깁투스'였다.
이 '아이깁투스'를 한자로 음차소리를 빌려오는 일하면서 애급-埃及이 된다.
한문성경에서 우리말 번역을 할 때 '出埃及記'를 '出애굽기'라고 한 것이다.

한자어 애埃는 '티끌 애, 먼지 애, 세속 애'란 뜻이다.
급及은 '미칠 급, 이를 급'이란 뜻이다.

구원이라는 관점에서 보면
세상에서의 구출이다.
그 세상을 '티끌 같은 세상, 먼지 같은 세상'이라는 영적의미로 가져가보면
出埃及記라는 번역은 신의 한 수 같은 것이다.

## 21 너는 나의 보물이니까 준다

이집트를 떠난 지 석 달 만에 이스라엘 백성은 시내광야에 이르렀습니다.
여호와께서 산에서 모세를 산으로 불러 말씀하셨습니다.
"이제 너희가 내 목소리를 듣고 내 언약을 지키면,
너희는 모든 백성 중에서 나의 보물이 될 것이다.
너희는 내게 제사장 나라와 거룩한 백성이 될 것이다."
그러자 모든 백성이 한 목소리로 대답했습니다.
"우리는 여호와께서 말씀하신 대로 다 하겠습니다."

하나님께서 이렇게 말씀하셨습니다.
나는 종살이하던 이집트 땅에서 너희를 인도한 너희 여호와 하나님이다.
1 - 너희는 나 외에는 다른 신들을 두지 말라.
2 - 너희는 우상을 만들지 말라.
위로 하늘에 있는 것, 아래로 땅에 있는 것, 땅 아래로 물 속에 있는 것,
그 어떠한 모양도 만들지 말라. 어떤 우상에게도 예배하거나 섬기지 말라.
나 여호와 너희 하나님은 질투하는 하나님이다.
3 - 나 여호와 너의 하나님의 이름을 함부로 부르지 말라.
4 - 안식일을 기억하여 거룩한 날로 지켜라.
6일 동안은 힘써 모든 일을 하여라. 7일째는 나 여호와 하나님의 안식일이다.
그 날에는 너나, 너희 아들과 딸, 너희 남종과 여종,
너희 짐승이나 너희 집에 머무르는 나그네도 일을 하지 말라.
왜냐하면 나 여호와가 6일 동안 하늘과 땅과 바다와 모든 것을 만들고
칠 일째 날에는 쉬었기 때문이다.
그러므로 나 여호와는 안식일에 복을 주고, 그 날을 거룩하게 하였느니라.
5 - 너희 아버지와 어머니를 잘 섬겨라.
그러면 나 여호와 하나님이 너희에게 준 이 땅에서 오래 살게 할 것이다.
6 - 사람을 죽이지 말라.
7 - 간음하지 말라.
8 - 도둑질하지 말라.
9 - 이웃에 대하여 거짓 증언을 하지 말라.
10 - 이웃집을 탐내지 말라.
이웃의 아내나, 남종이나 여종, 소나 나귀나,
그 밖에 어떠한 것도 탐내지 말라.

_ 출애굽기 19장과 20장에서

## 살펴보기

3개월 동안 심고 거둠이 없는, 마실 물도 변변찮은 광야 길을 간다.
내가 가는 광야에서 구름기둥과 불기둥으로 인도하신다.
그들의 생명유지는 만나와 물과 메추라기인데 역시 하나님이 공급하신다.
**믿음으로 사는 법과 철저하게 하나님만 바라보는 법을 가르치신 것이다.**
드디어 시내산에 이른다.
하나님 자신이 이스라엘 백성을 이끌고 나온 이유를 말씀하신다.
그리고 그 백성들이 지켜야 할 가장 기본적인 법을 주신다.
**관계에 관한 것으로 하나님의 관계, 이웃의 관계, 물질의 관계를 다룬다.**

## 생각하기

과거 이집트에서는 이집트 법의 통치를 받았다.
이제는 하나님의 백성이다. 하나님께서 그 나라의 백성에게 말씀하신다.
하나님의 보물, 거룩한 백성이 되는 길은 언약을 지키는 것이다.
이스라엘을 택하신 이유이다.
'온 세계가 내게 속하였다. 온 세계 속에 특별한 나의 소유가 너희들이다.
제사장은 보통 사람들과 구별된 자로 하나님만 섬기는 자들이다.
모든 백성들의 중보자로 너희를 통해 온 세계를 다스리겠다.
거룩은 나의 성품이니, 너희들에게 내 성품으로 주어 구별할 것이다.'
십계명에서 가장 길게 언급된 2계명과 4계명을 주의 깊게 보아야 한다.

## 적용하기

나를 하나님이 선택하여 자신의 백성을 만든 이유도 이들과 같다.
나는 하나님의 보물로 제사장과 거룩한 백성이다.
그렇다면 그 언약을 지키는 것이다.
**십계명을 외워보자. 사실 오래 신앙생활 하신 분들도 십계명을 다 알지 못한다.**

1-다 2-우 3-망 4-안 5-부 6-살 7-간 8-도 9-거 10-탐

열 가지 계명 중에서 내가 가장 노력해야 할 계명은 어떤 것일까?
더불어 꼭 기억해야 할 게 있다. 십계명의 서문이다. 가장 중요하다.
나와 하나님과의 관계에서 출발하기 때문이다.
너는 이집트에서 종살이 했다. 너는 세상의 노예였다.
나는 너를 인도해 낸 여호와이다. 이제 나는 너를 책임지는 여호와이다.

## 22 눈에 보이는 신, 황금송아지

백성은 모세가 산에서 내려오지 않자 아론에게 몰려와 말했습니다.
백성: "모세가 어떻게 되었는지 모르겠으니 우리를 인도할 신을 만들어 주시오."
아론: "여러분의 아내와 아들, 딸이 달고 있는 금귀고리를 가지고 오시오."
아론은 백성에게서 받아 녹인 다음, 틀에 부어 송아지 상을 만들었습니다.
아론: "이스라엘아! 이것이 우리를 이집트 땅에서 인도해 낸 신이다!"
"내일 여호와를 위한 절기를 지키겠다."

여호와께서 모세에게 말씀하셨습니다.
"당장 내려가라. 이집트에서 인도해 낸 백성이 끔찍한 죄를 짓고 있다.
얼마나 완고한 백성인가? 내 노여움으로 그들을 멸망시키겠다.
하지만 너만은 살려 두어 큰 민족을 만들어 주겠다."
모세: "여호와여, 어찌하여 주님의 백성에게 노여워하십니까?
주님께서는 크신 능력과 힘으로 이집트에서 인도해 내시지 않으셨습니까?
그리하시면 이집트 백성이 말 할 것입니다.
'이집트에서 인도해 결국 그 산에서 멸망시키기 위해서였구나.'
그러니 노여움을 거두어 주소서. 주의 백성에게 재앙을 내리지 마십시오."

"주의 종인 아브라함과 이삭과 이스라엘을 기억해 주십시오.
약속한 땅을 주시겠다고 주님 자신을 걸고 맹세하지 않으셨습니까?"
그러자 여호와께서 마음을 돌리셨습니다.

모세가 천막에 가까이 가서, 가지고 온 돌판들을 산기슭에서 내던졌습니다.
"누구든지 여호와를 따르고자 하는 사람은 나에게로 오너라."
그 날 이스라엘 백성 중에서 삼천 명 가량이 죽었습니다.
모세: "이 백성이 큰 죄를 지었습니다. 그들의 죄를 용서하여 주십시오.
그렇지 않으면 주의 백성의 이름을 기록한 책에서 제 이름을 지우십시오."
여호와: "누구든지 나에게 죄를 지으면 그 이름을 내 책에서 지울 것이다.
너는 이제 가서 내가 말한 곳으로 백성을 인도하여라."
"처음 것과 같은 돌판 두 개를 깎아라.
네가 처음 돌판에 썼던 것과 똑같은 글을 거기에 써 주겠다."

_ 출애굽기 32장부터 34장에서

### 살펴보기

의심은 무서운 병이다. 백성들은 하산이 늦은 모세가 죽었다고 한다.
우리의 지도자가 신을 만나러 가서 내려오지 않는다고.
그러니 다음 지도자인 아론에게 우리를 인도할 신을 만들라고 한다.
아론은 강력하게 주장하는 그들에게 가장 귀한 금붙이를 다 가져오라 한다.
그러면 그들은 그만둘 줄 알았다. 잘못 안 것이다.
**백성들은 자신이 원하는 신이라고 한다면 무엇이든 아깝지 않다.**
그래서 이집트에서 봤던 송아지 우상[아피스]을 금으로 만들었다.
**드디어 자기들이 원하는 하나님을 형상화 한 것이다.**

### 생각하기

모세가 산에 있는 동안 백성들은 금송아지를 만들어 신으로 숭배한다.
**사람들은 늘 눈에 보이는 하나님을, 신을 원한다.**
불과 며칠 전에 약속했던 2계명을 어긴다. 사람들은 늘 과거 회귀형이다.
내가 본 것, 이집트의 신 황소를 황금으로 만든다.
아론의 말은 마지못한 선언이다. "내일 여호와를 위한 절기를 지키겠다."
다음날 그들의 절기축제는 이집트에서 봤던 광란의 축제였다.

하나님께서는 진노하셔서 '나는 그들을 멸망시키겠다.'고 하신다.
모세는 여호와 하나님께 '결코 그러시면 안 된다.'고 매달린다.
그러자 여호와께서 마음을 돌리시고 적극적으로 가담한 자를 죽이신다.

### 적용하기

열심히 신앙을 하고 기적을 체험했어도 하나님과 멀어지는 것은 금방이다.
여호와를 의심하면 어느새 슬그머니 우상이 자리 잡고 내가 우상을 섬긴다.
지금도 내 안에 자리 잡고 있는 금송아지 우상을 살펴보자.
**내가 만드는, 내가 원하는 신이라면 하나님도 우상이 된다.**
**하나님이 원하시는 내가 되어야 하는데 주객이 바뀐 신앙을 하게 된다.**
**요즈음 하나님으로부터 나를 멀어지게 만드는 것은 무엇인가?**

하나님께서는 모세의 중보로 죄인들을 용서하신다.
우리에겐 예수 그리스도라는 중보자가 계신다.
중보자 모세처럼 내가 누군가를 위해 밤샘으로 기도하는 중보자가 되자.

## 23 격려, 전략 - 비책

모세는 여호와의 종이었습니다.
눈의 아들 여호수아는 모세의 보좌관이었습니다.
모세가 죽은 후, 여호와께서 여호수아에게 말씀하셨습니다.
"내 종 모세는 죽었다.
이제 너는 모든 백성을 이끌고 요단 강을 건너 내가 주는 땅으로 가거라.
나는 이 땅을 너희에게 주기로 모세와 약속하였다.
나는 너희 발바닥이 닿는 곳마다 그 곳을 너희에게 줄 것이다."

"내가 모세와 함께했던 것처럼 너와도 함께 할 것이다.
네가 사는 동안에는 너를 막을 사람이 아무도 없을 것이다.
나는 너를 떠나지 않을 것이며 결코 너를 홀로 내버려 두지 않을 것이다.
힘을 내고 용기를 가져라. 너는 백성을 이끌고 그 땅을 차지할 것이다.
그 땅은 내가 이 백성의 조상에게 주기로 약속했던 땅이다."

"내 종 모세가 너에게 준 모든 가르침을 빠짐없이 지키도록 하여라.
왼쪽으로나 오른쪽으로 치우치지 않으면 하는 일마다 다 잘 될 것이다.
율법책에 쓰여 있는 것을 입에서 떠나지 않게 밤낮으로 소리 내어 읽어라.
그리하여 거기에 쓰여 있는 모든 것을 잘 지킬 수 있도록 하여라."

"그러면 네가 하는 일이 다 잘 되고 또 성공할 것이다.
강하고 담대하라. 내가 명령한 것을 기억하여라. 두려워하지 말라.
네가 가는 곳마다 네 하나님 여호와가 너와 함께 할 것이다."

여호수아는 백성의 지도자들에게 명령을 내렸습니다.
"진 사이를 다니며 백성들에게 이렇게 일러두시오. 양식을 예비하라고.
앞으로 삼 일 후면 여러분은 요단 강을 건너게 될 것이오.
그 땅에 들어가 하나님 여호와께서 주시는 땅을 차지하게 될 것이오."

_ 여호수와 1장에서

## 살펴보기

여호수아가 모세의 뒤를 이어 이스라엘의 지도자가 된다.
백성들이 그동안 경험한 지도자로서 모세와 여호수아는 어땠을까?
이제는 요단강을 건너 미지의 땅 가나안을 점령하는 전쟁을 해야 한다.
백성들은 모세에 길들여진 자들인데 여호수아를 믿을 수 있을까?
여호수아는 모세 이후 지도자로서 첫 번째 과업인 셈이다.
이 때 여호수아의 심정은 어찌했을까?
그동안 모세의 명령만 수행했는데 이젠 모든 결정을 내가 해야 하는 것이다.
그래서 하나님께서 여호수아에게 무려 네 번씩이나 반복하신다.
'강하고 담대하라. 두려워 말라. 내가 너와 함께 할 것이다.'
하나님께서 약속하신 땅을 주겠노라고.

## 생각하기

하나님께서 여호수아에게 요구하는 것이 전략이다.
'모세가 너에게 준 모든 가르침을 빠짐없이 지켜 행하라.'
'하나님의 말씀을 좌로나 우로나 치우치지 말라.'
'율법책을 네 입에서 떠나지 말게 하고 주야로 묵상하라.'

여호수아에게 가장 큰 확신의 말씀이 있다.
그는 40년간 출애굽과 광야인생의 위대한 인도자 모세를 보고 살았다.
그 모세와 하나님의 동행처럼 너와 함께 할 것이라는 말씀이다.
모세와 하나님의 동행은 이집트에서의 열 가지 재앙에서부터였다.
더 나가 하나님께서 '네 평생에 너를 능히 대적할 자 없다.'는 말씀이다.
**이보다 확실한 하나님의 격려와 응원이 어디 있을까?**

## 적용하기

'세상 끝날까지 너와 함께 하리라.'의 약속을 잊지 말자.
내가 가는 길에 나를 위해 지도하고 기도해 줄 누군가가 있는가?
내 신앙을 위해 기도를 부탁하고 앞날을 상의할 수 있는 누가 있는가?
나도 누군가에게 그런 사람이 되어야 한다.
**살아가는 삶에 원칙을 가지고 있으면 좋다. 그 원칙은 하나님 말씀이다.**
**내 삶이 정도正道를 향해 갈 수 있도록 말씀을 지켜 행하는 것이다.**
'날마다 신자'되는 제일 좋은 길은 매일 말씀묵상을 하는 일이다.

# 24 강을 걸어서 건너다

여호수아는 이스라엘 백성과 함께 싯딤을 떠나 요단강까지 갔습니다.
"여러분은 제사장들과 레위 사람들이 언약궤를 메고 가는 것을 볼 것이오."
"그러면 여러분은 지금 있는 곳을 떠나 그 뒤를 따라가시오."
"언약궤를 너무 가까이하지 말고, 이천 규빗 정도의 거리로 따라가시오."
"여호와를 위해 자신을 거룩하게 하시오."
"내일이면 여호와께서 놀라운 일을 행하실 것이오."

그리고 여호수아는 제사장들에게 말했습니다.
"언약궤를 메고 백성들 앞에서 강을 건너시오."

여호와께서 여호수아에게 말씀하셨습니다.
"오늘부터 내가 너를 모든 이스라엘 사람들 앞에 큰 사람이 되게 하겠다."
"백성은 내가 모세와 함께 했던 것 같이 너와 함께 한다는 걸 알게 될 것이다."
"언약궤를 나르는 제사장들에게 말하여라."
"요단 강가에 도착하면 물 한가운데로 들어가라고 하여라."

여호수아는 이스라엘 백성에게 말했습니다.
"살아 계신 하나님이 여러분과 함께 하신다는 것을 여러분은 알 것이오."
"온 땅의 주인이신 언약궤가 여러분보다 먼저 요단 강에 들어갈 것이오."
"제사장들의 발이 물에 닿으면, 강물의 흐름이 그칠 것이오."
"마치 둑에 가로막힌 것처럼 물이 멈춰 쌓이게 될 것이오."

요단강은 물이 넘쳐 흐르고 있었습니다.
언약궤를 나르던 제사장들이 강가에 도착하여 강물에 발을 내디뎠습니다.
바로 강물이 그쳤고, 강물은 멀리 아담이라는 곳까지 둑처럼 쌓였습니다.
언약궤는 강 가운데에 서고 강바닥은 완전히 말라 건널 수 있었습니다.
여호와께서는 홍해에서 하셨던 일과 똑같은 일을 요단강에서도 하셨습니다.
이는 백성들에게 주께서 큰 능력을 가지고 계심을 알려주는 것이었습니다.
또 언제나 여호와 하나님을 경외하라 하심입니다.

_ 여호수아 3장과 4장에서

### 살펴보기

처음 가는 길을 가는데 언약궤를 따라가라 한다.
**언약궤는 하나님의 상징이다. 이는 하나님보다 앞서지 말라는 말이다.**
여호와가 모세와 함께하여 홍해를 건넌 것처럼 요단강을 걸어서 건넌다.
언약궤를 멘 제사장들이 요단강에 발을 내딛는 때부터 물이 그친다.
그들에겐 보다 철저한 순종이 요구되는 일이다.
요단강 가운데 서서 백성들이 모두 건널 때까지 있었다.
도도하게 흐르는 강물을 세운다? 누가?
사람은 할 수 없으나 하나님은 하신다.

### 생각하기

누구나 누군가 갔던 길을 간다지만, 그 길은 나에게는 처음 가는 길이다.
운전할 때는 네비게이션이 지시하는 대로 간다.
**내가 가는 인생에 나보다 길을 잘 알고 안내하는 이가 있다면 어떨까?**
하나님께 묻고 하나님께서 앞서 가시면 나는 뒤따르는 것이다.
**그러나 그 길이 모두 평탄하고 안전하지만은 않다.**
**하지만 하나님이 먼저 함께 가시기에 험난하고 불안한 길도 갈 수 있다.**

요단강을 멈춰 세웠다. 홍해가 갈라졌다. 둘 다 걸어서 건넜다.
출애굽 2세대에게 확신을 주신다. 아버지께서 들려주신 것이 사실이라고.
이유는 언제나 여호와 하나님을 섬기도록 하기 위해서라고 말한다.
우리에게 놀라운 하나님의 일을 보여주심은 모두 하나님을 섬기게 하심이다.

### 적용하기

나는 갈 길과 할 일을 결정하고 하나님의 지원만 기대하는 경우가 많다.
무엇을 할 것인지 어떤 길을 갈 것인지 먼저 묻고, 방법을 물어라.
내 삶에 가로막고 있는 난공불락의 무엇이 있을 때 하나님께 물어라.

**주님의 뒤를 따라가는지? 아니면 하나님보다 앞서가며 밀어 달라 하는지?**
**나보다 더 나를 잘 아시는 하나님이라고 믿는 것이 신앙이다.**
가나안은 하나님나라의 상징이다. 반드시 건너야 할 강이 있다.
그 강은 내 힘으로 건너지 못한다. 하나님만이 여신다.
우리에게 주어진 구원, 그것은 하나님이 길을 여셨고 예수가 여신 것이다.

## 25 입 다물고 성곽을 돌아라

여호수아가 여리고 근처에 있었을 때,
어떤 사람이 자기 앞에 칼을 들고 서 있는 것이 보였습니다.
"당신은 우리 편이요, 아니면 적의 편이요?"
"나는 누구의 편도 아니다. 나는 여호와의 군대 사령관으로 왔다."

그러자 여호수아는 땅에 엎드려 그에게 물었습니다.
"주의 종인 저에게 하실 말씀이 무엇입니까?"
군대장관: "너의 신을 벗어라. 네가 서 있는 곳은 거룩한 곳이다."

여리고 사람들은 이스라엘 자손들을 두려워하여 성문을 굳게 닫았습니다.
그 때에 여호와께서 여호수아에게 말씀하셨습니다.
"보아라, 내가 여리고의 왕과 그 모든 군인들도 너에게 줄 것이다.
하루에 한 번씩 육 일 동안 여리고 성을 군대와 함께 행군하며 돌아라.
제사장 일곱은 숫양의 뿔로 만든 나팔을 들고 언약궤 앞에서 행군하라.
칠 일째 되는 날은 성을 일곱 바퀴 돌며 제사장들은 나팔을 불라고 해라.
백성들은 나팔 소리를 듣고 크게 고함을 치라고 말하여라.
그리하면 여리고의 성벽이 무너질 것이다. 그 때 곧장 앞으로 쳐들어가라."

그리하여 눈의 아들 여호수아는 제사장들을 불러 모아 말했습니다.
이처럼 그들은 성 둘레를 한 바퀴 돌고 나서 진으로 되돌아왔습니다.
그들은 이 일을 육 일 동안, 날마다 말씀하신대로 했습니다.
칠 일째 되는 날, 그들은 새벽에 일어나 성 둘레를 일곱 번 돌았습니다.
일곱 바퀴째 돌 때, 제사장들이 또 나팔을 불었습니다.
그러자 여호수아가 명령을 내렸습니다.
"자, 고함을 지르시오! 여호와께서 여러분에게 이 성을 주셨소.
성과 성안에 있는 모든 것은 다 여호와께 바치는 것이므로 모두 없애시오.
다만 기생 라합과 그의 집에 있는 사람들은 모두 살려 주어야 하오.
이는 라합이 우리가 보낸 두 명의 정탐꾼을 숨겨 주었기 때문이오.
전리품 중 어떤 것도 가지지 마시오. 모두 없애 버리시오.
그 중 어떤 것도 진으로 가지고 돌아오면 그 때문에 재앙이 내릴 것이오."

_ 여호수아 5장과 6장에서

### 살펴보기

요단강을 도하하기 전 여리고성을 정탐했고 라합을 만난다.
요단강을 건너 적을 눈앞에 두고 할례예식과 유월절 절기를 행한다.
이제껏 평상처럼 40년 동안 내리던 만나도 그친다.
이제 앞에는 가나안 땅에서 가장 견고한 여리고성이고 뒤는 요단강이다.

그 때 여호와의 사자가 나타난다.
그는 죄가 가득한 가나안 땅의 심판자로 오신 것이다.
예전 모세 앞에 나타난 여호와 자신이다. 여호수아가 인식한다.
그래서 '주의 종에게 하실 말씀'을 물었고 하나님은 '신을 벗으라.' 한다.
**철저한 복종, 성곽돌기를 의미한다. 모세가 시내산에서 여호와를 만난 것처럼.**

### 생각하기

전쟁을 앞 둔 여호수아의 초조함과 두려움이 극에 달한다.
하나님께서는 여호수아와의 언약인 '내가 너와 함께 하리라.'를 지키신다.
지금 전쟁을 대비해 무장을 하고 온통 긴장과 초조와 두려움인데…….

대열을 갖추고 난공불락 천혜의 요새를 침묵하며 성을 돌라 하신다.
**결국 전쟁은 칼을 들고 싸우는 것이 아닌 하나님의 말씀에 순종하는 것이다.**
말없이 성을 돌 때, 거룩하고 엄숙한 침묵의 성곽 돌기를 상상해 보자.
제사장 나팔수의 나팔소리와 그 뒤 언약궤, 백성들의 침묵의 성 돌기.
이것은 엄숙함을 넘어 차라리 소름이고, 차라리 거룩한 행렬이다.
이렇게 하면 이 엄청난 성곽이 무너진다니…….
'입 다물라!'

### 적용하기

종종 말도 안 되는 일에 순종을 요구받는다면 어떤 생각을 할까?
말없이 성을 돌기만 하는데 무슨 무기를 갖출 필요가 있을까?
**가끔은 귀를 닫고, 생각을 멈추고, 오직 하나만 바라봐야 할 때가 있다.**
**하나님의 명령은 우리의 이해와 상상을 넘어 요구하시는 것이다.**
**침묵, 결코 쉬운 명령이 아니다. 놓인 현실에 비추어 이해할 수 없는 명령!**

어떤 일을 하고자 할 때 하나님께 목적과 작전을 물어야하지 않을까?
또 내 안에서 하나님과 내 욕심이 다툴 때 신발을 벗고 주를 따라야 한다.

## 26 부富와 미美를 좇고 있나?

이스라엘 백성은 돌아가서 각자 자기 몫의 땅을 차지했습니다.
그들은 여호수아와 장로들이 사는 동안에는 여호와를 섬겼습니다.
여호수아와 같은 시대의 사람들이 다 죽고, 그들의 자녀들이 자라났습니다.
그들은 여호와가 누구인지, 우릴 위해 어떤 일을 하셨는지 알지 못했습니다.

그들은 악한 일을 하였고, 바알 우상들을 섬겼습니다.
그들은 여호와를 배반하고, 주변 사람들의 신들을 섬기기 시작했습니다.
이스라엘 사람들은 여호와를 따르지 않고 바알과 아스다롯을 섬겼습니다.
여호와께서는 약탈자들이 이스라엘을 공격해 가진 것을 빼앗게 하셨습니다.
여호와께서 넘겨주셨으므로 적들이 공격을 막아 낼 수 없었습니다.

이스라엘 사람들은 싸우러 나갈 때마다 졌습니다.
이는 여호와께서 벌을 내리셨기 때문입니다.
여호와께서 이미 경고하셨던 대로, 그들은 많은 괴로움을 겪었습니다.
그 때에 여호와께서는 사사士師라고 부르는 지도자들을 세우셨습니다.
이 지도자들은 약탈자들로부터 이스라엘 백성을 구해 주었습니다.
하지만 백성들은 사사들의 말을 듣지 않고, 하나님을 잘 믿지도 않았습니다.
그들은 다른 신들을 따랐습니다.

적들이 이스라엘 사람들을 괴롭혔기에 도와 달라고 부르짖었습니다.
그 때마다 여호와께서는 불쌍히 여기시고, 사사를 보내 주셨습니다.
그러나 사사들이 죽으면 다시 죄를 짓고 거짓 신들을 섬겼습니다.
그래서 여호와께서는 이스라엘 사람들에게 분노하셨습니다.
"이 백성은 나와 맺은 약속을 깨뜨렸다. 이 백성은 내 말을 듣지 않았다."
"그래서 아직 정복하지 못한 민족들을 쫓아내지 않을 것이다."

여호와의 말씀을 지켜 행하는가를 보고자 하셔서 그들을 남겨두셨습니다.
또 전쟁 경험이 없는 백성에게 싸우는 법을 가르치기를 원하셨습니다.
이스라엘 사람들은 그들의 딸들, 그들의 아들들과 결혼시켰습니다.
그러면서 이스라엘은 그들과 어울려 살면서 그들의 신을 섬겼습니다.

_사사기 2장과 3장에서

### 살펴보기

하나님 아닌 가나안 사람들이 섬기는 신을 섬긴다. 바알과 아스다롯이다.
富[부]의 신이요 美[미]의 신이다.
그들이 하나님을 버리고 따르는 신은 부와 미의 신이다.
그 결과 그 신들은 백성을 공격하여 그들이 가진 것을 빼앗는다.
결국 부와 미의 종이 되어 시간과 물질과 마음을 빼앗긴다.
가지고 꾸며도 만족함을 모르니 결국은 허망한 인생을 산다.
하나님께서는 사사[士師=백성들의 지도자]들을 세워 그들을 바르게 하신다.
그런데 사사가 죽고 나면 다시 바알과 아스다롯으로 돌아간다.
이스라엘 사람들의 아들, 딸들이 그들의 아들, 딸들과 결혼한다.
그들과 섞여 살면서 종국에는 가나안의 신을 섬긴 것이다.
**일곱 번의 배신과 일곱 나라의 지배, 일곱 번의 구원이 사사기이다.**

### 생각하기

내 가정은 같은 세대인가? 같은 시대를 살면서 다른 세대를 살지 않는가?
어떻게 다음세대로 이어가게 할까?
부모 된 자의 가장 큰 소명이 신앙의 다음세대이다.
또 결혼 혹은 자녀의 결혼에 기준이 무엇이며 어떤 원칙을 가지고 있을까?

나의 시간과 물질을 가장 많이 앗아가는 것은 부[富]와 미[美]가 아닐까?
혹은 하나님을 나의 부와 미를 채우는 우상으로 섬기는지 모른다.
위기에만 여호와를 찾는다면 하나님은 내게 용한 점쟁이일지 모른다.

### 적용하기

다음 세대는 부모의 신앙을 이어가면 '다음세대'이지만
부모의 신앙을 이어가지 못하면 '다른 세대'를 사는 것이다.
내 가정은 '다른 세대'인가 '다음세대'인가?
거룩은 세상 속에 살면서 하나님의 사람으로 구별되어 살아가는 것이다.

왜 바알을 따르고 아스다롯을 따르게 되었나?
부와 미의 신이라 했다. 부와 미를 좇아가는 것이다.
**결과가 허탄, 허망한데도 좇는 것은 마치 불을 찾는 불나비인 것이다.**
**나는 하나님을 섬긴다면서 뒷면으로는 바알과 아스다롯과 밀접하지 않는가?**

## 27 최초의 여성 지도자

사사 에훗이 죽은 뒤에 이스라엘 백성은 또 다시 나쁜 길로 갔습니다.
그래서 여호와께서는 가나안 왕 야빈에게 그들을 넘겨 주셨습니다.
야빈의 지휘관은 시스라인데 쇠로 만든 전차 구백 대를 가지고 있었으며,
이십 년 동안 이스라엘 백성을 심하게 괴롭혔습니다.
그래서 이스라엘 백성은 여호와께 도와달라고 부르짖었습니다.
그 때 랍비돗의 아내인 예언자 드보라가 이스라엘의 사사가 되었습니다.

드보라: "이스라엘의 하나님 여호와께서 당신에게 명령하십니다.
군대 지휘관 시스라의 전차와 그의 군대가 올 것이다.
나는 네가 그를 물리치도록 도와 줄 것이다."
바락: "당신이 나와 함께 가면 나도 가겠습니다.
그러나 당신이 나와 함께 가지 않는다면 나도 가지 않겠습니다."
드보라: "물론 나도 당신과 함께 가겠습니다.
그러면 이 싸움에서 이기더라도 당신에게 돌아갈 영광은 없습니다.
여호와께서는 한 여자에게 시스라를 물리치도록 하실 것입니다."

그들은 스불론과 납달리 백성을 불러 모았고 만 명이 따라갔습니다.
시스라도 전차 구백 대와 모든 군대를 모아 기손 강으로 갔습니다.
드보라: "일어나십시오. 여호와께서 시스라를 물리치게 해 주실 날입니다."
바락과 그의 군대는 시스라와 그의 군대를 공격했습니다.
여호와께서 혼란스럽게 만드셨고 바락은 시스라를 물리쳤습니다.
그러나 시스라만은 잡히지 않고 달아났습니다.
겐 사람인 헤벨의 아내 야엘의 천막으로 갔습니다.
시스라는 피곤해 깊이 잠들고 야엘은 그의 관자놀이에 말뚝을 박았습니다.

그 날, 드보라와 아비노암의 아들 바락이 이렇게 노래했습니다.
'지도자들이 이스라엘을 이끌었네.'
'백성은 스스로 나서서 전쟁에 나가 싸웠네. 여호와를 찬양하여라!'
'나는 여호와께 노래하리라. 나는 이스라엘의 하나님 여호와를 찬송하리라.'

_ 사사기 4장과 5장에서

### 살펴보기

이스라엘 백성들은 사사가 죽으면 다시 원점이 된다.
하나님은 그들을 징계하신다. 가나안 백성이 이십 년간 심하게 괴롭혔다.
이스라엘 백성은 여호와께 도와달라고 부르짖는다.
하나님께서는 그러한 백성들에게 다시 사사Judge, 판사를 보내신다.
**여성의 지도력이 처음 등장한다. 드보라는 유일하게 여자 사사이다.**
드보라는 바락과 함께 이스라엘을 구원하는 선지자이다.
또 가나안의 장군 시스라를 죽인 자는 야엘이라는 여인이다.

### 생각하기

가나안 종족들의 신은 바알Baals과 아세라Ashteroth이다.
이스라엘 백성들은 여호와를 믿어도 바알을 신 중 가장 강한 신으로 믿는다.
농경사회에서의 바알은 자연을 다스리고 수확을 주관하는 신이다.
이것을 믿는 어리석음 때문에 사사가 죽으면 그들과 하나가 되는 것이다.
하나님께서 이웃 국가들을 사용하셔서 징계하심은 돌아서라는 은총이었다.

드보라 사사의 등장은 당대의 남자들의 나약함과 용기 없음을 나타낸다.
바락이 의지하는 드보라도, 시스라를 죽인 자도 모두 여자다.
여성, 남성의 구별이 하나님의 사역에 구별이 될까?
오늘날 각 가정의 신앙을 보면 남자들의 허약함이 많지 않는가?
오히려 여성들의 담대함과 강인함에서 신앙을 볼 수 있다.
남성도 하나님의 말씀을 듣고 깨달아 행동으로 옮기는 사역자가 될 수 있다.
그것이 믿음으로 사는 것이다. 승리의 노래가 그것이다.
**'여호와를 사랑하는 사람은 떠오르는 해와 같이 강하게 하소서!'**

### 적용하기

하나님께서 나를 부를 때 즉각 응답하고, 말씀하실 때 핑계하지 말자.
주님의 명령은 이미 승리를 주시는 것이다.
**평안할 때 은혜를 받기 위해서 오히려 몸부림을 쳐야 한다.**
**그렇지 않으면 이내 세상에 익숙해져 신앙의 열정도 용기도 사라진다.**
남성들은 어리숙하고, 용기 없고, 불분명한 신앙의 태도를 바꾸어야 한다.
드보라와 바락의 노래가 남성들의 노래가 되어야 하지 않을까.
**'여호와를 사랑하는 사람은 떠오르는 해와 같이 강하게 하소서!'**

## 28 플러스 신앙? 마이너스 신앙?

이스라엘 백성은 다시 여호와께서 보시기에 나쁜 일을 했습니다.
여호와께서는 미디안 백성이 칠 년 동안 이스라엘을 다스리게 하셨습니다.
미디안 사람들은 매우 강했으며 이스라엘 사람들을 잔인하게 대했습니다.
이스라엘 사람들은 여호와께 미디안에서 구해 달라고 부르짖었습니다.
여호와의 천사가 기드온에게 나타나 말했습니다.
천사: "힘센 용사여! 여호와께서 너와 함께 계신다."
기드온: "여호와께서 함께 계신다면, 왜 이런 괴로움을 겪는 것입니까?"
천사: "너에게는 능력이 있으니, 너의 백성을 미디안 사람에게서 구하여라."
기드온: "하지만 주여, 제가 어떻게 이스라엘을 구할 수 있겠습니까?
저는 가장 약한 지파이고, 제 집안에서도 가장 보잘 것 없습니다."
여호와: "내가 너와 함께 할 것이다."
기드온: "만일 제가 주님께 은혜를 입었다면 저에게 증거를 주십시오."
여호와께서 몇 가지 증거를 기드온에게 주셨습니다.

여호와께서 기드온에게 말씀하셨습니다.
"미디안 백성과 싸울 이스라엘 백성이 너무 많다."
"자기들 힘으로 싸워 승리했다고 자랑하는 것을 듣고 싶지 않다."
"누구든지 두려운 사람은 길르앗 산을 떠나 집으로 돌아가도 좋다."
그래서 이만 이천 명이 집으로 돌아갔지만, 아직 만 명이 남아 있었습니다.
"아직도 너무 많다. 사람들을 물가로 데리고 가라. 내가 시험해 보겠다."
"내가 물을 핥아먹은 사람 삼백 명으로 너희를 구원하겠다."
"미디안을 물리치도록 해 주겠다. 다른 사람들은 모두 집으로 보내어라."

기드온은 삼백 명을 세 무리로 나눠 나팔과 빈 항아리를 주었습니다.
항아리 속에는 횃불이 들어 있었습니다.

기드온과 그를 따르는 군사 백 명이 적진의 가장자리까지 갔습니다.
세 무리의 기드온 군사들이 모두 나팔을 불며 항아리를 깨뜨렸습니다.
진 안에서는 미디안 사람들이 소리를 지르며 달아나기 시작했습니다.
여호와께서는 미디안 사람들끼리 칼을 가지고 서로 싸우게 만드셨습니다.

_ 사사기 6장과 7장에서

### 살펴보기

참 이상하다. 사사가 죽으면 금새 하나님 없는 세상으로 간다.
하나님의 인도하심을 받으려면 날마다 하나님과 동행함이 가장 안전하다.
그리고 주변에 신앙을 즐겁게 같이 할 신앙 지기가 필요하다.

기드온은 좀처럼 나서기 싫어하는 자이다. 아울러 확실한 사람이다.
하나님께서 그를 설득하여 사사로 쓰신다.
용감한 사람 300명 만으로 미디안 군대를 물리친다.
**전쟁이 무기나 군대의 숫자에 있지 않다. 전쟁은 하나님께 속한 것이다.**
나팔과 빈항아리와 횃불이 무기이고 하나님의 말씀전략이 승패를 결정한다.
말씀의 순종이다.

### 생각하기

지도자 한 사람이 없다고 이렇게 변할까? 또 다시 살려달라고 한다.
이것은 반복되는 죄성, 사탄의 집요함이며 죄의 무서운 뿌리이다.
**평안하고 살만하면 자기 좋은 세상, 자기 소견에 좋은 세상을 산다.**
**악과 선이 섞이고 '내로남불'식의 삶이 보편이다.**
그러다가 어려움이 오면 그때 간청하는 우리와 하등의 다를 바가 없다.
다시 평안해지면 이내 어디로 갈까?
뒤돌아서지 않을 진짜 구원자가 필요하다. 그 구원자는 예수 그리스도이다.

### 적용하기

기드온! 보통사람이다. 그러나 하나님을 만나 용사가 된다.
**하나님의 용사는 하나님께서 함께하신다. 그러면 용사가 된다.**
모세가 그랬고, 여호수아가 그랬고, 기드온이 그랬다.
기드온의 성격 그대로 받아주시고, 그를 들어 일하게 하신다.
나에게 맡기신 일에 나는 지금 주저앉아 있는가? 활발하게 일하고 있는가?
말씀에 아무런 반응도, 부름도 없이 날마다 그럭저럭 지내는가?

기드온에게 자원한 2만 2천에서 1만으로 다시 300명으로 줄었지만
승리는 기꺼이 순종하는 자에게 주어진다.
기드온의 300용사에 내가 그 하나가 되고 싶은 플러스 신앙인가?
**할 수만 있다면 이 핑계, 저 구실로 뒷걸음질 하는 마이너스 신앙인가?**

# 29 망가져도 기어이 쓰시는

이스라엘 백성이 또 하나님 보시기에 나쁜 일을 저질렀습니다.
그래서 하나님은 블레셋이 이스라엘을 사십 년 동안 다스리게 하셨습니다.
단 지파 마노아의 아내는 아이를 낳지 못했습니다.
여호와의 천사가 마노아의 아내에게 나타나서 말했습니다.
"너는 지금까지 아이를 낳지 못했다. 그러나 이제 아들을 낳게 될 것이다."
"너는 포도주나 독주를 마시지 말라. 부정한 것은 아무것도 먹지 말라."
"아들을 낳으면 그의 머리를 깎지 말라. 그는 하나님께 바쳐진 나실인이다."
"그는 블레셋 사람의 손에서 이스라엘을 구원하는 일을 시작할 것이다."
마노아의 아내는 아들을 낳았습니다.
그리고 이름을 '삼손'이라고 지었습니다. 자라면서 여호와의 복을 받았습니다.

삼손은 지배국인 블레셋 여자와 결혼했습니다.
하나님께서는 이 일을 통해 블레셋을 징계하셨습니다.
삼손은 나실인의 서원도 어겼습니다. 죽은 사자의 몸에 생긴 꿀을 취했습니다.
삼손은 자기 힘을 과시하다 아내를 잃고 블레셋 사람들에게 보복했습니다.

그런데 보복이 두려운 동족이 삼손을 포박하여 블레셋에게 넘겼습니다.
삼손에게 하나님의 영이 임하여 나귀뼈로 천 명을 죽였습니다.
삼손은 이를 기념하여 '라맛 레히'라고 이름을 남겼습니다.

그 삼손은 다시 블레셋 가사에 가서 들릴라를 만나 사랑했습니다.
돈에 매수당한 들릴라는 삼손의 비밀을 캐냈습니다.
들릴라의 집요한 물음에 답을 가르쳐 주고 결국 머리카락을 잘렸습니다.
삼손은 블레셋에 잡혀 두 눈이 뽑히고 블레셋의 조롱거리가 됐습니다.
그러나 머리카락은 다시 자랐고
블레셋 사람들의 다곤 신에 제사하는 날 신전을 무너뜨렸습니다.
삼손이 살았을 때 죽인 사람들보다 더 많은 블레셋 사람들이 죽었습니다.
삼손도 죽었습니다. 삼손은 이십 년 동안 이스라엘의 사사로 있었습니다.

_ 사사기 13장과 14장에서

## 살펴보기

이스라엘은 또 다시 범죄하여 블레셋의 지배를 받는다.
장장 40년이었다. 하나님의 진노도, 백성들의 반역도 극에 다다른다.
하나님께서는 삼손을 준비하신다.
불임의 여인은 곧 불임의 이스라엘을 나타내며 잉태는 희망이다.
이 여인은 잉태한 아이로 인해 나실인의 규정으로 살아야 했다.
아들을 낳았고 이름을 삼손이라 한다.
삼손은 지배국인 블레셋 여자와 결혼을 한다.
하나님께서는 이 일을 통해 블레셋을 징계하신다.
**그렇게 하나님의 구원을 이루어진다.**
**하나님의 구원계획은 반드시 이루어진다.**

## 생각하기

삼손이 나실인과 블레셋에서의 구원자라 했는데 왜 이럴까?
하나님은 뒷전에서 삼손의 모든 것을 통해 자신의 계획을 행하신다.
분명 삼손은 어긋나고 있다. 나실인도, 구원자로서의 신분도.
이방여인의 아름다움과 맛있는 꿀의 유혹은 신분을 망각하게 한다.

**삼손은 '라맛 레히'**턱뼈의 언덕-삼손의 업적 표시**로 자기 이름을 냈지만**
**하나님은 삼손의 부르짖음에**
**'엔학고레'**부르짖는 자의 샘=삼손의 목마름에 응답**로 응답한다.**

## 적용하기

하나님께서는 단점을 가진 자라도 선한 일에 사용하신다.
**나의 가장 큰 장점은 장점대로, 약점은 약점대로 쓰실 것이다.**
장점을 오용하다가 약점에 잡혀 실수하고 범죄하는 경우들이 있다.
내가 좋아하는 것으로 나를 망치는 경우들이 있다.
이러한 것들로부터 자유하려면 어떻게 해야 할까?

하나님께서 세우신 나를 향한 계획은
결코 포기하지 않고 돌고 돌아서도 이루실 것이다.
내 인생의 마지막 순간까지도 하나님께 영광이 되도록
**세상이 주는 달콤한 유혹에서 자신이 망가지지 않아야 한다.**

## 30 암흑시대에 빛이 된 여인들

사사들이 이스라엘을 다스리던 시대에 예루살렘은 가뭄이 들었습니다.
엘리멜렉은 아내와 두 아들을 데리고 베들레헴을 떠나 모압으로 갔습니다.
그의 아내의 이름은 나오미고, 두 아들의 이름은 말론과 기룐이었습니다.

그 뒤에 나오미의 남편 엘리멜렉이 죽고, 그의 두 아들만 남게 되었습니다.
두 아들은 모압 여자를 아내로 맞아들였습니다
한 여자의 이름은 오르바이고, 다른 여자의 이름은 룻이었습니다.
나오미와 그의 아들들은 모압에서 십 년쯤 살았습니다.

그러다 두 아들이 죽었고, 나오미는 며느리와 홀로 남게 되었습니다.
어느 날, 나오미는 고향에 풍년이 들었다는 소식을 들었습니다.
그래서 모압을 떠나 베들레헴에 돌아갈 준비를 했습니다.
며느리들에게: "너희는 각자 너희 어머니의 집으로 돌아가거라.
여호와께서 너희에게 새 남편과 새 가정을 주시기를 바란다."
두 며느리: "아닙니다. 우리도 어머니와 함께 어머니의 나라로 가겠습니다."
나오미: "아니다. 너희 집으로 돌아가거라. 왜 나를 따라가려고 하느냐?
내가 아들을 더 낳을 수도 없다. 너희 집으로 돌아가거라."

오르바는 나오미에게 입을 맞추어 작별 인사를 하고 갔습니다.
룻에게: "네 동서는 자기 백성과 자기 신들에게 갔다. 너도 가라."
룻: "저더러 어머니를 떠나라. 뒤를 따르지 말라. 하지 마십시오.
어머니가 가시는 곳에 가고, 어머니가 사시는 곳에서 살겠습니다.
어머니의 백성이 제 백성이고, 어머니의 하나님이 제 하나님입니다."

나오미와 룻이 베들레헴으로 왔을 때 보리 수확을 시작할 무렵이었습니다.
베들레헴에 보아스라는 유력한 사람이 살고 있었습니다.
보아스는 엘리멜렉 가문의 사람으로 나오미의 가까운 친척이었습니다.

그래서 룻은 밭으로 나가 남긴 이삭을 주웠습니다.
우연찮게 그 밭은 보아스의 밭이었습니다.
보아스: "내 말을 잘 들으시오. 다른 밭으로 가지 말고 여기에서 주우시오."

룻: "저는 이방 사람인데 저 같은 자에게 이런 은혜를 베푸십니까?"
보아스: "당신 남편이 죽은 뒤에 당신이 시어머니에게 한 일을 들었소."

룻은 보아스의 밭에서 이삭을 주우며 나오미를 모시고 살았습니다.
시어머니 나오미가 룻에게 말했습니다.
"얘야, 너에게 알맞은 가정을 찾아봐야겠다. 너도 행복하게 살아야지.
네가 일하고 있는 일꾼들의 주인인 보아스는 우리의 가까운 친척이란다.
그가 오늘 밤에 타작마당 잠자리에 들면 그리로 가 누워라.
그러면 그가 네가 할 일을 일러 줄 것이다."

한밤중에 돌아눕던 보아스는 어떤 여자가 누워 있는 것을 보고 놀랐습니다.
룻: "저는 어른의 종 룻입니다. 어른의 이불로 제 몸을 덮어 주십시오.
주인님은 저희 가족의 땅을 사서 돌려주실 분입니다."
보아스: "여호와께서 당신에게 복 주시기를 바라오.
내가 당신 가족의 땅을 사서 돌려주어야 할 당신의 친척이지요.
하지만 나보다 더 가까운 친척에게 뜻이 있는지 알아보겠소."
보아스가 성문에 올라가 앉아 있었습니다. 가까운 친척이 지나갔습니다.
보아스: "우리 형제 엘리멜렉이 살아 있을 때에 그는 땅을 가지고 있었소.
이제 모압 지방에서 돌아온 나오미에게 그 소유의 권한이 있소.
그 땅을 사서 돌려 줄 수 있는 첫 번째가 당신이고 다음이 나요.
당신이 사지 않겠다면 내가 사서 돌려 주겠소."
친척: "내가 그 땅을 사서 돌려주겠소."
보아스: "그럼 모압 여자 룻을 아내로 맞아들여야 하오.
그렇게 해야 그 땅이 죽은 사람 집안의 땅으로 남게 되오."
친척: "그렇다면 그 땅을 사서 돌려 줄 수 없소. 당신이 하도록 하시오."

그래서 보아스는 룻을 아내로 맞아들여 아들을 낳았습니다.
여자들이 나오미에게 말했습니다.
"여호와를 찬양합니다.
여호와께서 당신의 가문을 이어 갈 아이를 주셨습니다.
이 아이가 이스라엘에서 유명해지기를 바랍니다."
그 아이가 오벳입니다. 이새의 아버지이며, 다윗의 할아버지입니다.

_ 룻기 1장부터 4장에서

## 살펴보기

룻기는 66권의 성경 중에 해피엔딩으로 끝난다.
나오미가 기근으로 이방지역 모압으로 이주하여 남편과 두 아들을 잃는다.
두 며느리 중에 룻을 데리고 고향 예루살렘으로 돌아온다.
사람들이 나오미(기쁨)가 왔다고 하니까 '마라'(고통)라고 불러 달라고 한다.
룻은 먼 친척 보아스를 만나 당대의 '기업무를 자'라는 관습으로 결혼한다.
그가 다윗의 조상이 된다. 모압의 이방여인이 거룩한 계보에 들어간다.

룻의 인격은 남편을 잃고 시어머니를 따르면서 하는 말에서 나타난다.
"어머니가 가시는 곳에 따라 가고, 어머니가 사시는 곳에서 살겠습니다."
**"어머니의 백성이 제 백성이고, 어머니의 하나님이 제 하나님이십니다."**
**이것은 이방여인에게서 듣는 위대한 신앙고백이다.**

## 생각하기

**사사시대의 특징은 '자기 옳은 소견대로=제 맘대로' 사는 시대이다.**
**그런데 룻은 남편 잃은 이방 여인으로 '하나님의 뜻대로' 사는 여인이다.**
시어머니 말에 참 순종하는 여인이고, 성실하여 누구나에게 칭찬을 듣는다.
보아스는 말씀의 준수자로 추수 후의 규례나 기업 무를 자의 규례를 지킨다.
그 역시 어두운 사사시대에 빛으로 사는 자이다.
하나님께서는 두 사람에게 그리스도의 계보 다윗의 조상으로 사용하신다.

## 적용하기

나오미의 처지는 처량하다. 살아보려고 이방지역으로 갔는데
남편과 두 아들을 다 잃었다. 많은 사람들의 구설수에 올랐을 것이다.
다 잃고 돌아와서도 이름을 바꿔달라 할 정도로 괴로운 삶이다.
부끄러운 역사를 딛고 일어서는 나오미는 이름 그대로 기쁨이 된다.
룻의 효심은 구원사를 떠나 충분한 귀감이다.
부모나 시부모에 대한 나의 태도는 어떠한가?

룻의 신앙고백의 바탕에는 나오미의 신앙이 있다.
**룻기의 주인공은 나오미이다. 나오미(기쁨)–마라(고통)–나오미(기쁨)이다.**
**룻의 순종은 예수의 계보에 있다. 순종은 기꺼이 자신을 주는 데에 있다.**
**룻과 보아스는 암흑같은 사사시대에 말씀의 빛이 된 자들이다.**

| 구약 성경 분류 | | |
|---|---|---|
| 모세오경 율법서 5권 | 창세기創世記(창) | 시작, 창조, 타락, 하나님백성의 선택 |
| | 출애굽기(출) | 이집트의 노예에서 해방 - 십계명과 성막 |
| | 레위기(레) | 제사의 종류와 속죄. 절기 |
| | 민수기民數記(민) | 광야 40년 동안의 방황 |
| | 신명기申命記(신) | 모세가 이스라엘 백성에게 주는 유언 |
| 역사서 12권 | 여호수아(수) | 이스라엘 민족의 가나안 정복 |
| | 사사기士師記(삿) | 사사들이 이끌어간 시대의 생활 |
| | 룻기(룻) | 사사 시대의 여인 룻의 이야기 |
| | 사무엘상(삼상) | 사무엘이 사울왕과 다윗왕을 세움 |
| | 사무엘하(삼하) | 다윗왕의 역사 |
| | 열왕기列王記상(왕상) | 솔로몬 왕 이후의 유다와 이스라엘 |
| | 열왕기列王記하(왕하) | 유다와 이스라엘 왕국의 멸망 과정 |
| | 역대歷代상(대상) | 다윗왕이 다스리기까지 과정(사무엘상-하) |
| | 역대歷代하(대하) | 솔로몬왕과 유다왕들 이야기(열왕기상-하) |
| | 에스라(스) | 포로 시대에 파괴된 성전과 말씀 재건 |
| | 느헤미야(느) | 포로 시대에 무너진 성벽 재건 |
| | 에스더(에) | 포로 시대 페르샤 에스더 왕비의 이야기 |
| 시가서 5권 | 욥기(욥) | 욥의 고난과 비방과 충성된 믿음 |
| | 시편詩篇(시) | 다윗과 여러 인물의 시와 찬양 |
| | 잠언箴言(잠) | 솔로몬의 실제적인 지혜 |
| | 전도傳導書(전) | 솔로몬이 쓴 인생의 헛됨 |
| | 아가雅歌(아) | 솔로몬과 한 여자의 사랑 |
| 대선지서 5권 | 이사야(사) | 이사야의 유다 중기의 회개와 미래 예언 |
| | 예레미야(렘) | 예레미야의 유다 말기의 회개와 미래 |
| | 예레미야애가哀歌(애) | 예루살렘 멸망에 대한 슬픈 노래 |
| | 에스겔(겔) | 유다에 내릴 심판과 회복을 예언 |
| | 다니엘(단) | 이방 세계와 이스라엘의 장래를 예언 |
| 소선지서 12권 | 호세아(호) | 북이스라엘의 죄악에 대한 미래 예언 |
| | 요엘(욜) | 미래에 있을 하나님의 심판과 영광 예언 |
| | 아모스(암) | 북 이스라엘의 심판과 회복에 대한 예언 |
| | 오바댜(옵) | 에돔의 멸망과 이스라엘의 회복 예언 |
| | 요나(욘) | 앗수르 니느웨를 구하는 요나 - 회개 |
| | 미가(미) | 유다와 이스라엘의 심판과 회복 예언 |
| | 나훔(나) | 앗수르 니느웨의 심판에 대한 예언 - 멸망 |
| | 하박국(합) | 유다의 만연된 죄악과 신앙 문제의 해답 |
| | 스바냐(습) | 유다의 심판 이후 시온의 남은자 구원 |
| | 학개(학) | 포로귀환 후 파괴된 성전 재개를 촉구 |
| | 스가랴(슥) | 성전재건축 중 영적 회복과 메시야 이상 |
| | 말라기(말) | 포로귀환 시대 형식적인 신앙 생활 지적 |

## 31 불임과 불구를 고치시다

여로함의 아들 중에 엘가나라는 사람이 있었습니다.
엘가나에게는 아내가 두 명 있었는데 한나에게는 자녀가 없었습니다.
자녀가 있는 브닌나는 한나를 괴롭히고 마음을 아프게 만들었습니다.
이런 일은 매년 그들이 여호와의 장막으로 올라갈 때마다 일어났습니다.

한나는 매우 슬퍼 크게 울면서 여호와께 기도드렸습니다.
"저에게 아들을 주신다면 그 아들과 그의 생애를 여호와께 드리겠습니다."
여호와께서 한나를 기억해 주셨습니다. 아들을 낳았습니다.
내가 여호와께 구하여 얻었다고 이름을 '사무엘'이라고 지었습니다.

사무엘이 젖을 뗄 만큼 자라나자 여호와의 장막으로 데리고 갔습니다.
한나는 사무엘을 데리고 엘리에게 나아갔습니다.
"저는 아이를 가지기 위해 이곳에서 기도드렸습니다.
여호와께서는 제 기도를 들어 주시고 이 아이를 저에게 주셨습니다.
아이를 여호와께 다시 돌려 드립니다.
이 아이는 평생 여호와의 사람이 될 것입니다."

엘리의 아들들은 나쁜 사람들로 여호와를 두려워할 줄 몰랐습니다.
여호와께서 제사장의 종들이 매우 큰 죄를 짓고 있는 것을 보셨습니다.
그들은 제물을 소중히 여기지 않고 함부로 다루었습니다.
그러나 사무엘은 여호와께 순종했습니다.
엘리는 엘가나와 엘가나의 아내 한나에게 말했습니다.
"여호와께 바친 사무엘을 대신해서 한나에게 다른 자녀를 주시기를 바라오."
여호와께서 한나를 도우셔서 세 아들과 두 딸의 어머니가 되었습니다.
그리고 어린 사무엘은 자라면서 여호와를 섬겼습니다.

사무엘은 엘리 밑에서 여호와를 섬겼습니다.
여호와께서는 사무엘과 함께하셨고, 단에서 브엘세바에 이르는
모든 이스라엘 사람들은 사무엘이 여호와의 예언자라는 것을 알았습니다.

_ 사무엘상 1장부터 3장에서

## 살펴보기

마지막 사사 사무엘의 어머니 한나는 오랫동안 불임이었다.
괴롭히는 여인 브닌나, 위로하는 남편 엘가나,
당시 힘없는 제사장 엘리와 그의 불량한 아들들이 있다.
'이스라엘 = 한나, 주변 지배국가 = 브닌나, 하나님 = 엘가나'의 그림이다.
불임 한나에게 사무엘이 태어남은 이스라엘의 구원자가 태어남을 의미한다.
그러나 구원은 그 누구도 스스로 할 수 없다.
**불임에서 임신을 가능케 하시는 것은 하나님이시다.**
불구 상태의 이스라엘을 구원하시고자 사무엘을 보내주심도 하나님이시다.

## 생각하기

제사장은 있으나 제사가 없고, 사사만 죽으면 다시 우상과 세상에게 간다.
우리도 매주 예배당에서 예배하지만, 진정과 영으로 드리는지 돌이켜보자.
**그리고 예배당을 나가면 옛 삶으로, 여전히 익숙한 세상으로 가지 않는가?**

하나님은 어린 사무엘을 불러 자신을 나타낸다. 사무엘이 응답한다.
'여호와여, 말씀하십시오. 저는 주님의 종입니다. 제가 듣겠습니다.'

엘리 제사장 아들은 불량하다고 적나라하게 말씀하신다.
**교회에서 직분자들의 자녀들을 위한 더 많은 기도와 사랑이 필요하다.**

불임의 여인, 회생기능이 없는 이스라엘에게 사무엘을 주신다.
어떤 불임과 같은 상황에서도 회생케 할 하나님이심을 말하신다.
"할 수 있거든 무슨 말이냐, 믿는 자에게는 능치 못할 일이 없느니라."

## 적용하기

항상 귀를 열어 두어야 한다. '여호와여, 말씀하십시오. 제가 듣겠습니다.'
매 주일 예배에서의 자세나 말씀묵상의 자세도 이러해야 한다.
'말씀하시면 귀를 열고, 마음에 담게 하시며, 손을 들어 행하게 하소서.'

'우리 가정에 자녀들이 어릴 때부터 주님의 음성을 듣게 하소서.'
자녀들을 위한 부모의 기도는 부모가 살아 있는 한 해야 할 일이다.
내가 구하여 얻은 것[사무엘]을 자녀들에게 전수하는 부모가 되어야 한다.

## 32 왕을 요구하고 왕이 뽑혔다

사무엘은 나이가 들어 자기 아들들을 이스라엘의 사사로 삼았습니다.
남몰래 돈을 받고 불공정한 재판을 했습니다. 그래서 장로들이 말했습니다.
"이제 당신은 늙었고 당신의 아들들은 당신처럼 살지 않습니다.
우리에게도 다른 나라들처럼 우리를 다스릴 왕을 세워 주십시오."

사무엘이 여호와께 기도했더니 말씀하셨습니다.
"너에게 말하는 것을 들어 주어라. 백성들이 네가 아닌 나를 버린 것이다.
그들은 이집트서 나올 때부터 오늘까지 나를 버렸고 다른 신들을 섬겼다.
같은 일을 너에게도 하고 있다. 왕이 어떤 일을 할지 일러 경고해 주어라."

사무엘: "여러분을 다스릴 왕을 달라고 하는데, 그가 하게 될 일들을 알려주겠오.
왕은 여러분의 아들을 빼앗아 자기 전차와 말을 몰게 할 것이오.
왕은 여러분의 딸도 빼앗아 일을 시킬 것이오.
왕은 여러분의 제일 좋은 밭과 포도원과 올리브 나무 밭을 빼앗을 것이오.
여러분은 왕의 종이 되고 여러분이 뽑은 왕 때문에 울부짖게 될 것이오.
하지만 그 때는 여호와께서 여러분에게 대답하지 않으실 것이오."

백성들: "아닙니다. 우리는 우리를 다스릴 왕이 필요합니다.
왕이 있으면 우리도 다른 모든 나라들과 같게 됩니다.
우리 왕이 우리를 다스리고 함께 나가서 우리를 위해 싸울 것입니다."
사무엘은 그 말을 여호와께 전해드렸습니다. 여호와께서 대답하셨습니다.
"그들의 말을 들어 주어라. 그들에게 왕을 주어라."

아비엘의 아들 기스는 베냐민 지파 사람으로 능력의 용사였습니다.
기스에게는 사울이라는 아들이 있었는데 잘생긴 젊은이였습니다.
여호와: "그 사람에게 기름을 부어 이스라엘을 다스릴 지도자로 삼아라.
그는 내 백성을 블레셋 사람들에게서 구해 줄 것이다."

이스라엘의 모든 지파중에 베냐민 지파 중 사울이 뽑혔습니다.
사무엘은 왕과 백성의 책임과 의무를 책으로 만들어 성소에 두었습니다.

_ 사무엘상 8장부터 10장에서

### 살펴보기

사무엘의 노쇠와 그 아들들의 타락으로 백성들은 왕을 요구한다.
일찍이 모세 때, 이스라엘은 장차 왕을 갖게 될 것이라고 했다.
사무엘의 중심은 오직 하나님이다. 왕을 요구하는 것은 악하다고 본다.
하나님을 내적하는 것이라고. 하나님께서 처음부터 그렇게 말씀하셨다.
너 사무엘을 대적하는 게 아니라 나를 대적하는 것이라고.
하나님께서는 왕을 허락하라 하시면서 대신 왕의 폭정暴政을 경고한다.
사무엘은 사전에 사울을 만나 그의 마음과 성품과 자질을 본다.
사울에게 표적을 주어 왕이 될 거라는 확신을 준다.
하나님께서도 사울에게 새 마음과 하나님의 영을 주신다.

### 생각하기

왕의 역할은 백성을 하나님에게로 이끄는 것이다.
아브라함을 위시한 족장, 모세, 여호수아, 사사를 이어가는 역할이다.

백성들은 사무엘과 사무엘의 자녀를 탓하며 왕을 요구한다.
자신들의 죄로 인한 주변국의 침략을 힘이 없는 탓으로 돌린다.
강력한 힘을 가진 왕의 결정을 원하는 것이다.
어떤 제도든 반드시 장단점이 있기 마련이다.
왕의 제도를 따르면 왕의 자질에 따라 권력의 선용과 악용이 있다.

사울은 하나님의 말씀을 중심에 두는 왕일까?
아니면 백성들의 비위를 맞추거나 자신의 권위로 압제하는 왕일까?
**사무엘은 이러한 염려로 왕과 백성의 책임과 의무를 책으로 담는다.**

### 적용하기

하나님의 사역에는 하나님의 영이 필요하다.
하지만 왕을 세우셨기에 백성들에게 인정받기 위한 표적을 주신다.
결과만 생각하여 해결하는 방식은 근본적인 해결책이 되지 못한다.

**우리들의 턱없는 요구에도 때론 응낙하시는 하나님이시다.**
**우리가 서두르기 전에 하나님의 때를 기다릴 줄도 알아야 한다.**
**그렇지 않으면 목적이 선할지라도 결과에 따른 책임을 져야 할 것이다.**

## 33 지는 해, 떠오르는 태양

여호와께서 사무엘에게 말씀하셨습니다.
"너를 베들레헴에 사는 이새에게 가라. 그의 아들 중 하나를 왕으로 뽑았다.
자! 바로 이 소년이다. 일어나 그에게 기름을 부어라."
여호와께서 보내신 나쁜 영이 사울을 괴롭혔습니다.
나쁜 영이 사울에게 들어와 괴롭힐 때마다 다윗은 자기의 수금을 탔습니다.

블레셋 사람들에게는 골리앗이라는 한 대장이 있었습니다.
가드 사람으로 키는 육 규빗 한 뼘 가량, 놋 투구, 놋 갑옷을 입고 있습니다.
"만약 누구든지 나를 죽일 수 있다면 우리가 너희들의 종이 되겠다."
사울과 이스라엘 사람들은 이 말을 듣고 무서워서 벌벌 떨었습니다.

골리앗을 죽이는 자에게 돈과 자기 딸도 주고 세금도 면제한다고 했습니다.
다윗: "왕의 종인 제가 나가서 저 블레셋 사람과 싸우겠습니다.
골리앗은 살아 계신 하나님의 군대를 욕했기 때문에 죽어야 합니다."
사울: "가거라. 여호와께서 너와 함께하시기를 빈다."

골리앗: "막대기를 가지고 오다니 너는 내가 개인 줄 아느냐?"
다윗: "너는 나에게 칼과 큰 창과 작은 창을 가지고 나아오지만,
나는 만군의 여호와의 이름으로 너에게 간다."
다윗이 던진 돌에 골리앗은 이마를 맞고 앞으로 고꾸라졌습니다.
골리앗을 죽인 후 다른 사람들과 함께 돌아올 때 여자들이 노래를 합니다.
'사울이 죽인 적은 천천이요, 다윗이 죽인 적은 만만이라네.'
그리하여 사울은 그 날부터 다윗을 경계하는 눈으로 바라보았습니다.

이튿날, 하나님이 보내신 나쁜 영이 사울에게 강하게 들어갔습니다.
다윗은 보통 때처럼 수금을 타고 있었고, 사울은 손에 창을 들고 있었습니다.
사울은 창을 들어올리며 '다윗을 벽에 박아 버려야지.' 하며 창을 던졌습니다.
그러나 다윗은 그 창을 두 번이나 피해 도망갔습니다.
여호와께서 함께하셨기 때문에 다윗이 싸움터에 나갈 때마다 승리했습니다.
이스라엘과 유다의 모든 백성들은 다윗을 사랑하였습니다.

_ 사무엘상 16장부터 18장에서

### 살펴보기

사무엘은 사울의 실패를 슬퍼했고 하나님께서는 다음 왕을 준비하신다.
"너희 사람들은 외모를 보지만, 나 여호와는 중심을 본다."
그래서 선택 받은 이는 누구도 주목하지 않는 다윗이다.
다윗은 궁중의 악사가 된다.사울 왕의 음악치료사가 됨
사울은 그 소년 다윗을 크게 사랑했고 자기 무기를 맡길 정도로 신임한다.

이스라엘이 블레셋의 골리앗과의 전쟁을 한다.
블레셋의 장군 골리앗의 모욕적인 언사에 누구도 나서질 못한다.
다윗은 하나님을 모욕하는 이 장면을 목격하고 분노한다.
"나는 네가 모욕하는 이스라엘 하나님의 이름으로 간다."
골리앗을 물맷돌로 넘어뜨리고 목을 벤다.

### 생각하기

하나님의 영에 감동된 다윗은 앞으로 닥칠 혹독함을 견뎌야 했다.
골리앗의 언사는 사실상 하나님에 대한 모욕이다.
그러나 누구도 항변하지 않고 두려워할 뿐이다.
우리들의 일상에서 일어나는 싸움도 '하나님의 이름'을 두고 일어난다.
다윗은 하나님의 이름으로 나아가 승리한다.
'다윗은 만만, 사울은 천천' 이란 말에 사울은 평생 다윗의 대적자가 된다.

### 적용하기

사울은 왕권을 위협한다고 다윗을 시기하고 살해하려 한다.
하나님의 이름이 모욕을 받는데도 아무런 감각이 없다.
하나님의 이름이 모욕을 받는데 나에게 아무런 힘이 없다면 어떻게 해야 할까?
그 모욕이 나 때문은 아닌가?

사울은 다윗을 전쟁에서 죽게 하려고 지위를 높여준다.
결과적으로 사울은 다윗을 두려워하며 평생의 대적이 된다.
사울도 처음에는 겸손했다. 그러나 자신을 세워준 하나님을 잊었다.
사울이 전쟁터에서 내린 상급에는 하나님이 없다.
지금 하나님이 필요한 데, 자꾸만 다른 것에 힘을 소진하지 않는가?

# 34 절호의 기회인데도 묻습니다

사울의 남은 왕업은 다윗을 죽이려는데 혈안이 됐습니다.
사울의 딸 미갈도 다윗의 편을 들어 피신 시킵니다.
아들 요나단은 다윗 편이 되어 위기에서 구해 줍니다.

사울이 다윗을 죽이려하여 다윗은 블레셋의 가드 땅까지 피신했습니다.
살기 위해 미친 척 하며 위기를 모면하기도 합니다.
그런데 사울이 군사를 모아 다윗을 죽이려 할 때에도 다윗은 묻습니다.
"하나님 여호와여 주의 종에게 피할 곳을 일러주소서."
다윗과 함께 피신한 육백 명과 이곳저곳으로 계속 옮겨 다녔습니다.

사울은 매일 다윗을 찾아다녔습니다.
그러나 여호와께서 사울이 잡지 못하도록 다윗에게 미리 알려 주었습니다.
누군가가 사울에게 다윗이 엔게디 광야에 있다고 전했습니다.
그러나 사울의 아들이자 왕자인 요나단이 돕습니다.
사울은 정예용사 삼천 명을 뽑아 다윗과 그의 부하들을 찾아다녔습니다.
사울이 뒤를 보려고 굴에 들어갔을 때 마침 굴 안에 다윗이 숨어 있었습니다.
다윗의 부하들: "절호의 기회입니다. 사울 왕을 죽이시지요."
다윗은 사울의 옷자락을 뒤에서 잘랐습니다. 사울은 아무것도 몰랐습니다.
사울의 옷자락을 잘라 낸 것 때문에 마음이 찔렸습니다.

다윗은 그의 측근에게 말합니다.
"내가 그만 잘못했소. 사울은 여호와께서 기름 부은 왕이오."
"왕이시여, 아직도 제가 '사울을 해치려 한다.'는 말을 들으시나요?
동굴에서 왕은 제 손 안에 있었습니다. 어떤 사람은 왕을 죽이라 했지만
나는 '여호와께서 기름 부으신 왕이므로 해치지 않겠노라.'고 말했습니다.
내 손에 들려 있는 왕의 옷자락을 보십시오. 옷자락을 자르기만 했습니다.
자, 이제는 내가 왕에게 어떤 나쁜 일도 할 생각이 없음을 알아주십시오."

사울 : "자기 원수를 손 안에 넣고도 돌려보내는 사람이 어디 있겠느냐.
네가 오늘 나에게 착한 일을 하였으므로 여호와께서 상 주시기를 바란다.
네가 틀림없이 왕이 되리라는 것을 나는 잘 알고 있다."

_ 사무엘상 23장부터 24장에서

## 살펴보기

사울은 다윗과의 전쟁을 준비한다.
피신을 거듭하는 다윗을 따르는 자는 기껏 육백에 불과하다.
다윗은 하나님께 기도한다. 다시 피신한다.
사울은 온 군대를 동원했지만 다윗을 붙잡지 못한다.
사울의 아들 요나단은 은신처를 알고 찾아오지만
오히려 용기를 주고 아버지의 다음 왕은 다윗이 될 것이라고 하며 떠난다.
드디어 다윗을 포기했고 체포하기 직전에 이른다.

그런데 블레셋이 공격해오는 바람에 그들과 싸우려고 돌아간다.
전쟁에 승리하고 다시 체포조 3천 명을 뽑는다.
다윗이 숨어 있는 동굴로 사울 왕이 용변을 보러 온다.
다윗은 살그머니 왕의 옷자락을 잘라낸다.
멀리 있는 왕에게 옷자락을 내보이며 왕을 해치지 않는다고 말한다.
사울은 자초지종을 깨닫고 궁으로 돌아간다.

## 생각하기

다윗은 늘 하나님께 묻는다. '어찌할까요?'
요나단은 하나님의 뜻을 아는 자였다.
하나님께서 보내는 구원은 뜻밖에서 온다.
자신이 아닌 다윗에게 왕권이 있음을, 하나님께서 다윗을 사랑하심을,
내 아버지 사울이 잘못되었음을 알고 은신처에 찾아와서 알려준다.

자신을 죽이려고 온갖 혈안이 되어 있는 사울 왕을 죽일 수 있는 기회이다.
그러나 다윗은 기름부음 받은 사울 왕의 처신을 하나님께 맡긴다.

## 적용하기

사울은 매일 다윗을 찾았지만 하나님께서 다윗을 그의 손에 넘기지 않는다.
**하나님께서 지키시면 만인의 군대도 소용없다.**
**내가 백방으로 노력해도 뚜렷한 결과가 없다면 하나님의 뜻을 물어야 한다.**
사울의 입을 통해 다윗의 위치를 확인한다. '네가 틀림없이 왕이 될 것이다.'
**우리는 환난의 때나, 목숨이 경각에 있을 때나, 하나님의 뜻을 물어야 한다.**
**기가 막힌 좋은 기회가 주어졌더라도 하나님께 물어야 한다.**

# 35 더 낮아져 체통을 잃을지라도

다윗은 서른 살에 왕이 되어 사십 년 동안 왕으로 있었습니다.
헤브론에서 칠 년 반, 예루살렘에서 삼십삼 년 동안 유다의 왕이었습니다.
다윗은 점점 강해졌습니다. 여호와께서 다윗과 함께 계셨기 때문입니다.
두로 왕 히람이 다윗에게 사절단을 보냈습니다.
또 백향목과 목수들과 석수들도 보내어 다윗의 왕궁을 지었습니다.

다윗은 유다의 바알레로 가서 하나님의 궤를 예루살렘으로 옮겼습니다.
그들이 아비나답의 집에서 하나님의 궤를 싣고 나왔습니다.
나곤의 마당에 이르렀을 때, 소들이 뛰어 궤가 수레에서 떨어지려 했습니다.
그 때 웃사가 손을 내밀어 궤를 붙잡았습니다.
여호와께서 웃사에게 노하셔서 그를 죽이셨습니다.
이는 웃사가 아무나 만질 수 없는 궤를 만졌기 때문입니다.
다윗은 성으로 옮기지 않고 가드 사람인 오벧에돔의 집으로 가져갔습니다.
그 집에 세 달 동안 있었는데, 여호와께서는 그의 온 집안에 복을 주셨습니다.

그 이야기를 들은 다윗은 기쁜 마음으로 오벧에돔의 집으로 갔습니다.
하나님의 궤를 가지고 다윗 성으로 올라갔습니다.
다윗은 여호와 앞에서 온 힘을 다해 춤을 추었습니다.
사울의 딸 미갈이 창에서 보고 있었습니다.
미갈은 다윗이 여호와 앞에서 뛰며 춤추는 것을 보고 다윗을 깔보았습니다.
미갈: "왕이 체면을 잃고 신하들과 여종이 보는 앞에서 몸을 드러내었어요."
다윗: "여호와께서 나를 여호와의 백성인 이스라엘의 지도자로 세우셨소.
앞으로 더 낮아져 체면을 잃는다 해도, 여호와 앞에서는 그렇게 되고 싶소."
이런 일 때문에 사울의 딸 미갈은 죽는 날까지 자식을 낳지 못했습니다.

나단: "나는 네 자손들이 너의 뒤를 이어 이스라엘 왕이 되게 할 것이다.
네가 나이 많아 죽을 때 네 아들 중에서 왕으로 세워 굳건하게 해 주겠다.
그리고 바로 그가 나를 위해 성전을 지을 것이다.
나는 그의 나라를 영원히 강하게 만들 것이다."

_ 사무엘하 5장부터 7장에서

### 살펴보기

다윗이 약 15년의 피신 생활을 마치고 드디어 왕이 된다.
7년 반은 남쪽 지방의, 33년은 온 이스라엘의 왕이 된다.
다윗은 하나님께서 이스라엘을 위해 매우 강한 나라를 만드심을 알았다.
언제나처럼 블레셋이 침입했을 때 그는 하나님께 묻는다.

다윗은 '여호와의 궤'를 예루살렘으로 옮긴다. 왕은 기뻐하고 기뻐한다.
온 힘 다해 찬양하며 춤을 춘다. 미갈은 그런 왕에게 체통 없음을 지적한다.
하나님께서는 믿음이 함께하지 않는 왕비 미갈의 태를 닫는다.
다윗은 평화의 시대가 되자 성전을 짓고자 한다. 역시 하나님께 묻는다.
하나님께서는 거절하시고 아들 대에 이르러 지을 것이라 하신다.

### 생각하기

다윗은 자신이 하나님께 부름 받은 왕인 줄 알았다.
그래서 철저히 하나님의 은혜를 생각했고 하나님의 의중을 물었다.
'나의 나 된 것은 오직 하나님의 은혜라….'
다윗은 왕국의 중심이 내가 아닌 하나님이시고 자신은 하나님의 종이었다.

그래서 언약궤를 옮겨오고 성전을 짓고자 한다.
옮겨오는 과정에서도 다윗은 왕이 아닌 하나님의 종이다.
다윗이 성전 건축을 거절당하고 드리는 기도이다.
'나는 하나님의 은혜를 받을만한 어떤 자격도 없습니다.'
'오직 주께서 우리를 백성 삼으시고 하나님이 되셨습니다.'

### 적용하기

다윗은 왕이다. 그런데도 어떤 사안이든지 하나님께 묻는다.
죄란 다름이 아니라 내 마음대로 하고자 하는 것이다.
내 마음대로 하고 싶은가? 아니면 하나님께 물어보는가?
언약궤를 옮기는 과정에서 선한 행동으로 한 사람이 죽는다.
축제와 거룩은 구별되어야 한다. 어떤 일도 하나님의 거룩을 훼손해서는 안 된다.
하나님을 예배함에 거룩과 절제 그리고 기쁨과 찬양이 교차한다.
선지자의 말에 다윗은 믿음으로 철저하게 순종한다. 하나님의 종이다.
하나님에 대한 나의 태도는 지도자[일터, 교회]를 대하는 나의 태도이다.

## 36 다윗이? 말도 안 돼!

암몬과의 전쟁으로 다윗은 요압과 모든 군대를 전쟁터에 보냈습니다.
어느 날 저녁, 다윗은 침대에서 일어나서 왕궁의 지붕 위를 거닐었습니다.
그러다가 한 여자가 목욕을 하고 있는 것을 보았는데 매우 아름다웠습니다.
다윗은 사람들을 보내 밧세바를 데려와 그 여자와 함께 잠을 잤습니다.
그런데 밧세바가 임신을 했습니다. 다윗에게 임신 소식을 알렸습니다.

다윗은 '헷 사람 우리아를 나에게로 보내라.'고 전했고 우리아가 왔습니다.
전선의 상황을 묻고 '집으로 가서 쉬라.'며 선물을 주었습니다.
우리아는 왕궁에서 나와 성 밖에서 잠을 잤습니다.
다윗: "그대는 오랫동안 집을 떠났다 돌아왔는데 왜 집으로 가지 않는가?"
우리아: "나의 주 요압과 그의 부하들도 들에서 잠을 자고 있습니다.
그런데 제가 어찌 집에 가서 먹고 마시며 잠자리를 가질 수 있겠습니까?"
우리아는 그 다음 날에도 집으로 가지 않고 왕궁 문 밖에서 잠을 잤습니다.

다윗은 요압에게 편지를 써서 우리아에게 그 편지를 전하게 했습니다.
'우리아를 싸움이 치열한 곳으로 보내고 우리아만 남기고 물러나라.'
싸움 중에 헷 사람 우리아가 죽었습니다.

밧세바가 슬픔의 기간을 마치자, 다윗은 밧세바를 왕궁으로 데려 왔습니다.
여호와께서 나단을 다윗에게 보내셨습니다.
나단이 비유를 들어 왕의 의견을 묻자, 그 사람은 죽어 마땅하다 합니다.
"왕이 바로 그 사람입니다." 하나님 여호와께서 이렇게 말씀하십니다.
"나는 너를 사울에게서 구해 주고 그의 나라와 그의 딸을 아내로 주었다."
"너를 왕으로 세워 주었다. 그런데 왜 나 여호와의 명령을 무시했느냐?"
"너는 우리아를 칼에 죽게 했다. 그의 아내를 빼앗아 네 아내로 만들었다."
"네 집안에는 칼이 떠나지 않을 것이고 네 아내를 다른 사람에게 주리라."
다윗: "내가 여호와께 죄를 지었소."

밧세바가 낳은 아기는 죽고 밧세바가 다시 임신해서 아들을 낳았습니다.
다윗은 그 아들의 이름을 솔로몬이라고 지었습니다.

_ 사무엘하 11장과 12장에서

### 살펴보기

암몬과의 전쟁이 진행 중이다.
왕궁에 있던 다윗이 지붕 위에서 한 여인을 본다.
사람을 보내어 데려오고 동침을 한다.
얼마 뒤 그 여인이 임신했다는 사실을 알린다.
다윗은 은폐하고자 전장에 있는 밧세바의 남편을 불러온다.
다윗의 계획대로 진행되지 않는다.
죄를 덮어씌우기 위해 그는 살인을 지시한다.
하지만 하나님께서는 모든 것을 알고 계신다.
다윗은 죄를 책망받자마자 회개한다.
하나님께서는 장차 다윗이 받아야 할 형벌을 말씀하신다.

### 생각하기

주는 우리에게 경고하신다. 하지만 우리는 순식간에 타락한다.
'난 결코 그렇지 않을거야.'라고 장담할 수 없다.
'아니, 지금까지 알아 온 다윗이 아니잖아.'
간음과 살인은 지금까지 살아왔던 다윗의 청렴을 순식간에 무너뜨린다.
방심하고 깨어있지 않으면 죄는 한순간에 파고든다.
다윗은 자신의 죄에 대하여 어떤 변명이나 구실이 없다.
죄의 결과는 심각했다.
**자신을 '마땅히 죽을 자'로 알았지만 하나님은 은총을 베풀었다.**
**다윗이 지은 시편을 통해 말한다.**
**'기도하기 위해 여호와의 전에 왔는데 진실 된 기도를 할 수 없었다.'**

### 적용하기

죄를 감추려다가 죄를 더해가는 것은 죄의 본성이다.
죄를 숨겨도 하나님이 모르시지 않는다. 자복하고 용서를 구해야 한다.
다윗의 범죄는 어디에 내놔도 회자될만한 것이다.
성경은 가혹하리만치 다윗의 죄를 드러내신다.
하나님이 선택한 이스라엘의 왕이라 해도 다른 이들과 다르지 않다.
**다윗 역시 하나님의 은혜가 아니면 설 수 없는 흠을 가진 인간이다.**
**내 죄를 누군가가 지적할 때 나의 자세는 어떤가?**
**인정하고 하나님의 처분에 맡기는가? 회개는 진심으로 하는가?**

## 37 솔로몬 - 지혜의 왕

다윗은 죽을 날이 가까워지자 솔로몬에게 유언을 했습니다.
"나는 이제 세상 모든 사람들이 가야 할 길로 간다.
훌륭하고 용감한 지도자가 되어라. 여호와께서 명령하신 것을 잘 지켜라.
그분께서 주신 계명을 지키고, 율법에 복종하며 말씀하신 대로만 하여라.
모세의 율법에 적힌 것을 지켜라.
그렇게 하면 너는 무엇을 하든지, 어디를 가든지 성공할 것이다."
그리고 자신이 처리하지 못한 몇 가지를 유언으로 남깁니다.
다윗은 죽어서 그의 조상들과 함께 다윗 성에 묻혔습니다.
솔로몬은 아버지 다윗의 뒤를 이어 왕이 되었습니다.
그리고 그의 나라를 굳건하게 세웠습니다.

솔로몬이 이집트 왕 파라오와 조약을 맺었습니다.
그의 딸과 결혼하여 다윗 성으로 데려왔습니다.
솔로몬은 그녀를 다윗 성에서 살게 하였습니다.
솔로몬 왕이 제사를 드리려고 기브온으로 갔습니다.
천 마리의 짐승을 잡아 제단에서 태워 드리는 제사를 드렸습니다.
하나님: "무엇이든지 네가 원하는 것을 구하여라. 내가 들어 주겠다."
솔로몬: "여호와께서는 내 아버지에게 큰 은혜를 베풀어 주셨습니다.
다윗은 주님 앞에서 진실되고 공의로우며 정직한 마음으로 살았습니다.
주님은 다윗에게 큰 자비를 베푸셔서 아들인 저에게 왕이 되게 하셨습니다.
저에게 주님의 백성을 다스릴 수 있도록
옳고 그름을 가려 판결할 수 있는 지혜를 주십시오.
주께서 지혜를 주지 않으시면 어떻게 주님의 백성을 다스리겠습니까?"

주께서는 솔로몬이 지혜를 달라고 하자 기뻐하셨습니다.
하나님: "너는 오래 사는 것이나 부자가 되는 것을 구하지 않았다.
네 원수를 죽여 달라 하지 않았다. 바르게 판결할 수 있는 지혜를 구했다.
지혜뿐만 아니라 네가 구하지 않은 것까지도 주겠다.
너는 부와 영광을 누리고 평생토록 너와 같은 왕은 어디에도 없을 것이다."

_ 열왕기상 2장과 3장에서

## 살펴보기

다윗이 솔로몬에게 하나님의 계명을 지키고 말씀대로 행하라고 유언한다.
그리하면 무엇을 하든지, 어디를 가든지 성공할 것이라고.
하나님께서 내게 그렇게 약속하셨다고 한다.
솔로몬이 왕이 된다. 형 아도니아와 함께 모반을 한 자들을 처단한다.
아버지의 유언을 따라 다윗 왕에게 반역의 길에 섰던 자들을 처리한다.

솔로몬은 이집트와 조약을 맺었다. 강성해진 유다왕국의 증거이다.
하나님께서 원하는 것을 구하라 하자 백성을 다스릴 수 있는 지혜를 구한다.
하나님께서는 지혜에 부와 영광을 더하여 주신다고 하신다.

## 생각하기

**다윗의 유언은 한 마디로 하나님이 이스라엘의 왕이라는 것이다.**
**어떠한 왕이 될지 말하지 않는다. 하나님께 순복하는 왕이 되라고 한다.**
다른 신하들을 정리하는 것은 아버지의 유언대로이다.
40년 이상을 다윗에게 충성하던 자들이 반역에 동조한 것은
정의와 공의의 왕국, 샬롬의 왕국이 아닌 자기왕국을 세우는 것이다.

**솔로몬의 기도로 지혜와 부, 영광을 얻었지만**
**다윗의 유언대로 하나님의 말씀을 벗어난 모든 것은 오히려 독이 된다.**

## 적용하기

온전한 죽음을 맞아 자녀들에게 유언을 하고
세상을 떠날 수 있도록 '죽음'을 위한 기도가 필요하다.
그리고 신앙적 유언을 준비해두는 것이다.

하나님께서 '무엇이든지 원하는 것을 구하라.'하시면
주저 없이 구할 것이 무엇인가? 바르게 구하는 것이 필요하다.
하나님의 나라와 그의 의를 구하는 것이다.
**혹시 나는 소원도, 소망도 없는 무의미한 신앙생활을 하고 있지 않는가.**
'지혜를 얻는 자와 명철을 얻는 자는 복이 있나니. 지혜는 진주보다 귀하니
그의 오른손에는 장수가 있고 그의 왼손에는 부귀가 있나니' (잠언 3장)
솔로몬 자신의 체험 고백이다.

## 38 성전, 보시고 들으시는 곳

솔로몬 왕이 이스라엘의 모든 지도자를 예루살렘으로 나오게 했습니다.
이스라엘의 모든 장로들이 모이고 제사장들은 궤를 메어 옮겼습니다.
솔로몬 왕과 이스라엘의 모든 백성이 궤 앞에 모였습니다.
그들은 셀 수도 없을 만큼 많은 양과 소를 제물로 바쳤습니다.
"저는 주님을 위해 훌륭한 성전을 지었습니다.
이 성전은 주께서 영원히 계실 곳입니다."

솔로몬은 여호와의 제단 앞에 모든 백성과 마주 보고 서 있었습니다.
하늘을 향해 팔을 치켜들고 말했습니다.
"이스라엘 하나님 여호와여, 주님 같으신 분은 어디에도 없습니다.
주께서는 주님의 백성을 사랑하셔서 그들과 언약을 맺어 주셨습니다.
참마음으로 주님을 따르는 사람들에게는 그 언약을 지켜 주셨습니다.
하나님이시여, 하나님께서 정말로 땅에서 사시겠습니까?
하늘과 하늘의 가장 높은 곳이라도 하나님을 모실 수 없을 텐데,
제가 지은 이 집에 주님을 모실 수 있겠습니까?"
주께서는 전에 '내 이름이 거기 있을 것이다.'라고 말씀하셨습니다.

"이곳에서 제가 드리는 기도를 들어 주십시오.
저와 주님의 백성 이스라엘이 이곳을 향해 기도할 때
주님은 하늘에서 들으시고 우리 죄를 용서해 주십시오.

어떤 사람이 이웃에게 죄를 지었을 때,
주님의 백성 이스라엘이 주께 죄를 지어 적에게 패했을 때,
주님의 백성 이스라엘이 주께 죄를 지어 그 벌로 비를 내리지 않으실 때,
만약 가뭄이 들거나 전염병이 돌거나 병충해나 메뚜기 떼가 올 때,
주님의 백성이 적의 공격을 받게 되거나 그들에게 병이 생길 때,

외국인이 주의 크신 이름과 행하신 큰 일을 듣고 기도할 때,
주님의 백성이 적과 싸우라는 주님의 명령을 받고 나갈 때,

주님의 백성이 포로로 끌려간 땅에서 '우리가 잘못했습니다.'라고 할 때,
주께서는 하늘에서 그들이 하는 기도를 들으시고 사정을 살펴 주십시오."
솔로몬은 제단 앞에 무릎을 꿇고 하늘 향해 팔을 벌리고 기도를 드렸습니다.

"모세를 통해 말씀하신 좋은 약속을 다 이루셨습니다.
우리와 함께 계시기를 결코 떠나시지도 않고 버리시지도 않기를 원합니다.
주님의 율법과 계명을 우리가 지킬 수 있도록 해 주시기를 원합니다.
날마다 우리가 필요한 대로 우리를 도와주시기 바랍니다.
그러면 세계의 모든 백성이 주님만이 참 하나님이심을 알게 될 것입니다."

"여러분은 우리의 주 하나님 여호와께 완전히 복종하십시오.
주님의 모든 율법과 계명을 지키십시오."
솔로몬 왕과 온 이스라엘은 여호와께 제사를 드렸습니다.

여호와께서 기브온에서 나타나셨던 것처럼 솔로몬에게 나타나셨습니다.
"내 앞에서 기도한 것과 네가 나에게 구한 것을 들었다.
네가 지은 이 성전을 내가 거룩하게 구별하였으므로
내가 내 이름을 영원히 거기에 둘 것이다.
내가 그 성전을 보살피며 항상 지킬 것이다.
네 아버지처럼 올바르고 성실하게 내 율법과 명령한 모든 것을 지키라.
네 집안이 영원토록 이스라엘을 다스릴 수 있게 해 주겠다."

_ 열왕기상 8장과 9장에서

## 살펴보기

솔로몬이 성전을 건축하고 경과 보고를 한다.
"아무리 높고 좋은 곳이라도 하나님을 모실 수 있겠습니까?
이 집성전도 마찬가지입니다.
그러나 이곳에 '내 이름이 거기 있을 것이다.'라고 하셨습니다."
"이제 이곳에서 어떤 내용으로 기도하거나,
어떤 처지에서든지 기도하거나, 어떤 외국인이라도 기도하거나,
멀리서도 이곳을 향하여 기도하거든 들으시고 구하는 대로 이루어주십니다."

그리고 솔로몬은 백성들을 향해서 축복 기도를 하고 다짐한다.
**"우리 하나님께 복종하십시오. 모든 율법과 계명은 지킵시다."**

## 생각하기

하나님은 약속에 충실하시다. 출애굽한 지 480년 만에 성전을 짓는다.
성전은 하나님을 만나고 찬양하고 간청하는 곳이다.
하나님께 충성을 다짐하며 축복을 받는 장소이다.
그저 종교적으로 있는 공간이 아니다. 한낱 집회를 위한 멋진 공간이 아니다.
하나님께서 자기 이름을 두신 곳으로, 자기의 눈이 항상 이곳을 향하신다.
기도할 때마다 등장하는 것은 '돌이켜 간구하기를' 또 '이곳을 향하여'이다.
**성전은 하나님 백성의 삶의 중심에 위치한다.**
하나님께서 "내가 너와 함께 하리라."의 실재이고 상징이다.
**내가 예배에서 하나님을 만나는 것. 이것이 그리스도인의 생명이다.**
**기도와 찬양, 설교, 봉사는 하나님을 만나는 도구이다.**

## 적용하기

성전 이전의 480년 동안 하나님은 처음부터 지금까지 내 곁에 계셨다.
교회도 하나님이 내 곁에 있다는 상징이다.
만약에 너나 네 자녀가 하나님을 따르지 않는다면
내가 준 땅에서 끊어버리고 이 전은 던져버리신다고 하신다.
**교회 다닌다고 내 안전을 보장하지 않는다. 순종생활 없는 기도는 주술이다.**
**날마다 말씀을 순종하는 것, 그것이 축복이다.**
'내가 네 곁에 항상 있다. 내 앞에서 살아라.'
그것이 여호와께서 내 이름을 둔 곳이라고 한다.

## 솔로몬 성전

### 성막

시내 산 언약 체결 후 하나님의 지시로 만들어졌던 성막이동식 임시 성소
모세에서 다윗 때까지 약 500년 간 지속

### 솔로몬 성전

재위 5년째에 시작되어 7년의 공사 기간-재위 11년에 준공(왕상 6:37-38).
위치는 예루살렘의 모리아 산해발 744m: 다윗 왕 때 계획
파괴: BC 586년 바벨론 왕 느브갓네살에 의해 유다 멸망

성전 구조
성전 본체: 길이 약 27m, 너비 약 9m, 높이 약 13.5m
그 중에 지성소 약 9m, 성소 약 18m
야긴과 보아스: 두 개의 청동기둥 높이는 15.8m, 머리 2.3m 백합화 꽃 모양
뜰 바다: 성전 남서쪽 큰 물탱크대야. 직경 약 4.5m, 높이 약 2.25m,
아래 12마리 황소가 바치고 있다
뜰 물두멍: 성전 남쪽과 북쪽에 각각 5개씩. 바퀴 부착한 물통
번제단: 높이 약 4.5m
도움: 두로페니키아 왕 히람이 목재와 숙련된 장인들 제공
이스라엘은 금속에 관한 한 경험이 없었다.
인력: 18만의 인부를 동원하여 만 7년 만에 준공
비용: 성전에 사용된 금만 해서 약 2천 달란트1달란트-34kg

솔로몬 성전의
외벽은 정교한 흰 대리석을 현지에서 깎아왔고
내벽은 백향나무, 올리브 나무와 황양목으로
바닥과 문, 문틀, 금으로 입힌 장식들은 내벽과 각종 기물들을 장식했다.

## 39 바알이냐? 여호와냐?

오므리 아들 아합 왕이 시돈 사람의 왕 엣바알의 딸 이세벨과 결혼했습니다.
아합은 바알 신을 섬기고 예배하기 시작했습니다.
아합은 전에 있던 다른 어떤 왕보다도 더 하나님 여호와를 노하게 했습니다.

길르앗 땅 디셉 사람인 예언자 엘리야가 아합 왕에게 말했습니다.
"앞으로 몇 년 동안 비나 이슬이 내리지 않을 것입니다."

가뭄이 든 지 삼 년째 되던 해에 여호와께서 엘리야에게 말씀하셨습니다.
"가서 아합 왕을 만나라. 내가 곧 땅에 비를 내리겠다."
아합에게: "모든 백성에게 나를 만나러 갈멜 산으로 오라고 이르시오.
바알의 예언자 사백오십 명과 아세라의 예언자 사백 명도 데려오시오."
백성들에게: "언제까지 바알과 여호와 두 사이에서 머뭇거리고 있으렵니까?
여호와와 바알을 함께 섬길 것이오? 누가 참 하나님인가를 결정하시오."
그러나 백성은 아무 말도 하지 않고 잠잠히 있었습니다.

엘리야: "여호와의 예언자라고는 나밖에 남은 사람이 없소.
그러나 바알의 예언자들은 사백오십 명이나 있소.
바알의 예언자들이여, 바알에게 기도하시오. 나도 여호와께 기도하겠소.
기도를 들어 주셔서 불을 내리시는 신이 참 하나님이시오."

바알선지자들은 아침부터 한낮이 될 때까지 바알에게 기도했습니다.
엘리야: "바알이 지금 생각에 빠져 있소? 다른 일로 바쁘오?
먼 길을 떠났소? 아니면 자고 있는 것 아니오? 왜 답이 없는 것이오?"
그들은 자기 예배 관습에 따라 칼과 창으로 자기 몸을 찔러 피가 났습니다.
그러나 아무런 대답도 없었고 어떤 움직임도 보이지 않았습니다.

엘리야는 무너진 여호와의 제단을 다시 쌓았습니다.
엘리야: "기도를 들어 주십시오. 여호와께서 하나님이심을 알게 하소서".
여호와의 불이 하늘에서 떨어져 제물을 태우고 도랑의 물을 말렸습니다.
백성들: "여호와 그는 하나님이시다! 여호와 그는 하나님이시다!"

_ 열왕기상 16장부터 19장에서

## 살펴보기

솔로몬이 죽고 나라는 분열이 된다. 북을 이스라엘, 남을 유다라고 불렀다.
아합은 시돈 왕의 딸 이세벨과 결혼하고 곳곳에 바알 신전을 세운다.
아합은 국가의 안녕을 위해 시돈과 조약을 맺은 것이다.
남북간의 대결구도에서 남북은 주변국가와 손을 잡고 안전을 도모한다.
남유다는 북이스라엘의 북쪽 앗수르와 손을 잡는다.

시돈의 신은 바알이고, 비를 동반하는 신이다.
그래서 엘리야가 앞으로 몇 년 동안 비가 오지 않을거라 예언한다.
**바알이 진짜 신이라면 그 신에게 간구해 비를 내려보라는 것이다.**

## 생각하기

바알과 아세라 우상이 들어왔다. 풍성한 수확을 준다는 신이다.
마치 단군신화에 우사 운사 풍사와 함께 나라를 세웠다고 하는 것처럼.
하나님께서는 엘리야를 보내어 참 하나님에게로 돌이키라 하신다.
**누가 이 자연만물의 창조주이며 지배하는지를 보여준 것이다.**

백성들에게는 '바알이냐? 하나님이냐?' 선택의 순간이었다.
엘리야의 기도 응답을 보고 백성들은 여호와가 참 하나님이라고 고백한다.
그러나 아합은 끝까지 하나님의 은혜를 거부한다.
**사람들이 그렇다. 마음이 뒤틀리면 귀도 눈도 닫힌다.**

## 적용하기

강하고 안전한 국가, 부유한 국가는 모든 통치자의 소원이다.
안전은 이웃 국가와 동맹을 통해서, 풍성함은 우상을 통해 하고자 한다.
나의 진정한 강함과 안전함은 어디서 오는가?
하나님을 떠나면 그 무엇도 보장되지 않는다.

엘리야 그는 위대한 선지자이지만 낙담하고 좌절도 쉽게 한다.
하나님의 지시로 하나님의 사역을 한다하더라도 결과는 내게 있지 않다.
나는 온전히 사역을 감당할 뿐 결과는 오롯이 하나님이 하신다.
**선한 일, 하나님의 일에 헌신했는데 낙담과 좌절이 돌아올 수 있다.**
**나는 그때도 오직 하나님을 의지해야 한다.**

# 40 나라는 망하고, 성전도 불타고

시드기야가 왕으로 있은 지 구 년째 되는 해의 열째 달 십 일에
바벨론바빌론, 바빌로니아 왕 느부갓네살이 모든 군대를 이끌고
예루살렘으로 쳐들어왔습니다.
시드기야가 왕으로 있은 지 십일 년째 되던 해까지 포위되어 있었습니다.
그 해 넷째 달 구 일이 되자 성 안에 기근이 심해졌습니다.
백성들은 먹을 것을 하나도 구할 수 없었습니다.

때맞춰 성벽도 뚫리고 말았습니다. 모든 군대가 밤중에 도망쳤습니다.
왕도 정원 곁에 있는 두 성벽 사이에 있는 성문 길로 빠져 나갔습니다.
그 때까지도 바벨론 사람들은 성을 에워싸고 있었습니다.

시드기야와 그의 군대는 아라바 길로 달려갔습니다.
그러나 바벨론 군대가 시드기야 왕을 여리고 평야에서 붙잡았습니다.
시드기야 왕의 모든 군대는 뿔뿔이 흩어졌습니다.
바벨론 군대가 시드기야 왕을 사로잡아 바벨론 왕에게 끌고 갔습니다.
그들은 시드기야가 보는 앞에서 그의 아들들을 죽이고,
그의 눈을 뺀 뒤 쇠사슬로 묶어 바벨론으로 끌고 갔습니다.

바벨론의 느부갓네살이 왕으로 있은 지 십구 년째 되던 해의
다섯째 달 칠 일에 경호대장인 느부사라단이 예루살렘으로 왔습니다.
그는 성전과 왕궁에 불을 지르고 예루살렘의 모든 집을 불태웠습니다.
바벨론의 모든 군대가 예루살렘의 성벽을 헐어 버렸습니다.

그는 또 예루살렘에 남아 있는 백성들을 사로잡아 갔습니다.
가장 천한 사람들은 남겨 두어 포도밭을 가꾸고 농사를 짓게 했습니다.

바벨론 왕은 남은 유다 백성을 다스릴 총독으로 그달리야를 세웠습니다.
바벨론 왕이 그달리야를 총독으로 세웠다는 소식을 듣고,
유다 군대의 장교들과 그 부하들이 그달리야를 죽였습니다.
그런 다음에 젊은 사람이나 늙은 사람 할 것 없이 다 이집트로 도망쳤습니다.

_ 열왕기상 25장에서

## 살펴보기

유다나라가 완전히 망하는 날이다. 왕은 시드기야이다.
3년간 예루살렘 성을 포위하자 기근이 겹쳤고 처참한 일이 있게 된다.
결국 완전히 패망하고, 시드기야 왕은 두 눈이 뽑힌 채 끌려간다.
성전과 왕궁은 불타고 백성들도 사로잡혀 간다.
그렇게 될거라고 수도 없이 예언한 선지자의 말들을 모두 묵살한 결과다.
마지막 순간까지도 어느 나라와 손을 잡을까 외교에 치중한다.
모두 하나님의 경륜에 따라 흥하고 망한다.

## 생각하기

북쪽 이스라엘은 210년, 남쪽 유다는 350년 가까이 존속한다.
기원전 586년의 일이다. 사울왕에서 시작해서 시드기야 왕으로 끝난다.
시드기야는 예레미야의 '항복 조언'을 받아들이지 않는다.
자신의 노력으로 연합군을 도모해 지키고자 한다.
성전이 몽땅 불에 탓다는 것은 하나님께서 자기 백성을 떠나셨다는 것이다.
하나님께서는 언약을 어긴 백성을 하나님 땅에서 축출하신다.

하나님은 바벨론을 도구로 사용하여 백성들의 우상숭배를 벌하신다.
**이스라엘의 패망과 바벨론 포로, 하나님의 징계이자 하나님의 사랑이다.**

## 적용하기

하나님은 이스라엘이 바벨론에게 항복하도록 권면하셨다.
최선책을 따르지 않는 자에게 주신 배려다.
유다의 우상숭배는 율법을 버리는 것이다.
유다가 이집트에게 의지하는 것은 하나님을 신뢰하지 않는 것이다.
그래서 도덕의 문란과 탐욕의 사회로, 우상숭배로 이어진다.
**삶의 기준, 원칙**하나님 말씀**이 분명하다면 패망하지 않는다.**

하나님은 백성들의 처참하고 불행한 역사를 낱낱이 말씀하신다.
하나님 백성이기 때문에 더더욱 혹독한 결과를 만난다.
내 백성의 거룩을 유지하기 위해서이다.
나는 그것을 보고도, 분명하게 듣고도 그 길을 가야할까?

# 41 내가 죽는 날까지 Together

여호와는 나의 목자시니 내게 부족함이 없습니다.
그가 나를 푸른 풀밭에서 쉬게 하십니다.

여호와는 나를 잔잔한 물가로 이끌어 쉬게 하시며
나에게 새 힘을 주십니다. 자신의 이름을 위하여,
주님은 나를 의로운 길로 인도하십니다.

내가 음산한 죽음의 골짜기를 지나가게 된다 하더라도,
나는 겁나지 않습니다. 그것은 주님께서 나와 함께 계시기 때문입니다.
주님의 막대기와 지팡이가 나를 든든하게 보호해 줍니다.

주님께서 원수들이 보는 앞에서 내게 식탁을 차려 주십니다.
그리고 주님께서 내 머리 위에 향기로운 기름을 바르시며
내 잔이 넘치도록 가득 채워 주십니다.

여호와의 선하심과 사랑하심이 내가 죽는 날까지
나와 함께 하실 것이 틀림없습니다.
이제 나는 여호와의 집에서 영원히 살 것입니다.

_ 시편 23장에서

## 살펴보기

목자와 양을 비유로 한 하나님과의 관계이다.
하나님께서는 나를 보호해주신다. 나의 모든 것들을 예비해주신다.
하나님께서는 어떤 어려움 속에서도 나와 함께 계신다.
하나님께서는 종종 곁길로 가는 나를 이끌어내신다.
하나님께서는 가장 안전한 곳으로 인도하신다.
하나님께서는 나의 의식주 모든 것들을 주신다.
하나님께서는 원수 앞에서 승리하게 하신다.
나는 이 하나님과 평생 함께 할 것이다.
나는 이 하나님의 집에서 결코 떠나지 않을 것이다.

## 생각하기

가장 널리 알려진 시편이다. 양은 자신을 보호할 자구책이 없다.
더러움에 가장 쉽게 오염된다. 심지어 자기 앞길마저도 찾지 못한다.
**목자가 없다면 그야말로 맹수의 먹잇감이다.**
나를 빗대어 보자. 나 또한 홀로 놔두면 양과 똑같다.
하나님께서 이런 나의 목자가 되어 주신다.
목자는 자신의 생명을 걸고 양을 지키신다.
양은 목자의 음성을 듣고 따를 때 가장 안전하다.
**때에 따라서 평안하지 않는 협곡으로 끌어가신다.**
**그러나 그 길이 결국에는 가장 좋은 길이다.**

## 적용하기

예수의 말을 기억하자.
'나는 선한 목자라. 선한 목자는 양들 위하여 목숨을 버리거니와'
'나는 선한 목자라. 내가 내 양을 알고'
'내가 온 것은 양으로 생명을 얻게 하고 더 풍성히 얻게 하려는 것이다.'
그런데 늘 나는 제 갈 길을 고집한다.
늘 간섭받기를 싫어하며 혼자 가고자 한다.
이 시편의 암송과 고백은 실제의 삶에서 나를 인도 할 것이다.
**나의 의심과 욕심을 따라가는 것을 주저하게 한다.**
**의심을 버리면 평안해지고 욕심을 버리면 여유가 있다.**

## 42 죄 가운데 있는 모습

하나님이여 주의 인자를 따라 내게 은혜를 베푸시며
주의 많은 긍휼을 따라 내 죄악을 지워 주소서.
나의 죄악을 말갛게 씻으시며 나의 죄를 깨끗이 제하소서.
무릇 나는 내 죄과를 아오니 내 죄가 항상 내 앞에 있나이다.

내가 주께만 범죄하여 주의 목전에 악을 행하였사오니
주께서 말씀하실 때에 의로우시다 하고
주께서 심판하실 때에 순전하시다 하리이다.
내가 죄악 중에서 출생하였음이여
어머니가 죄 중에서 나를 잉태하였나이다.

보소서 주께서는 중심이 진실함을 원하시오니
내게 지혜를 은밀히 가르치시리이다.
우슬초로 나를 정결하게 하소서 내가 정하리이다.
나의 죄를 씻어 주소서 내가 눈보다 희리이다.

내게 즐겁고 기쁜 소리를 들려 주시사 주께서 꺾으신 뼈들도 즐거워하게 하소서.
주의 얼굴을 내 죄에서 돌이키시고 내 모든 죄악을 지워 주소서.

하나님이여 내 속에 정한 마음을 창조하시고 내 안에 정직한 영을 새롭게 하소서.
나를 주 앞에서 쫓아내지 마시며 주의 성령을 내게서 거두지 마소서.

주의 구원의 즐거움을 내게 회복시켜 주시고
자원하는 심령을 주사 나를 붙드소서.
그리하면 내가 범죄자에게 주의 도를 가르치리니 죄인들이 주께 돌아오리이다.

하나님이여 나의 구원의 하나님이여 피 흘린 죄에서 나를 건지소서.
내 혀가 주의 의를 높이 노래하리이다.

주는 번제를 기뻐하지 아니하시나이다.
하나님께서 구하시는 제사는 상한 심령이라
하나님이여 상하고 통회하는 마음을 주께서 멸시하지 아니하시리이다.
_ 시편 51장에서

## 살펴보기

우리가 지은 죄에 대해 용서를 구하는 근거가 있다.
'하나님은 자비로우시며 은혜로우시며 의로우시도다.'
자기 죄를 고하며 회개하는 전형적인 참회시이다.
내가 지은 모든 죄[사람에게나 하나님에게나 스스로에게나]는
모두 하나님 앞에 지은 죄이다. 나는 태중에서부터 죄인이다.
하나님만이 내 죄를 깨끗이 할 수 있다.

죄를 용서 받았을 때 기쁨과 즐거움이 회복된다.
회개는 깨끗하고 올바른 마음을 준다.
하나님께서는 상한 마음을 받아주신다. 그런 자는 참 예배자가 될 것이다.

## 생각하기

죄는 남에게 해를 끼치는 죄[아온], 바른 길에서 이탈하는 죄[하타],
하나님께 반항하는 죄[페샤]로 구별할 수 있다.
이 모두가 주어진 목표물에서 벗어난 죄[하마티아]이다.
이는 모든 하나님의 말씀에서 벗어난 것이다.
그 결과 구원의 즐거움도, 순종하고 자원하는 마음도,
예배자의 기쁨도 사라진다.
죄는 누구에게 지었든, 어떤 죄이든 하나님 앞에 지은 죄이다.
그것들은 오직 하나님만이 용서가 가능하다.
**용서받음이 전부는 아니다. 반드시 삶의 변화가 따라야 한다.**

## 적용하기

나는 내 잘못과 악과 죄에 대해서 민감한가? 둔감한가?
나는 내 죄를 잊어도 하나님은 잊지 않으신다.
**그날의 은혜는 그날 받아야하는 것처럼 그날의 죄도 그날 회개해야 한다.**
내가 지은 죄가 별로 없다 할 수 있지만
하나님과 교회와 자기 신앙에 관심 없이 사는 것 또한 죄이다.

예배에서의 기쁨이 없다거나, 찬양하는 즐거움이 없거나,
하나님의 일에 자원하는 심령이 없다면 죄 가운데 있는 것이다.
**하나님은 내 죄를 용서하시기 위해 매일 매주 기다리신다.**

## 43 노래해야 할 이유 있네

내 영혼아, 여호와를 찬양하여라.
그분의 모든 은혜를 잊지 말라. 마음을 다해 거룩한 이름을 찬송하여라.
주는 나의 모든 죄들을 용서하시며 나의 모든 질병을 고쳐 주십니다.

무덤에서 내 생명을 구원하시고 사랑과 자비를 베푸십니다.
주는 좋은 것으로 나의 소원을 만족시켜 주시니
내가 독수리처럼 새롭고 힘이 넘칩니다.
여호와는 억눌린 자를 위해 정의롭고 공평한 일을 행하십니다.

여호와는 자비롭고 은혜로우시며 화를 참으시고 사랑이 넘치는 분이십니다.
그분은 꾸짖거나 따지지 않으시며 화를 오랫동안 품지 않습니다.

그분은 우리의 죄값을 그대로 갚지 않으시며,
우리가 저지른 잘못에 따라 처벌하지도 않으십니다.
하나님을 두려워하는 자에게 베푸시는 그분의 사랑은
땅에서 하늘이 높음같이 높고 위대합니다.
동이 서에서 먼 것처럼 그분은 우리로부터 죄를 멀리 치우셨습니다.

주는 우리가 어떻게 만들어졌는지를 아시며,
우리가 한낱 먼지임을 기억하고 계십니다.

인생은 풀과 같습니다. 들판에 핀 꽃처럼 자랍니다.
바람이 불면 그 꽃은 떨어지고 그 있던 자리는 흔적조차 남지 않습니다.
그러나 주를 높이고 두려워하는 자에게 주의 사랑이 영원히 함께 할 것입니다.
여호와의 정의는 그들의 자손들과 그분의 언약을 지키는 자들과
그분의 법규들을 기억하고 따르는 자들에게 이를 것입니다.

여호와께서 하늘에 왕좌를 놓으시고 온 세상을 다스리십니다.
여호와의 지으심을 받은 만물들이여,
그분이 다스리는 모든 곳에서 여호와를 찬양하십시오.

_ 시편 103편에서

### 살펴보기

하나님을 찬양하는 자의 죄를 용서하시고 질병을 고치신다.
생명을 구원하시고 사랑과 자비를 베풀어주신다.
삶에 새로운 힘을 주시고 소원을 들어주신다.
세상의 약한 자를 위해 이 땅에 정의와 공평을 주신다.
우리가 지은 죄에 대해 지은 대로 벌 내리지 않으신다.
마치 아버지가 자녀를 다루 듯 사랑하신다.
덧없는 풀과 같은 인생을 사랑해주신다.
그러니 자, 하나님을 찬양하자.
하나님께 지음 받은 만물들은 하나님을 찬양한다.

### 생각하기

**내가 지은 죄를 고백하고 죄 용서의 확신을 하는가?**
'만일 우리가 죄를 자백하면 그는 미쁘시고 의로우사 우리 죄를 용서하시며
우리를 모든 불의에서 깨끗하게 하실 것이요.' (요한1서 1:9)
이 말씀에 확신이 있어야 한다.
**내가 가진 질병에서 고침을 받은 적이 있는가?**
'믿음의 간구는 병든 자를 구한 것이니.' (약 5: 15)
'네가 낫기를 원하느냐? 네 믿음대로 될 것이다.' (요 5: 6)
**내 소원을 들어주신 기쁨이 있는가?**
'또 여호와를 기뻐하라. 네 마음의 소원을 이루어 주시리로다.' (시 37: 4)

### 적용하기

'우리 하나님을 찬양합시다.' 하면 '오, 예' 하고 곧장 찬양하는가?
아니면 '그래, 무엇을 찬양하지?' 하는가?
매일 내가 하나님을 찬양해야 할 이유를 기록해보면 어떨까?
**그동안 내가 자주 넘어짐에도 불구하고 지금의 내가 있다면**
**그것은 하나님이 내게 베푸신 은혜 덕분이다.**
내가 좇는 인생의 모든 것이 들꽃처럼 사라지겠지만
하나님께서 날 사랑하시는 것과 내가 하나님을 사랑하는 것은 남을 것이다.
예배 때마다 손을 들어 하나님을 찬양하는 자가 되자.
하나님을 찬양함은 내 모든 삶의 유익이다.

## 시편 살펴보기

| | 예배의 노래 | 국가적 중대사의 찬송 | | 찬양의 축가 | |
|---|---|---|---|---|---|
| 구분 | 제1권 | 제2권 | 제3권 | 제4권 | 제5권 |
| 본문 | 시 1-41편 | 시 42-72편 | 시 73-89편 | 시 90-106편 | 시 107-150편 |
| 시의 수 | 41 | 31 | 17 | 17 | 44 |
| 주제 | 인간과 창조 | 구원 | 예배와 성소 | 광야와 방황 | 성경과 찬양 |
| 저자 | 다윗 | 다윗/고라 | 아삽 | 미상 | 다윗 |
| 편집자 | 다윗 | 히스기야 | 요시야 | 에스라 | 느헤미야 |
| 편집시기 | BC 1020-970 | BC 970-610 | | BC 430까지 | |
| 저술기간 | 약 1,000년(BC 1410-430년) | | | | |

시편 100편에서
온 땅이여, 여호와께 기쁨으로 외쳐라.
즐거운 마음으로 여호와를 섬기고 노래하며 그 앞에 나아가라.
여호와가 하나님이라는 사실을 알아라.
그가 우리를 만드셨으니 우리는 그의 백성이요, 그가 기르시는 양이다.
… 여호와는 선하시고 그의 사랑은 영원하며 그의 성실하심은 대대에 이른다.

• **잠자기 전의 암송**
4:8 내가 평안히 눕고 자기도 하리니 안전히 살게 하시는
이는 오직 여호와이시니이다.

• **아침에 기도할 때 암송**
5:3 여호와여 아침에 주께서 나의 소리를 들으시리니
아침에 내가 주께 기도하고 바라리이다.

• **낮에 활동하는 동안 암송**
11:4 … 여호와의 눈이 인생을 통촉하시고 그의 안목이 나를 감찰하시도다.

• **예배당에 와서 암송**
27:4 … 내 평생에 여호와의 집에 살면서
여호와의 아름다움을 바라보며 사모하는 그것이라.

• **확신을 주는 암송**
91:4 하나님이 이르시되 그가 나를 사랑한즉 내가 그를 건지리라.
그가 내 이름을 안즉 내가 그를 높이리라.

## 44 너와 나의 행복을 위하여

이스라엘의 왕, 다윗의 아들, 솔로몬의 잠언입니다.
이 글은 지혜와 교훈을 얻게 하고, 슬기로운 가르침을 깨닫게 하고,
훈련과 지혜로운 생활을 얻게 하고, 의롭고, 올바르고, 정직한 삶을 살고,
어리석은 자들에게는 사리 분별력을 주고,
젊은이에게는 체험적인 지식과 옳은 것을 깨닫는 능력을 주기 위함이다.
지혜로운 사람은 듣고 학식을 더할 것이며
지각 있는 자는 모략을 얻을 것이다.

여호와를 경외하는 것이 지식의 시작이지만,
어리석은 자들은 지혜와 교훈을 멸시한다.
내 아들아, 네 아버지의 교훈을 듣고 네 어머니의 가르침을 배척하지 말라.
내 아들아, 죄인들이 너를 유혹하더라도 따르지 말라.
내 책망을 듣고 너희가 회개하면, 내가 내 영을 너희에게 부어 주고,
내 말들을 너희에게 깨닫게 해 줄 것이다.

내가 부를 때에 너희는 나를 배척했고,
내가 손을 펼쳤을 때에 너희는 들은 척도 하지 않았다.
너희는 내 조언을 무시하고, 내 책망을 받아들이지 않았다.
그러므로 나도 네가 재앙을 만날 때에 비웃고,
두려운 일이 너를 덮칠 때에 조롱할 것이다.
미련한 자들은 제멋대로 행동하다 죽고,
어리석은 자들은 태만히 행하다가 망할 것이다.

그러나 순종하는 자들은 안전하게 해를 걱정하지 않고 평안할 것이다.
지혜가 네 마음에 들어가고, 지식이 네 영혼을 달콤하게 만들 것이다.
너의 분별력이 너를 지키며, 총명이 너를 보호할 것이다.
정직한 사람은 땅에서 잘 되고, 흠 없는 사람은 성공한다.

내 아들아, 내 가르침을 잊지 말고, 네 마음에 소중히 간직하여라.
그렇게 하면, 너는 오래 살고, 성공하게 될 것이다.
너는 성실과 사랑을 절대 버리지 말고,
그것을 네 목에 걸고 네 마음판에 잘 새겨라.

그리하면 네가 하나님과 사람 앞에서 은총과 칭찬을 받을 것이다.

네 마음을 다하여 여호와를 신뢰하고, 절대로 네 슬기에 의지하지 말라.
너는 네 모든 길에서 그분을 인정하여라.
그러면 그분이 너의 길을 형통하게 만들어 주실 것이다.

스스로 지혜로운 체하지 말고, 여호와를 경외하고 악한 일은 피하여라.
그것이 네 몸을 치료하고 네 뼈들을 윤택하게 해 줄 것이다.
네 재물과 네 수확물의 첫 열매를 드려 여호와를 공경하여라.
그러면 네 창고들이 차고 넘치며 네 포도주 통들이 가득 찰 것이다.

여호와의 징계를 멸시하지 말고, 그의 책망을 언짢게 여기지 말라.
여호와께서는 자신이 사랑하는 자들을 징계하시되,
아버지가 사랑하는 아들에게 하는 것과 같이 하신다.

네게 행할 능력이 있거든 도움이 필요한 사람에게 기꺼이 도움을 주어라.
네게 지금 물건이 있다면
네 이웃에게 '갔다가 다시 오게나. 내일 주겠네.'라고 말하지 말라.
네 이웃이 평안히 네 곁에서 살거든, 네 이웃을 해칠 음모를 꾸미지 말라.
너에게 해를 끼치지 않은 사람을 아무 까닭 없이 비난하지 말라.

악한 사람들의 길에 발도 들여 놓지 말고 악인들의 길로 다니지 말라.
그 길을 피하고 그 길에 서지 말라. 그 길에서 돌이켜 지나가라.
의인의 길은 동틀 때의 햇살 같아서 점점 환해져 정오의 해같이 될 것이다.
악인들의 길은 짙은 어둠 같아서 무엇에 걸려 넘어졌는지도 모른다.

무엇보다 네 마음을 지켜라.
이는 생명의 근원이 마음에서부터 흘러나오기 때문이다.
더러운 말을 피하고 거짓말을 하지 말라.

_ 잠언 1장부터 4장에서

### 살펴보기

잠언은 모두 31장으로 기록되어 있다.

**잠언은 지혜롭게 인생을 사는 법을 가르쳐준다.**

몇 가지 내용을 간추리면 다음과 같다.

- 지식의 근본은 하나님이다.
- 불이익을 얻기 위해 악한 꾀를 따르지 말라.
- 어떤 삶의 현장이든 귀 기울이면 지혜를 들을 수 있다.
- 지혜를 구하는 자에게 꾸짖지 않고 주신다.
- 성적인 유혹에서 벗어나라.
- 미래, 건강, 장수, 재물 등에 있어 하나님을 의뢰하고 의지하고 인정해라.
- 다른 사람과의 관계에서 선을 베풀어라.
- 무엇보다 생명의 중심인 마음을 지켜라.
- 말씀으로 채워 간직하고 따르라.

### 생각하기

잠언의 한자어는 箴言바늘 같이 찌르는 말씀이다.

**사실 불신앙의 시대와 세대에서 신자로 사는 것은 쉽지 않다.**

삶의 현장에서 쉽게 만나는 여러 가지 문제들이 있다.

어떻게 살아야 할지에 대한 실제적 지침서이기도 한다.

시, 비유, 질문, 이야기, 격언들을 사용해 쉽게 전해준다.

**세상을 살아갈 때에 지혜에 분별력과 판단력은 필수이다.**

의인과 악인, 교만과 겸손, 가난과 부, 재물, 게으름, 친구, 이웃,
남녀관계, 성범죄, 주인과 종 등 각 분야를 다룬다.

**잠언은 율법이 아니지만 율법을 실제 삶에서 어떻게 적용하는가를 일러준다.**

### 적용하기

**잠언의 내용은 결국 인간의 행복에 대한 것이다.**

**나만의 행복이 아닌 공동의 사회의 행복을 다룬다.**

그것은 여호와의 지혜를 따를 때에 자연적으로 따라온다.

이는 부모에게서 자녀에게 전수되어져야 할 말씀이다.

몇 천 년의 시간을 넘어서도 똑같은 삶의 진수이다.

자녀와 같이 가족이 매일 한 장씩 읽을 수 있다. 필사를 해도 좋다.

## 잠언의 주옥같은 말씀들

• **남을 도와줄 것** (3:27), (19:17)
네 손이 선을 베풀 힘이 있거든 마땅히 받을 자에게 베풀기를 아끼지 말라.
가난한 자를 불쌍히 여기는 것은 여호와께 꾸어 드리는 것이니
그의 선행을 그에게 갚아 주시리라.

• **마음을 지키기** (4:23)
모든 지킬 것 중에 네 마음을 더욱 지키라 생명의 근원이 이에서 남이니라.

• **지혜의 근본** (9:10)
여호와를 경외함이 지혜의 근본이요 거룩하신 자를 아는 것이 명철이니라.

• **말조심** (10:19)
말이 많으면 허물을 면하기 어려우나 그 입술을 제어하는 자는 지혜가 있느니라.

• **친구** (17:9)
허물을 덮어 주는 자는 사랑을 구하는 자요
그것을 거듭 말하는 자는 친한 벗을 이간하는 자니라.

• **혀의 권세** (18:21)
죽고 사는 것이 혀의 힘에 달렸나니
혀를 쓰기 좋아하는 자는 혀의 열매를 먹으리라.

• **불화** (21:19)
다투며 성내는 여인과 함께 사는 것보다 광야에서 사는 것이 나으니라.

• **재물** (23:5)
정녕히 재물은 스스로 날개를 내어 하늘을 나는 독수리처럼 날아가리라.

• **여인** (31:30)
고운 것도 거짓되고 아름다운 것도 헛되나
오직 여호와를 경외하는 여자는 칭찬을 받을 것이라.

## 45 사람이 사람답게 - 모두의 행복

마음의 계획은 사람이 세우지만, 그 일을 이루시는 분은 여호와이시다.
사람의 행위가 자기 보기에는 깨끗하여도 여호와께서는 마음을 살피신다.
**너의 일을 여호와께 맡겨라. 그러면 너의 계획이 성공할 것이다.**

**여호와께서 모든 것을 자기 목적대로 지으셨나니**
악인은 재앙의 날을 위해 만드셨다.
마음이 교만한 자는 여호와께서 미워하시며 반드시 그들을 처벌하신다.
사랑과 신실함으로 죄를 용서받고 여호와를 경외함으로 악을 멀리하게 된다.

사람의 행위가 여호와를 기쁘시게 하면, 그의 원수까지도 화목하게 하신다.
적은 재물로 의롭게 사는 것이 부정하게 얻은 재물로 사는 것보다 낫다.
사람이 자기 마음에 앞날을 계획해도, 그 걸음을 정하시는 이는 여호와이시다.

교만은 파멸의 선봉장이고, 거만한 마음은 넘어짐의 앞잡이이다.
가르침에 순종하는 사람은 잘 되며 여호와를 신뢰하는 자는 복이 있다.
부드러운 말은 송이꿀과 같아서 영혼에 달며 뼈를 치료한다.
백발은 영예로운 면류관이니 의로운 삶을 통해 얻는다.
**노하기를 더디 하는 사람은 용사보다 낫고,**
**자기를 다스릴 줄 아는 자는 성을 정복하는 자보다 낫다.**

마른 빵 한 조각만 있어도 화목한 것이
먹을 것을 많이 차려 놓고 싸우는 집안보다 낫다.
도가니가 은을, 풀무가 금을 녹이듯 여호와는 사람의 마음을 시험하신다.
가난한 자를 비웃는 사람은 그를 만드신 분을 멸시하는 것이며,
남이 망하는 것을 기뻐하는 사람은 절대 벌을 면치 못할 것이다.

다툼의 시작은 댐의 작은 구멍과 같으니
싸움이 일어나기 전에 따지기를 그만두어라.
친구는 변함없이 사랑하고 형제는 어려울 때에 돕는다.
**지혜롭지 못한 사람은 남의 보증을 서 주고 자기 이웃의 보증인이 된다.**

어리석은 자를 자식으로 둔 자는 근심하고,
바보 자식을 둔 아버지에게는 도대체 즐거움이 없다.
**마음이 즐거우면 신체가 건강하나 영이 상하면 뼈가 마른다.**
악인은 은밀히 뇌물을 받고 재판을 잘못되게 한다.
어리석은 자식은 아버지에게 근심을 주고 어머니에게는 고통을 안겨 준다.
이기적인 자는 자기만 생각하고 남의 도움을 무시한다.
어리석은 자는 명철에 도무지 관심이 없고 자기 생각만 떠벌린다.

고자질은 맛있는 음식 같아서 마음 깊이 남는다.
**마음의 교만은 멸망의 선봉장이요, 겸손은 존귀의 앞잡이다.**
듣기 전에 대답하는 자는 미련하여 수치를 당한다.
사람의 영이 병을 이기게 하는데 영이 상하면 어떻게 할 수 있을까?

혀는 살리기도, 죽이기도 하는 힘을 가졌으니
혀를 놀리기 좋아하는 자는 그 대가를 받을 것이다.

**아내를 얻은 자는 행복을 찾은 자요, 여호와께 은총을 입은 자이다.**
가난한 자는 긍휼을 구하나, 부자는 거만하게 말할 뿐이다.
친구인 척하는 자도 많지만, 어떤 친구는 형제보다 낫다.

_ 잠언 16장부터 18장에서

## 살펴보기

하나님께서는 우리가 사는 모든 삶에 개입하신다.
계획은 내가 세워도 응답은 하나님께 있다. 하나님께 맡기는 것이 상책이다.
하나님께서 싫어하시는 사람이 있다.
'마음이 교만한 자, 미련한 자, 불량배, 비뚤어진 사람, 사악한 사람, 거짓말하는 자, 남이 망하는 것에 기뻐하는 자, 배은망덕한 자, 다투는 자, 이기적인 자, 자기 일을 게을리 하는 자, 혀를 놀리기 좋아하는 자.'
하나님의 요구는 언제나 나라, 이웃, 함께 사는 공동체이다.
**자기 백성이 존재하는 곳에 하나님의 사랑과 공의가 시행되기를 원하신다.**

## 생각하기

가장 지혜롭게 세상을 사는 방법은 하나님을 경외하는 것이다.
하나님을 경외한다는 것은 하나님의 말씀을 듣는 것이다.
어디에서나 어떤 상황에서나 하나님을 경외하는 것이다.
난감할 때도, 이해할 수 없을 때에도, 차마 이런 것까지, 이건 내가 다 아는 거야. 그럴 때에도 하나님의 지혜를 묻는 것이다.
말씀은 어디엔가 감추어져 있어 적당한 때에 들린다.
사람들이 사는 현장이라면 어디서든 하나님께서는 살아계신다.
**하나님 앞에서, 하나님 얼굴 앞에서 사는 것은 세상 사람들 앞에서 하나님을 예배하는 자세로 사는 것이다.**

## 적용하기

내가 하나님이 싫어하시는 모양을 갖고 있지 않는가?
그러면서 은혜와 응답을 기다린다는 것은 어불성설이다.
**또 하나님의 말씀을 잘 모르면서 '아는 척'으로 살지 않는가?**
**교회의 직분은 결코 하나님을 아는 지식에 비례하지 않는다.**
자꾸 박쥐같은 신앙으로 언저리에 있으면 지혜로울 수 없다.
지혜도 찾는 자에게 보이고 들린다.
하나님의 목표는 사람이 사람답게 사는 것이다.
**'너의 분별력을 내려놓아라. 나 여호와를 신뢰해라.**
**너의 먹고 마시는 것에서부터 어떤 특별한 일이든 나를 인정해라.**
**너 자신을 스스로 지혜롭게 여기지말라. 나를 경외해라.**
**네 모든 삶의 주인 됨 누구인가? 나를 공경하라'**

## 이스라엘의 역사

| | | |
|---|---|---|
| BC 1050 | 사울 | 통일왕국 시대, 1,017-사울전사 |
| 1040 | 다윗 | 출생, 1020 다윗과 골리앗 |
| 1003 | 다윗 | 통일왕국, 991-다윗간음죄 |
| 990 | 솔로몬 | 출생 |
| 979 | 압살롬 | 반란 |
| 973 | 블레셋 | 침입, 다윗의 인구조사, 970-다윗 죽음 |
| 966 | 솔로몬 | 성전기공, 959-성전완공 |
| 931 | 솔로몬 | 죽음, 왕국분열 |
| 931-913 | 르호보암 | 유다왕 등극 |
| 931-910 | 여로보암 | 북이스라엘 왕 등극 |
| 875 | 엘리야 | 사역 시작 |
| 874-853 | 아합 | 이스라엘 왕 등극 |
| 848 | 엘리사 | 사역 시작 |
| 793 | 요나 | 사역 시작 |
| 760 | 아모스 | 사역 시작 |
| 759 | 요나 | 니느웨 전도 |
| 746 | 호세아 | 사역 시작 |
| 740 | 이사야 | 사역 시작 |
| 722 | 호세아왕 | 북이스라엘 멸망-마지막 왕 |
| 715-686 | 히스기야 | 종교개혁 |
| 714 | 산헤립 | 앗수르왕 산헤립 예루살렘 입성 |
| 627 | 예레미야 | 사역 시작 |
| 612 | 니느웨 | 앗수르의 멸망 |
| 608 | 하박국 | 사역 시작 |
| 605 | 다니엘 / 포로 | 갈그미스 전투 / 바벨론 1차 침입 |
| 598 | 바벨론 | 바벨론 2차 침입 |
| 593 | 에스겔 | 바벨론 멸망에 대한 예언 |
| 586 | 유다 | 완전 함락 / 바벨론 3차 침입 |
| 580 | 다니엘 | 풀무불에 던짐 / 바벨론시대 |
| 559 | 고레스 | 바사(페르시아)왕 등극 |
| 537 | 스룹바벨 | 1차 귀환 |
| 536 | 성전재건 | 시작, 516년 성전 완공 |
| 522 | 다리오 | 바사왕 즉위 |
| 486 | 아하수에로 | 바사 통치 |
| 473 | 에스더 | 부림절 선포 |
| 458 | 에스라 | 2차 귀환 |
| 444 | 유다인 | 3차 귀환 / 느헤미야에 의해서 |
| 435 | 말라기 | 사역 시작 |

## 46 170년, 500년, 2,000년 뒤

"내 백성아, 내 말을 들어라. 이스라엘아, 내 말에 귀를 기울여라.
내게서 가르침이 나오며 내 정의가 온 백성의 빛이 될 것이다.
내가 곧 나의 의로움을 드러내겠고 곧 너희를 구원하겠다.
내가 능력으로 모든 민족을 심판하겠다."

여호와께서 자유를 주신 백성이 돌아 올 것입니다.
그들이 기뻐하며 시온으로 올 것입니다. 그들의 행복이 영원할 것이며
기쁨과 즐거움이 넘치고 슬픔과 고통은 사라질 것입니다.

주 여호와, 곧 자기 백성을 위해 싸우시는 하나님께서 말씀하셨습니다.
"너에게 준 진노의 잔, 네가 마시고 비틀거렸던 그 잔을 거두어들이겠다.
다시는 네가 그 잔을 마시지 않을 것이다.
내가 이제 그 고난의 잔을 너에게 고통을 준 사람들에게 마시게 하겠다."

"깨어라, 깨어라, 시온아! 힘을 내어라.
거룩한 성 예루살렘아, 다시 아름다운 옷을 입어라.
할례받지 않은 자와 부정한 사람이 다시는 네게로 들어가지 못할 것이다.
한때 포로였던 예루살렘아, 이제는 티끌을 털어 버리고 일어서라.
한때 포로였던 딸 시온아, 이제는 네 목의 사슬을 풀어 버려라.
너희가 값없이 포로로 팔려 갔으니, 값없이 구원 받을 것이다."

"아름다워라. 기쁜 소식을 가지고 산을 넘어오는 사람이여.
아름다워라. 평화를 선포하며, 좋은 소식을 가져오고,
구원을 선포하는 사람이여. 아름다워라.
여호와께서 시온으로 돌아오실 때, 그 모습을 눈으로 직접 볼 것이다."

"너희가 바빌론에서 나올 때 황급히 빠져 나오지 않아도 된다.
도망치듯 나오지 않아도 된다. 여호와께서 너희 앞에서 가실 것이다.
이스라엘의 하나님께서 뒤에서 너희를 지켜 주실 것이다."

"우리가 들은 것을 누가 믿었느냐? 여호와의 팔이 누구에게 나타났느냐?"
"그는 여호와 앞에서 부드러운 새싹처럼,
메마른 땅에서 자라는 나무줄기처럼 자라났다.
그에게는 아름다움도 없었고, 우리의 눈길을 끌 만한 위엄도 없었다."

"그는 사람들에게 미움과 멸시를 받았으며, 아픔과 고통을 많이 겪었다.
사람들은 그를 바라보려 하지도 않았다.
그는 미움을 받았고, 우리 가운데 아무도 그를 귀하게 여기지 않았다."

"정말로 그는 우리의 질병을 짊어지고, 우리의 아픔을 대신 겪었다.
우리는 그가 하나님께 벌을 받아서 고통을 당한다고 생각했다.
그러나 그가 상처 입은 것은 우리의 허물 때문이고,
그가 짓밟힌 것은 우리 죄 때문이다. 그가 맞음으로 우리가 평화를 얻었고,
그가 상처를 입음으로 우리가 고침을 받았다."

"우리는 모두 양처럼 흩어져 제 갈 길로 갔으나,
여호와께서 우리의 모든 죄 짐을 그에게 지게 하셨다.
그는 매를 맞고 고난을 당했으나,
마치 도살장으로 끌려가는 어린 양과 같이 아무 말도 하지 않았다.
털을 깎이는 양과 같이 잠잠하고 입을 열지 않았다."

"사람들이 정의를 짓밟고 그를 거칠게 끌고 갔다.
살아있는 사람들의 땅에서 그가 끊어졌으니,
어느 누가 자기들의 죄 때문에 그가 죽임을 당했다고 생각하겠는가?
그는 악한 일도, 거짓말을 한 적이 없는데도 악한 사람들과 함께 묻혔으며,
그의 무덤이 부자들 사이에 있었다."

"그러나 그에게 상처를 입히고 고통을 준 것 또한 여호와의 뜻이었다.
여호와께서 그의 목숨을 죄를 씻는 제물, 속죄 제물로 삼으셨다."

_ 이사야 51장부터 53장에서

### 살펴보기

이사야(BC 740~680경)의 예언은 바벨론 포로에서의 해방이다. (BC 586)
적어도 100년 후에 있을 이스라엘의 이야기이다.
'하나님은 아브라함에게 후손을 약속하셔서 큰 민족을 이루었다.
이제 황폐한 예루살렘을 에덴동산 같이 회복시키겠다.
창조자이고 구원자이신 하나님이 자기백성을 구원할 것이다.
이제 깨어나라 예루살렘아. 절망과 폐허의 예루살렘아!
내가 너를 데려오겠다.
이집트를 열 가지 재앙과 이적으로 심판하듯이 바벨론을 멸망시킬 것이다.
예루살렘에 여호와께서 입성하실 것이다.
바벨론에 어떤 미련도 갖지 말고 떠날지어다.
이 일은 우연이 아니라 고난당한 종으로 인해서이다.'

### 생각하기

종은 하나님의 능력의 팔이다. 보기에는 고운 모양도 흠모할 것도 없다.
오히려 멸시와 버림을 받아 얼굴을 가린다.
그가 찔리고 상처입고 고난 받는 이유가 있다.
'그것은 너희들의 잘못이다. 너희 대신 고통과 슬픔을 졌다.
그가 찔림은 …, 그가 상함은 … 그 결과 너희는 평화를 입었다.
**너희는 양 같이 그릇 행하여 제 각각의 길로 갔다.**
그는 부자들 사이에 묻힌다. 그를 속죄 제물 삼아 너희를 구해냈다.'
신약의 예언대로 예수그리스도는 고난 받았다.

### 적용하기

아직 유다는 멸망 전이다. 100년 뒤에 망하고, 70년 뒤에 돌아올 것이다.
포로로 끌려갈 나라를 바벨론이라고 하신다.
고난 받는 종은 그로부터 500년 뒤의 이야기이다.
하나님이 경륜하시는 세상이다.
우리는 우리시대의 역사를 결코 다 이해하지 못한다.
어찌 100년 뒤, 500년 뒤의 세계 경륜을 알 수 있겠는가?
하나님은 자기 백성의 현재와 장래 모두를 손바닥 보듯 아신다.
내 인생을 그렇게 다 아신다.

**'너희는 가만히 있어 내가 하나님 됨을 알지어다.'** (시 46:10)

## 구약성경에 예언된 예수

- 아담에게 약속된 메시아그리스도 (창 3:15)
- 아브라함과 유다의 후손으로 오실 메시아그리스도 (창 22:18, 49:10)

### 예수의 출생에 관한 예언 (사 7:14, 9:6)

- 이사야가 본 아기 그리스도 (사 7:14)
- 이사야 9:6 기묘자기이한 탄생: 성령과 동정녀 탄생, 모사자지혜와 지식이 가득하신 분, 전능하신 하나님예수님의 신성, 영존하시는 아버지성부 하나님과 동일, 평강의 왕하나님과 인류에게 평화
- 다윗의 자손 (사 11:1) 이새의 줄기에서 한 싹이 나며 그 뿌리에서 한 가지가 나서
- 그리스도가 태어나실 곳: 베들레헴 (미 5:2, 마 2:6)
- 동방 박사의 경배 예언 (사 60:3, 마 2:11)
- 예수 탄생 시 헤롯이 아이들을 살해 할 것을 예언함 (렘 31:15, 마 2:17-18)
- 애굽으로 피난 할 것을 예언함 (호 11:1, 마 2:15)

### 예수의 사역에 대한 예언

- 예수님의 온유하심과 관용에 대한 묘사 (사 42:2, 마 11:29)
- 예수님의 사역에 대한 예언 (사 61:1-3, 눅 4:16-21)
- 나귀 타고 예루살렘에 입성할 것을 예언 (슥 9:9, 막 10:16)

### 예수의 수난과 죽음에 대한 예언

- 고난 당하시는 그리스도 (사 53장)
- 그리스도의 죽음 예언 (단 9:26)
- 유다의 배신 예언 (시 41:9)
- 은 30냥이 토기장이에게 던져질 것을 예언 (슥 11:12-13, 렘 19장, 마 27:3-10)
- 예수가 죽게 되자 제자들이 흩어질 것을 예언 (슥 13:7, 마 26:31,56)
- 매를 맞고, 침을 뱉고, 수족이 찔릴 것을 예언 (사 50:6, 마 26:67, 시 22:16)
- 옷을 제비 뽑고 목말라 신 포도주 마실 것 예언 (시 69:21, 요 19:28-29)
- 엘리엘리라마 사박다니 (시 21:1, 마 27:46)
- 뼈가 꺾이지 않고 부자의 묘에 장사 (시 34:20, 슥 12:10, 사 53:9, 마 27:60)

### 예수의 부활에 대한 예언

- 예수의 부활 예고 (시 16:10-11, 사 53:10-11)

## 47 나를 선택하신 목적은

요시야의 아들 여호야김이 유다 왕이 되어 다스리던 때에도
여호와께서 예레미야에게 말씀하셨고,
그 후, 요시야의 아들 시드기야가 유다 왕이 되어
십일 년 동안 다스리고 있을 때에도 여호와께서 그에게 말씀하셨습니다.
그 해 다섯째 달에 예루살렘 사람들이 포로로 잡혀 갔습니다.

여호와: "나는 너를 네 어미 배 속에서 만들기 전부터 알았고,
네가 태어나기도 전에 너를 거룩하게 구별하여 예언자로 세웠다."
예레미야: "주 여호와여, 보십시오. 저는 너무 어려서 말할 줄을 모릅니다."
여호와: "너는 '아이 같다.'고 말하지 말라.
내가 너를 누구에게 보내든지 가서 네게 무슨 말을 명하든지 전하여라.
그들을 두려워하지 말라. 내가 너와 함께하여 너를 구해 주겠다."

여호와: "보아라. 이제 내 말을 네 입에 두겠다.
내가 북쪽에 있는 모든 나라 백성들을 불러들이겠다.
그들이 와서 예루살렘 성문 입구에 각각 자기의 보좌를 두고,
사방으로부터 예루살렘의 온 성벽과 유다의 모든 성을 칠 것이다."

"유다 사람들이 나를 저버리고 다른 신들에게 분향하며
자기 손으로 지은 우상을 섬기는 악한 짓을 했으므로 내가 심판하겠다.
그러므로 너는 허리띠를 조이고 일어나
내가 네게 명하는 모든 말을 그들에게 전하여라. 그들을 두려워하지 말라.
그들을 두려워하면 내가 너를 그들 앞에서 무서워 떨게 하겠다."

"보아라. 오늘 내가 너를 굳건한 요새와 같은 성으로,
쇠기둥으로, 놋성벽으로 만들겠다.
너는 유다의 왕들과 장관들과 제사장들과 이 땅의 백성들과 이 땅에 있는
그 누구와도 맞설 수 있을 것이다.
그들이 너와 맞서 싸우더라도 너를 이기지 못할 것이다.
이는 내가 너와 함께하여 너를 구할 것이기 때문이다. 나 여호와의 말이다."

_ 예레미야 1장부터 3장에서

## 살펴보기

예레미야는 약 50년(BC 627~580년)동안 유다의 선지자였다.
당대의 왕은 유다의 개혁군주 요시야(BC 640~609)이다.
친한 군주 요시야가 BC 609년 애굽의 바로느고에 의해 살해당한다.
후임 여호아하스는 3개월 통치 후 바로느고에 의해 애굽으로 끌려간다.
이런 시기에 예레미야가 부름 받는다. 활동 영역은 유다에서 열방까지이다.
자신은 아직 젊다며 예레미야는 거절한다.
하나님께서 그를 설득하신다. '내가 너와 함께 할 것이다.'
그리고 손을 내밀어 예레미야의 입술에 하나님의 말씀을 담아둔다.
상징적인 행동으로 예언자의 입술을 정화하는 것이다.

## 생각하기

하나님의 선택에 특별한 조건이 있지 않다.
아브라함도, 모세도, 다윗도, 예레미야도 그렇다.
**하나님께서 자신의 사역을 맡기실 때, 여러 가지 어려움과 반대가 있다.**
그러나 감당하도록 하나님께서 예비하시고 동행하신다.
'그들이 너를 치나 내가 함께하여 너를 구원할 것이다.'
우리 그리스도인의 삶이 일사천리는 아니다.
갖가지 시련과 난관을 보통 사람과 똑같이 만날 것이다.
그런데 그 안에서 이겨낼 힘을 신앙으로 주실 것이다.

## 적용하기

하나님께서 나를 찾아오시는 순간 우리의 인생은 바뀐다.
**주인이 나에게서 하나님으로 바뀐다. 아직도 나는 '내 인생은 나의 것'인가?**
하나님의 부르심은 명령만 하시지 않는다.
그 일은 신자 됨을 감당하도록 능력도, 시간도, 사람도 붙이신다.
능력을 거부하고, 주신 시간은 버리고, 주신 사람마저 외면하지 않는가?
내게도 예레미야에게 하신 말씀이 그대로 임한다.
'내가 너를 네 어미 뱃속에서 만들기 전부터 알았다.'
'네가 태어나기 전에 너를 거룩하게 구별하였다.'
**나를 택하신 목적은 무엇일까? 나에게 주신 사명은 무엇일까?**
**그것을 위해 하나님은 나에게 임마누엘이 되실 것이다.**

## 48 어떤 모함에도 자기 길을 가는

다리오는 총독 백이십 명을 세워 나라 전체를 다스려야겠다고 생각했습니다.
그들 위에 또 총리 세 명을 세웠는데 다니엘도 그 중 한 사람이었습니다.
다니엘은 다른 총리나 총독들보다 더 뛰어났기 때문에
왕은 그에게 나라 전체를 맡기려 했습니다.

그러자 다른 총리와 총독들이 다니엘을 시기하여 고소하려 했지만
그의 잘못을 찾을 수 없었습니다. 그들이 모여 왕에게 말했습니다.
"다리오 왕이시여, 삼십 일 동안 왕 이외에 기도 하는 자가 있으면
누구든지 사자굴에 넣어야 합니다. 왕이시여, 이 법을 세우십시오."
다리오 왕은 법을 세우고 거기에 도장을 찍었습니다.

다니엘은 새 법을 알고도 여전히 하루에 세 번씩 하나님께 기도했습니다.
사람들: "다니엘이 법을 무시하고 자기 하나님께 기도합니다."
왕은 다니엘을 구하고 싶어 해가 질 때까지 구할 방법을 찾으려 애썼습니다.
사람들: "왕이시여, 한번 법이나 명령을 내리면 다시 고칠 수 없습니다."
그래서 다리오 왕은 명령을 내려 다니엘을 붙잡아 사자굴에 넣게 했습니다.
왕: "네가 늘 섬기던 너의 하나님이 너를 구해 주실 것이다."

이튿날 아침, 다리오 왕은 새벽에 일어나 급히 사자굴로 가 보았습니다.
왕: "살아 계신 하나님의 종 다니엘아, 너의 하나님이 구해 주셨느냐?"
다니엘: "나의 하나님께서 천사들을 보내셔서 사자들의 입을 막으셨습니다.
왕이시여, 나는 왕에게 잘못한 일이 없습니다."
다니엘이 하나님을 믿었기 때문에 몸에는 아무런 상처도 없었습니다.
왕은 다니엘을 고소한 사람들과 그 아내와 자녀들까지 사자굴에 넣었습니다.

왕이 모든 사람들에게 조서를 내렸습니다.
'너희에게 평안이 넘치기를 원하노라. 내가 새 법을 세운다.
내 나라에 사는 백성은 다니엘의 하나님을 두려움과 떨림으로 섬겨야 한다.
다니엘의 하나님은 살아 계신 하나님이시며 영원히 사시는 분이시다.'
다니엘은 다리오 왕과 페르시아 사람 고레스 왕의 시대에 형통했습니다.

_ 다니엘 6장에서

## 살펴보기

다니엘은 BC 605년 바벨론이 유다를 침공했을 때 포로로 끌려온다.
바벨론에서 제국의 서열 3위까지 오른다. 페르시아에게 바벨론이 망한다.
페르시아 왕국에서도 다니엘은 총리 셋 중 하나로 임명받는다.
심지어 왕은 나라 전체를 맡기려한다.
그러나 시기한 자들이 다니엘을 끌어내리려 음모와 간계를 꾸민다.
아무리 흠을 찾아도 찾지 못한 그들은 다니엘의 신앙에 그물을 친다.
다니엘은 알면서도 자신의 신앙행동을 고수한다.
모략대로 사자굴에 넣었지만 다니엘은 걸어 나온다.
오히려 모함하던 자들은 자신의 가족들까지 사자밥이 된다.

## 생각하기

다니엘은 무슨 일을 하든 하나님께 하듯 진심이다.
당대의 왕은 신적존재였다. 왕에게 예배하고 기도하는 것이 가능했다.
평소대로 기도하면 사자굴에 던져진다는 것을 다니엘이 모를 리 없다.
다신교 사회인 우리 시대에서도 신앙을 고수한다는 것은 쉽지 않다.
**일반 사회문화라는 미명아래 신앙을 내려놔야 할 때가 많다.**
**그때 자그마한 잘못과 범죄가 있으면 일반인보다 더 크게 부각된다.**
**사탄은 언제나 성도들을 넘어뜨리고 하나님과의 이간질을 한다.**

하나님은 사자를 부리시며 산 자의 하나님이심을 보이신다.
동물도, 바벨론도, 페르시아도 모두 하나님의 통치 아래 있다.

## 적용하기

하나님의 자녀들은 이유 없이 애매한 고난을 만난다.
그 때, 억울함을 호소하는 것 보다 선을 행하는 것이 낫다.
우리는 일상(직장, 일터, 가정)에서도 최선을 다해 살아야 한다.
각 분야에서 자기의 주어진 일에 인정을 받아야 한다.
하나님이 나를 높여 주시면 그곳에서 나를 통해 하나님이 하실 일이 있다.
그 때 세상 사람들 앞에서 온전한 신앙적인 삶을 살아야 한다.
**어떤 모함에도 의연히 자기 길을 가면서 신앙을 지키는 것이다.**
**하나님께서 때를 따라 돕는 은혜로 도우실 것이다.**
**그리하면 내 생명 세상 끝날까지 절대 신앙을 유지할 수 있을 것이다.**

## 49 어떻든 뜻은 이루어진다

여호와께서 아밋대의 아들 요나에게 말씀하셨습니다.
"일어나 큰 성 니느웨로 가서 외쳐라. 그들의 죄가 내 앞에까지 이르렀다."
그러나 요나는 여호와를 피해 다시스로 도망쳤습니다.
여호와께서 바다 위에 큰 바람을 보내시니 배가 부서졌습니다.
뱃사람들은 두려움에 빠져 각자 자기 신에게 부르짖었습니다.
선장: "어찌하여 잠을 자고 있소? 일어나서 당신의 신에게 부르짖으시오."
사람들이 제비를 뽑았는데, 요나에게 뽑혔습니다.
요나: "나는 히브리 사람입니다.
나는 바다와 땅을 지으신 하늘의 하나님, 곧 여호와를 섬기는 사람입니다.
나를 바다에 던져 넣으십시오. 그러면 바다가 잔잔해질 것입니다."

요나가 던져지자, 여호와께서는 매우 큰 물고기가 요나를 삼키도록 하셨습니다.
요나는 삼 일 밤낮을 물고기 배 속에 갇혀 있으면서 여호와께 기도했습니다.
물고기가 요나를 마른 땅 위에 뱉었습니다.

여호와: "일어나 큰 성 니느웨로 가거라. 내가 너에게 전하는 말을 외쳐라."
니느웨 왕: "누구라도 금식해라. 사람이든, 짐승이든 여호와께 부르짖어라."
하나님께서는 그들이 돌이키는 모습을 보시고 재앙을 내리지 않으셨습니다.
요나: "용서하실 줄 알았습니다. 그래서 내가 도망친 것입니다.
그러니 제발 나를 죽여주십시오. 사는 것보다 죽는 것이 더 낫습니다."
여호와: "네가 그렇게 화를 내는 것이 과연 옳으냐?"

요나가 성을 지켜볼 때 여호와께서 요나 위로 박넝쿨 그늘을 만드셨습니다.
이튿날 새벽녘에 하나님께서 보낸 벌레로 나무는 죽었습니다.
요나는 햇볕이 더워 온몸의 힘이 빠졌습니다. 그는 화가 났습니다.
요나: "내게는 사는 것보다 죽는 것이 더 낫습니다."
여호와: "네가 그 나무 때문에 화를 내는 것이 과연 옳으냐?
네가 심지도, 가꾸지도 않은 나무가 죽었다고 그렇게 아끼는데,
하물며 옳고 그름을 가릴 줄 모르는 사람이 십이만 명도 넘게 살고
짐승들도 수없이 많은 저 큰 성 니느웨를 내가 아끼지 않을 수 있겠느냐?"

_ 요나서 1장부터 4장에서

## 살펴보기

요나는 남북왕국시대 이스라엘 왕 여로보암2세(BC 782~753) 때 선지자이다.
북쪽에는 당대 중동의 패권 국가 앗수르제국이 있었다.
하나님께서 요나에게 앗수르의 수도 니스웨에 가라 하신다.
그러나 요나는 반대방향인 다시스[스페인]로 가는 배를 탄다.
하나님께서 풍랑이 일게 하여 배가 난파 직전에 이른다.
요나는 이 풍랑이 자신 때문인 것을 안다.
자신을 바다에 던지라는데 사람들은 그럴 수 없다며 안간힘을 다한다.
소용이 없어 요나를 바다에 던지자 바다는 잠잠해진다.
하나님께서 큰 물고기로 하여금 요나를 삼키고 3일간 뱃속에 있게 했다.
물고기가 회개하는 요나를 땅위에 뱉는다. 요나는 니느웨로 가서 멸망을 외친다.
당대에 있었던 전염병(BC 765~759), 일식(BC 763)은 그 예언을 도왔다.
백성도, 왕도 회개하니 하나님께서 재앙을 거두신다.

## 생각하기

요나는 하나님의 뜻을 잘 알았다. 그러나 요나의 뜻과는 다르다.
적국인 앗수르가 망해야하기 때문에 회개해서 용서받으면 안 되는 것이다.
그래서 도망을 간 것이다. 하지만 하나님은 우리에게 동의를 구하시지 않는다.
우리에게 요구하는 것은 하나님의 경외와 순종뿐이다.
요나의 불순종은 배 안에 있는 사람을, 순종은 니느웨 사람을 구원한다.
**구원을 위해 풍랑도, 큰 물고기도 자기 의중대로 쓰신다.**
**하나님의 뜻은 모든 사람이 구원을 받으며…. (딤전 2:4)**

## 적용하기

하나님께서는 요나에게 두 번째 기회를 준다.
나에게는 적어도 세 번 이상의 기회를 주셨을 것이다.
여전히 거역하거나, 딴청부리거나, 잠잠히 있는가?
**나의 불순종이 다른 사람을 위험하게 하고 누군가에게 피해를 준다.**
반대로 내가 하나님의 뜻에 따르면 나도, 누구도 하나님의 은혜를 입는다.

요나는 박넝쿨 하나에 기뻐하고 아낀다.
하나님은 수만 명의 니느웨 백성의 목숨을 아낀다.
지금 내가 아끼는 것은 무엇인가? 그것이 내 신앙보다, 하나님보다 귀한가?

## 50 나에 대한 변명 - But, 정확히 아신다

이것은 여호와께서 말라기를 시켜 이스라엘에게 하신 경고의 말씀입니다.

"아들은 그 아버지를 존경하고, 종은 그 주인을 존경한다.
나는 아버지다. 그러나 너희가 나를 언제 존경했느냐?
나는 주인이다. 그러나 너희가 나를 언제 존경했느냐?
하지만 너희는 묻기를 '우리가 언제 주를 업신여겼습니까?'라고 한다."

"너희는 내 제단에 부정한 제물을 가져옴으로 나를 업신여겼다.
하지만 또 묻기를 '우리가 언제 제물을 부정하게 했습니까?'라고 한다.
너희는 주의 제단을 업신여겨도 괜찮다고 생각했다.
너희는 눈먼 짐승을 제물로 바쳤다. 그것이 잘못된 것이 아니냐?
또 너희는 다리를 절거나 병든 짐승을 제물로 바치기도 했다.
그것이 잘못된 것이 아니냐? 그런 것을 너희 총독에게 바쳐 보아라.
그가 너희를 반갑게 맞이하겠느냐? 너희를 좋아하겠느냐?
그런 제물을 바치고도 나의 자비를 얻을 수 있겠느냐?"

**"누가 성전 문을 닫아 내 제단 위에 헛된 불을 피우지 못하게 하면 좋겠다.
나는 너희들을 좋아하지 않는다. 너희가 바치는 제물도 받지 않겠다.
나 만군의 여호와의 말이다."**

"제사장들아, 이것은 너희에게 하는 명령이다.
귀를 기울여 내가 하는 말을 잘 들어라. 내 이름을 존경하여라.
그렇게 하지 않으면 내가 너희에게 저주를 내리겠다.
너희 복을 저주하겠다. 너희가 내 말을 귀담아듣지 않았으므로
이미 너희 복을 저주했다. 내가 너희 자손을 심판하겠다.
너희가 절기 때 바친 제물의 똥을 너희 얼굴에 바르겠다.
그리고 너희를 그 똥과 함께 던져 버리겠다."

"유다 백성은 거짓을 행하고
그들은 여호와께서 역겨워하시는 일을 이스라엘과 예루살렘에서 저질렀다.
유다 백성은 여호와께서 사랑하시는 성전을 두려워하지 않았다."

유다의 남자들은 외국 우상을 섬기는 여자들과 결혼했다.
"너희가 저지른 짓이 또 있다.
여호와께서 너희 제물을 좋아하시지 않고, 받아 주시지 않는다고
여호와의 제단을 너희 눈물로 적셨다.
'왜 제물을 받지 않으십니까?'라고 물었다.
그것은 네가 결혼한 네 아내와 어떻게 지냈는지 다 보셨기 때문이다."

"언약으로 맺어진 네 동반자인 아내와의 약속을 어겼다.
여호와께서는 남편과 아내를 만드시고 둘이 한 몸과 영이 되어
하나님의 것이 되게 하셨다. 그러므로 마음에 새겨 두어라.
너희가 젊어서 결혼한 아내와 맺은 언약을 어기지 말라.
나는 이혼을 미워한다. 그러므로 조심하고 언제나 성실하여라."

"너희 조상 때부터 너희는 내 규례를 따르지 않고 지키지 않았다.
나에게로 돌아오너라. 그러면 나도 너희에게 돌아가겠다.
그러나 너희는 '돌아가려면 어떻게 해야 합니까?' 하고 묻는다.
어찌 사람이 하나님의 것을 훔치겠느냐? 그러나 너희는 나의 것을 훔쳤다.
그러고도 너희는 '우리가 언제 주 하나님의 것을 훔쳤습니까?'라고 하였다.
너희가 내게서 훔친 것은 십일조와 예물이다.
온 나라가 나의 것을 훔쳤으므로 너희에게 저주가 내렸다.
너희는 창고에 너희가 거둔 것의 십일조를 가져와
나의 집에 먹을 것이 있게 하여라. 그것으로 나를 시험하여라.
내가 하늘 문을 열고 너희가 쌓을 공간이 넘치도록 복을 붓지 않나 보라."

"뜨거운 용광로와 같은 날이 오고 있다.
그날 모든 교만하고 악한 사람이 지푸라기같이 완전히 타 없어질 것이다.
그러나 나를 섬기는 너희에게는 의로움이 해처럼 비출 것이다.
거기에서 치료하는 광선이 나올 것이다.
너희는 외양간에서 풀려난 송아지처럼 뛰놀 것이다."

_ 말라기 1장부터 4장에서

## 살펴보기

구약성경의 마지막 선지자는 말라기이다.
우리의 신앙이 무너지면 어떤 일이 일어나는지를 본다.
먼저 지도자, 교회 지도자들이 타락한다. 거짓된 예배 생활이다.
그리고 백성들의 위선과 불신이 깊어진다.
결혼과 이혼에 있어 문란한 생활과 사치, 탐욕이 극심해진다.
말라기 선지자는 그 시대에 경고한다. '내가 너희를 사랑하노라.' 하시면서.
"너희들에게서 진정으로 예배하는 자를 찾을 수 없다."
"그저 너희 중에 성전 문을 닫을 자가 있었으면 좋겠다."
"지도자들은 이미 그들의 사명을 상실했다."
"너희 절기의 똥을 너희 얼굴에 바를 것이다."
"너희는 잡혼, 중혼, 이혼 등으로 나와의 계약도 깨버렸다."
"나의 주권을 인정하는 예물십일조도 내지 않는다."

## 생각하기

반면 그 대안도 말씀하신다.
"하나님의 사랑을 의심하지 말라."
"하나님을 아버지로, 주인으로, 위대한 왕으로 공경하라."
"자기에게 주어진 사명과 책임을 잘 감당해라."
"모든 언약과 약속에 충실해라. 결혼언약에 충실해라."
"예배를 의무감으로 드리지 말고 진실함으로 드려라."
"세상에서 공의를 행하는 것, 나를 경외하는 것이다."

## 적용하기

나는 반문할 수 있다.
하나님이 나를 어떻게 사랑하시나? **'부정적이고 반사적인 삶.'**
내가 하나님의 이름을 멸시했나? **'헌금으로, 말과 행동으로 하나님 속임.'**
내 예배를 받지 않으신다? **'가정생활과 부부생활이 무질서 함.'**
내가 어떻게 하나님을 괴롭게 하나? **'신자로서 불평과 불만이 가득한 삶.'**
내가 무엇을 회개해야 하나? **'익숙해진 수많은 악한 관습과 관행.'**
내가 무슨 말로 하나님을 대적했나? **'수시로 불신하며 우상숭배를 함.'**
이런 질문으로 나의 불신앙을 타당화하지 않는가?

## 신약성경

신약은 언제부터일까 하면 마태복음부터입니다.
그런데 예레미야 31:31의 '새 언약'이라는 말에서 '신약'이라는 말이 나옵니다.

구약은 하나님이 예수그리스도가 오시기 전 인간의 구원에 대하여
인간과 맺으신 언약이라는 말입니다.
구약은 '율법의 언약'이라고 합니다.

신약은 그리스도께서 오신 후 인간의 구원에 대하여
하나님께서 인간과 맺으신 언약입니다.
신약은 그리스도를 통해 주시는 '은혜의 언약'이라고 합니다.

구약성경은 모두 39권입니다.
율법서 5권
역사서 12권
시가서 5권
선지서 17권

**신약성경은 모두 27권입니다.**
**복음서 4권**
**역사서 1권**
**서신서 21권**
**예언서 1권**

**신약은 인류의 구원자로 오신**
**예수 그리스도부터 인류의 종말까지의 기록입니다.**

# 51 하나님이 사람으로 내려오시다

태초에 말씀이 계셨습니다.
그 말씀은 하나님과 함께 계셨는데, 곧 하나님이셨습니다.
그분은 세상이 창조되기도 전에 하나님과 함께 계셨습니다.
모든 것이 그분을 통하여 지음을 받았습니다.
지음을 받은 것 중에서 어느 것 하나도 그분 없이 지어진 것이 없습니다.

그분 안에는 생명이 있습니다. 그 생명은 세상 사람들을 비추는 빛이었습니다.
그 빛이 어둠 속에서 빛을 발했지만, 어두움은 그 빛을 깨닫지 못했습니다.

하나님께로부터 보냄을 받은 요한이라는 사람이 있었습니다.
요한은 그 빛에 대해 증언하며
자기를 통해 모든 사람들이 믿음을 얻도록 보냄을 받은 사람입니다.
요한은 그 빛이 아니나,
사람들에게 그 빛에 대하여 증언하기 위해 왔습니다.

참 빛이 있었습니다. 그 빛은 세상에 와서 모든 사람을 비췄습니다.
참 빛이 되신 말씀이 세상에 계셨습니다.
세상은 그분을 통하여 지음을 받았는데도, 그분을 알지 못하였습니다.
그분은 자기의 땅에 오셨으나, 그의 백성들은 그분을 영접하지 않았습니다.
그러나 누구든지 그분을 영접하는 사람들,
그분의 이름을 믿는 사람들에게는 하나님의 자녀가 되는 자격을 주셨습니다.

좋은 가문에 태어난 사람들만 하나님의 자녀가 되는 것이 아닙니다.
어떤 사람들의 계획이나 바람에 의해서
또는 그들의 조상으로 말미암아 하나님의 자녀가 된 것도 아닙니다.
다만, 그들은 하나님 자신이 그들의 아버지라는 사실 때문에
하나님의 자녀가 된 것입니다.
말씀이 사람이 되셔서 우리 가운데에서 사셨습니다.
우리는 그분의 영광을 보았습니다.
그 영광은 오직 아버지의 독생자만이 가질 수 있는 영광이었습니다.
그 말씀은 은혜와 진리로 충만해 있었습니다.

_ 요한복음 1장에서

## 살펴보기

태초에 하나님이 천지를 창조하셨다. 태초에 말씀이 계셨다.
태초에 하나님의 말씀이, 태초에 예수님이 함께 하셨다.
하나님=말씀=예수님, 모두 한 분인 것이다.
예수께서 알파요, 오메가요, 처음이자 마지막이요, 시작과 마침이라고 하신다.
세상의 시작과 세상의 마지막의 주관자이다.
그런데 그를 알아보지 못했다.
알아보도록 한 사람을 보냈다. 요한이다.
세상을 지은 그분이 오셨는데 영접하지 않았다.
**그러나 영접하는 자에게는 하나님의 자녀가 되게 하셨다.**
**그분의 자녀는 그분을 믿는 자들이다.**
**어떤 조건**세상적**이나 어떤 자격**성과물**도 없다.**
하나님의 말씀이, 하나님 자신이 육신으로 이 땅에 왔다.

## 생각하기

창조 이전에 계신 분은 하나님과 하나님의 영과 예수님이시다.
그분들의 세상 창조 방식은 말씀이었다.
'~있으라. ~있으라.' 하매 그대로 되었다.
하나님의 존재는 '~있으라. ~있다. ~이다.'로
처음부터 명사, 고유명사도 아닌 동사였다.
만물은 진화가 아니라 처음부터 그분들에 의해 창조된 것이다.
세상을 창조하신 하나님이자 말씀이 '너는 내 자녀'라고 말한다.
**이를 오직 '하나님께로부터 난 자'라고 한다.**
**영적인 관계이다. 이로써 하나님이 아버지가 되는 것이다.**

## 적용하기

나는 하나님의 창조와 하나님의 전능하심을 믿는가?
그런데 예수님, 하나님, 말씀, 하나님의 영이 없으면
그 세상이 혼돈하고 공허하며 흑암 가운데 있을 것이다.
하나님께서 사람이 되어 인간 예수로 오신 이유가 무엇일까?
예수그리스도는 어둠 속의 빛이다. 나의 모든 어둠을 비추는 빛이다.
내가 하나님의 자녀 됨은 오직 하나님에 의해서이다.

# 52 말할 수 없는 은혜

존귀하신 데오빌로 각하,
예수에 관한 모든 일을 처음부터 자세히 조사하여
차례대로 기록하여 드리는 것이 좋다고 생각합니다.
유대 왕 헤롯 시절에 사가랴라고 하는 제사장이 한 사람 있었습니다.
아내는 엘리사벳이었습니다. 둘 다 하나님 앞에서 의로운 사람이었습니다.
그런데 엘리사벳은 임신할 수 없는 여자였고, 두 사람 모두 나이가 많았습니다.

사가랴가 하나님 앞에서 제사장으로 일하고 있을 때 천사가 와서 말했습니다.
"사가랴야, 두려워하지 말라.
네 기도를 하나님께서 들으셨다. 네 아내 엘리사벳이 아들을 가질 것이다.
그의 이름을 요한이라고 하여라. 그 아들은 네게 기쁨과 즐거움이 될 것이다."

"그는 엘리야의 심령과 능력을 가지고 주님보다 먼저 올 것이다.
그래서 아버지의 마음을 자녀에게로 향하게 하며
순종하지 않는 사람들을 의인의 지혜로 돌아서게 할 것이다.
그래서 사람들에게 주님을 맞을 준비를 하게 할 것이다."
그 후, 엘리사벳이 임신하게 되었습니다.

그녀가 임신한 후 여섯째 달에 가브리엘 천사가 나사렛으로 갔습니다.
천사: "은혜를 입은 여인이여! 기뻐하여라. 주께서 당신과 함께 하길 빈다."
마리아: "너무나 놀라서 '이게 도대체 무슨 소리인가.' 하고 생각하였습니다."
천사: "두려워하지 말라. 하나님께서 네게 은혜를 베푸신다.
보아라! 네가 아들을 낳을 것이다. 너는 그 이름을 예수라고 하여라."
마리아: "나는 남자를 알지 못하는 처녀인데 어찌 이런 일이 있을까요?"
천사: "성령이 네게 오시고 가장 높으신 분의 능력이 너를 감싸 주실 것이다.
태어날 아이는 거룩한 분, 하나님의 아들이라고 불릴 것이다.
보아라! 네 친척 엘리사벳도 나이가 많지만 임신하였다.
그녀는 임신하지 못한다고 생각하였으나 벌써 임신한 지 여섯 달이 되었다.
하나님께서는 하지 못하실 일이 없다."
마리아: "저는 주님의 여종이오니 말씀대로 이루어질 것을 믿겠습니다."

_ 누가복음 1장에서

## 살펴보기

누가는 데오빌로에게 예수에 대하여 자세히 차례대로 기록해서 보낸다.
'이루어진 사실'이며 이 글은 사실Fact을 바탕으로 쓴 것이라고.
시간은 유대왕 헤롯 때라고 말한다.
세례자 요한과 예수의 탄생은 기적적인 출산이다.
한 여인은 나이가 많아서, 한 여인은 결혼하지 않아서 불가능하지만,
**하나님께서 개입하신다면 가능한 일이 된다.**
믿지 못한 자에게는 한시적인 벙어리로, 믿는 자에게는 담대함으로 역사하신다.
엘리사벳과 마리아는 서로의 수태 사실을 확인하며 말씀을 신뢰한다.

## 생각하기

**내 인생에서 하나님의 개입을 믿는가? 마치 엘리사벳이나 마리아에게처럼.**
사가랴 제사장은 나이가 들어 희망이 없는 상황에서도 간구한다.
'너의 간구함이 들린지라.'
세례 요한의 사명은 '주 앞에 가서 주를 위해 세운 백성을 예비하리라.' 이고,
예수의 사명은 '하나님의 나라'이다. 나의 사명은 무엇일까?
하나님의 일하심은 나사렛 요셉과 마리아를 선택하신다.
어떤 특별한 점이 있거나 유력한 가문도 아니다.
마리아의 찬양을 보면,
나이 어린 마리아이지만 하나님에 대한 온전한 신앙을 가졌다.
자신에게 일어난 일이 어떤 일인지를 찬양한다.
하나님이 어떤 분이신지 찬양한다.
**'이 일은 우리 조상과 이스라엘에게 베푸신 은혜입니다.'**

## 적용하기

신앙이 없는 누군가에게 예수를 소개한다면 누가복음 요약이 좋다.
거기에 나와 하나님과의 관계를 조목조목 써 넣는다면 어떨까?
누구도 이해가 불가능한 사실이 두 여인에게 일어난다.
개인적인 삶에서 불가능한 것들이 이해되지 않는 가능함으로 전개될 때,
**우리는 거기에서도 하나님을 인정하는 것이다.**
**마리아의 '말씀대로 이루어지이다.'는 오늘을 사는 우리의 신앙이다.**

# 53 예수 그리스도의 탄생

아구스도 황제가 내린 칙령에 따라 온 나라가 호적을 등록 하였습니다.
그래서 모든 사람들이 호적을 등록하러 고향으로 가게 되었습니다.
요셉도 다윗 가문의 자손이었으므로
갈릴리 나사렛을 떠나 유대 지방에 있는 다윗의 마을로 갔습니다.

마리아는 그 때에 임신 중이었습니다.
이들이 베들레헴에 있는 동안 아기를 낳을 때가 되었습니다.
마리아는 첫 아들을 낳아 포대기에 싸서 구유에 눕혀 두었습니다.
그것은 여관에 들어갈 빈방이 없었기 때문입니다.
그 근처 들판에서는 목자들이 밤에 양 떼를 지키고 있었습니다.

천사가 그들에게 말했습니다.
"두려워 말라. 보아라. 모든 백성을 위한 큰 기쁨의 소식을 가지고 왔다.
오늘 다윗의 마을에 너희를 위하여 구세주께서 태어나셨다.
그는 곧 그리스도 주님이시다."
갑자기 그 천사와 함께 많은 하늘 군대가 나타나 하나님을 찬양하였습니다.
"높은 곳에서는 하나님께 영광,
땅에서는 하나님께서 기뻐하시는 사람들에게 평화."
이들은 서둘러 가서 마리아와 요셉 그리고 구유에 누인 아기를 보았습니다.
목자들의 말을 듣고 사람들은 모두 놀랐습니다.

성령께서 시므온에게 주 그리스도를 보기 전에는
결코 죽지 않을 것이라는 계시를 주셨습니다.
시므온은 그들을 축복하고, 아이의 어머니 마리아에게 말했습니다.
"이 아이는 이스라엘의 많은 사람들을 넘어지게도 하고
일어서게도 할 것입니다. 또한 사람들의 비난을 받는 표적이 될 것입니다.
이 일 때문에 많은 사람들의 마음에 있는 생각이 드러날 것입니다.
그러나 당신의 마음은 칼로 쪼개듯이 아플 것입니다."

아이는 점점 자라고 튼튼해졌으며 지혜도 많아졌습니다.
하나님의 은혜가 아이와 함께 하였습니다.

_ 누가복음 2장에서

## 살펴보기

가이사 아구스도는 BC 31~AD 14년까지인 로마 최초의 황제이다.
흔히 말하는 옥타비아누스이다. 구레뇨는 그 당시 시리아의 총독이었다.
갈릴리 북쪽에 살던 요셉과 마리아는 예루살렘으로 간다.
호적명령 때문이지만 예수 탄생이 베들레헴으로 예언되었기 때문이다.
예수 탄생 소식은 들판의 목자들에게 처음 알려진다.
마리아는 성전에서 만난 시므온의 말을 듣는다.
'이 아이는 많은 사람을 넘어지게 하고 일어서게 할 것이다.
사람들의 비난을 받는 표적이 될 것이다.
당신의 마음은 칼로 쪼개듯이 아플 것이다.'
시므온의 이 말은 예수그리스도와 마리아의 미래이다.
예수는 고향 나사렛으로 돌아와 어린 시절을 보낸다.

## 생각하기

기록의 정확성이다. 옥타비아누스 황제, 구레뇨 총독.
약속의 성취이다. 나사렛에서 베들레헴으로.
예수의 탄생이 주는 것은 하늘과 땅의 기쁨이다.
'하늘에서는 하나님께 영광, 땅에서는 기뻐하시는 사람들에게 평화'
**드디어 하나님께서 사람들의 시간 안에 사람으로 오셨다.**
예수 그리스도는 보통의 어린이와 같은 성장기를 보낸다.
'점점 자라고, 튼튼해졌고, 지혜도 많아졌습니다.'

## 적용하기

하나님께서는 내 주변의 모든 상황들을 사용하신다.
어느 것 하나도 하찮게 일어나는 것이 없다.
가장 천하고 가난한 자는 제일 먼저 듣는다. 예수님이 오신 이유이다.
마리아에게 아이의 탄생은 개인적으로 기쁨일까? 근심일까?
시므온과 안나, 그들은 오랜 세월동안 메시아를 기다렸다.
간절한 소망을 죽기 전에 눈으로 본다.
죽기 전까지 주님을 향한 간절한 소망이 있는가?
그렇다면 소망을 갖고 날마다 간구해야 하지 않을까?
**내가 백발이 될 때까지 신앙이 싱싱하도록.**

# 54 모든 시선을 예수께 돌리고

디베료 황제가 다스린 지 십오 년째 되던 해
본디오 빌라도가 유대의 총독이었고, 헤롯이 갈릴리의 분봉왕이었습니다.

이것은 예언자 이사야의 책에 기록된 대로입니다.
'광야에서 외치는 사람의 소리가 있다.
주님의 길을 예비하여라. 그분의 길을 곧게 하여라.
모든 골짜기가 메워질 것이고 모든 산과 언덕이 낮아질 것이다.
굽은 길은 곧게 펴질 것이고 험한 길은 평탄해질 것이다.
그리고 모든 사람들이 하나님의 구원을 볼 것이다.'

요한은 자기에게 세례를 받으려고 온 많은 사람들에게 말했습니다.
"너희 독사의 자식들아!
누가 너희에게 다가오는 하나님의 진노를 피하라고 경고해 주었느냐?
'아브라함이 우리의 아버지이다.'라고 말하지 말라. 내가 말한다.
하나님은 이 돌로도 아브라함의 자녀를 만드실 수 있다."

사람들이 요한에게 물었습니다.
"그러면 우리가 어떻게 해야 합니까?"
요한: "옷이 두 벌 있는 사람은 하나도 없는 사람에게 나누어 주고,
양식이 있는 사람도 이와 같이 하여라.
세리들도 세금을 거두도록 지시받은 액수 이상으로 거두지 말라.
군인들도 사람들로부터 강제로 돈을 뺏지 말라. 거짓으로 고발하지 말라.
그리고 임금으로 받는 돈을 만족하게 여겨라."
백성들은 혹시 요한이 그리스도일지도 모른다는 생각을 하였습니다.

요한이 모든 사람들에게 대답하였습니다.
"나는 물로 세례를 주지만 나보다 더 능력 있으신 분이 오실 것이다.
나는 그의 신발끈을 풀기에도 부족하다.
그분은 너희에게 성령과 불로 세례를 주실 것이다."

_ 누가복음 3장에서

## 살펴보기

누가의 기록에 대한 사실성이다. 티베리우스 황제 15년째서기 14년에 즉위
본디오 빌라도-유다 총독, 헤롯-갈릴리 분봉왕을 기록한다.
세례자 요한이 활동을 시작했다. 죄를 용서받게 하는 세례였다.
세례 후 세례 받은 자들은 삶을 돌이켜야 한다. 이것이 회개의 열매이다.
요한은 자기 뒤에 오시는 이가 더 능력이 있다고 한다.
회개하는 자에게는 천국을, 회개하지 않는 자에게는 심판을 주실 것이라고.
세례 요한은 당시 헤롯 대왕의 악함을 꾸짖다 감옥에 갇힌다.

## 생각하기

요한의 명성에 많은 사람들이 세례를 받으러 온다.
세례 요한은 세례를 주면서 내면의 세례마음의 변화를 요구한다.
우리도 물어야 한다. 회개를 어떻게 하나?
'옷이 두 벌 있다면 나눠 줘라. 양식도 그리해라.'
세리에게: "지시받은 액수 이상 받지 말라."
군인에게: "강제로 돈을 뺏지 말라. 받은 돈에 만족해라."

나의 삶이 깨끗한지, 아니면 자신을 속이는 것인지는 내가 제일 잘 안다.
나눔을 요청 받을 때 쥐고 있지 않는지,
세금이나 상거래에 있어서 속이거나 탐내지 않는지,
내가 가진 지위를 사용하여 이익을 꾀하는지는 않는지

## 적용하기

나에게 쏠린 인기와 명성에 대하여
진정으로 하나님의 은혜였다고 말할 수 있는가?
누군가가 내 잘못을 지적하거나 책망을 한다면 달게 받을 수 있어야 한다.
예배의 회개에 입술뿐만 아니라 진정성이 있는가 보자.
진정한 회개는 삶의 변화이다. 여기에 '자기 포기'와 '자기 부인'없이는 어렵다.

**나는 내 자신의 위치를 아는 것이 중요하다.**
**나는 예수그리스도의 신발끈을 풀기에도 부족하다.**
**그런데 자꾸 내가 하나님과 맞장을 뜨고 내가 주인되기를 원한다.**

# 55 살면서 만나는 시험

예수님께서 세례를 받으시고 물 밖으로 나오시자 하늘이 열렸습니다.
예수님은 하나님의 성령이 비둘기처럼 자신에게 내려오는 것을 보셨습니다.
그 때, 하늘로부터 소리가 들려왔습니다.
'이는 내 사랑하는 아들이며, 내가 기뻐하는 아들이다.'

그 후, 예수님께서는 성령에 이끌려 광야로 가셔서
마귀에게 시험을 받으셨습니다.
예수님께서는 사십 일 내내 금식하셔서 배가 매우 고팠습니다.
마귀: "만일 하나님의 아들이라면, 이 돌에게 빵이 되라고 명령해 보시오."
예수: "성경에 '사람이 빵으로만 살 것이 아니라,
하나님의 입에서 나오는 모든 말씀으로 살 것이다.'라고 기록되어 있다."

마귀: "만일 당신이 하나님의 아들이라면 뛰어내리시오.
성경에 '당신을 위해 천사들이 발이 돌에 부딪히지 않도록 할 것이다.'라고
기록되어 있소."
예수: " '주 너의 하나님을 시험하지 말라.'라고 기록되어 있다."

마귀: "만일 당신이 나에게 절하고 경배한다면, 이 모든 것을 주겠소."
예수: "사탄아, 썩 물러가거라!
성경에 '오직 주 너희 하나님께만 경배하고 그를 섬겨라.'라고 기록되어 있다."

예수님께서 요한이 감옥에 갇혔다는 소식을 들으시고
유대에서 갈릴리로 되돌아가셨습니다.
"회개하라. 하나님의 나라가 가까이 왔다."
이때부터 예수님께서 외치며 전도를 시작하셨습니다.

_ 마태복음 3장과 4장에서

### 살펴보기

예수님이 세례 요한에게 세례를 받으신다.
하늘에서 소리가 들린다.
'내 사랑하는 아들이다. 내가 기뻐하는 아들이다.'
성령이 내려오신다.
성령에 이끌려 광야에서 시험을 받으신다. 모두 성경 말씀으로 물리치신다.
모든 시험의 내용은 서두에 '하나님의 아들이라면?'이다.
하늘에서 들린 '사랑하는 아들, 기뻐하는 아들'에 대한 공격이다.
배고픔의 해결사, 세상의 권세자, 세상의 능력자로 만들어
'사랑하는 아들, 기뻐하는 아들'에서 벗어나도 유혹한다.
공격하는 마귀도 하나님의 말씀을 인용하여 공격한다.

### 생각하기

우리는 그리스도를 믿고 하나님의 자녀가 되었다.
사탄은 늘 하나님의 자녀라는 신분에 도전한다.
그래서 우리를 무너뜨림으로 하나님의 권위를 훼손하려는 것이다.
우리들의 일상적 유혹도 비슷하다.
먹는 것 - 인간의 본능에 접근한다.
권　세 - 인간의 욕구에 접근한다.
능　력 - 인간의 명예에 접근한다.
**할 수 없이, 어쩔 수 없이, 죄 지었다고 핑계하게 한다.**
**말씀의 중심에 서지 않으면 사탄의 말에 넘어간다.**
**사탄은 하나님과 비슷하게 가장하여 구별하지 못하게 한다.**

### 적용하기

어떤 기적도 돌로 빵을 만들지 않는다.
돌을 다른 돌로, 빵 두 개를 빵 만 개로 만드는 기적은 있다.
돌로 빵을, 한 번 만이라도 임할 천국을, 확 뛰어내려도….
하나님이 주실 것 같고 보호하실 것 같은 것은 사탄이 주는 환상이다.
하나님의 말씀을 믿는 신앙을 가졌다고 해서
**정상적인 삶을 초월하지 않는다.**
**하나님의 말씀은 가장 정상적인 삶을 살게 한다.**
**예수께서 이기신 시험은 우리에게 가능성을 열어 놓은 것이다.**

# 56 복福은 내 곁에

예수님께서 사람들을 보시고 산으로 올라가 앉으셨습니다.
"마음이 가난한 사람은 복이 있다. 하나님의 나라가 그들의 것이다.
슬퍼하는 사람은 복이 있다. 그들이 위로를 받을 것이다.
마음이 온유한 사람은 복이 있다. 그들이 땅을 상속받을 것이다.
의를 위해 주리고 목마른 사람은 복이 있다. 그들이 배부를 것이다.
자비로운 사람은 복이 있다. 그들이 하나님의 자비를 입을 것이다.
마음을 깨끗하게 한 사람은 복이 있다. 그들이 하나님을 볼 것이다.
평화를 위해 일하는 사람은 복이 있다. 하나님의 아들이라고 불릴 것이다.
의롭게 살려다 박해를 받는 사람은 복이 있다. 하나님의 나라가 그의 것이다."

"너희는 세상의 소금이다. 만일 소금이 그 맛을 잃으면
무엇으로 짠맛을 내겠느냐? 그 소금은 밖에 버려져 사람들에게 밟힐 뿐이다."
"너희는 세상의 빛이다. 너희 빛을 사람들에게 비춰라.
사람들이 너희의 선한 행동을 보고 하나님께 영광을 돌리게 하여라."

"살인하지 말라. 누구든지 살인을 하는 사람은 재판을 받을 것이다
너희에게 말한다. 자기 형제에게 화를 내는 사람, 나쁜 말을 하는 사람,
형제에게 바보라고 하는 사람은 지옥 불에 던져질 것이다."

"간음하지 말라. 너희에게 말한다.
음란한 생각으로 여자를 바라본다면 이미 마음속으로 간음한 것이다.
눈이나, 오른손이 죄를 지으면 손을 잘라 내어라.
네 몸 전체가 지옥에 던져지는 것보다 신체 중 하나를 잃는 것이 낫다."

"눈에는 눈으로, 이에는 이로 나쁜 사람과 맞서지 말라.
만일 누가 네 오른쪽 뺨을 때리거든 다른 뺨도 돌려 대라."
"만일 너희를 사랑하는 사람만 사랑한다면, 무슨 상을 받을 수 있겠느냐?"
"남들에게 보이려고 다른 사람들 앞에서 의를 행하지 않도록 주의하여라.
자선을 베풀 때에는 네 오른손이 하는 일을 왼손이 모르게 하여라.
그러면 숨어서 보시는 네 아버지께서 네게 갚아 주실 것이다."

_ 마태복음 5장과 6장에서

## 살펴보기

산 위에서 가르치셨기에 산상설교라 한다.
'…하는 사람은 복이 있도다.'가 여덟 번 나온다. 그래서 팔복이라 한다.
복을 얻기 위해서 무엇을 하라고 하는 것이 아니다.
'가난한 사람, 슬퍼하는 사람, 마음이 온유한 사람,
의를 위해 주리고 목마른 사람, 자비로운 사람, 마음이 깨끗한 사람,
평화를 위해 일하는 사람, 의롭게 살려다 박해를 받는 사람'
이러한 상황에 있는 자가 복이 있다.
그리스도인의 정체성은 세상의 소금과 빛이다.
소금과 빛으로 어떻게 살 것인가? 착한 행실이란 무엇인가?
율법학자나 바리새인보다 더 나은 삶을 사는 것이다.
또한 내가 어떤 선한 행동을 한다면 모르게 해야 한다.

## 생각하기

살인 → 화내는 것, 나쁜 말, 폄하하는 마음이 살인이다.
간음 → 음란한 생각으로 여자를 바라보는 것이다.
거짓 → 아예 맹세하지 말라
눈에는 눈, 이에는 이 → 아예 맞서지 말라. 오히려 다 내어주어라.
이웃 사랑하고 원수 미워하라. → 원수를 사랑하라.
다른 사람을 의식하면서 자선이나 구제하지 말라. 모르게 하라.

## 적용하기

예수그리스도를 믿고 어떤 복을 받고 싶은가? 세상이 말하는 복이 있다.
장수壽, 부富, 강녕康寧, 유호덕攸好德, 고종명考終命.
그러나 예수님이 약속하신 복은 하나님 나라이다.
하나님의 통치로 매사에 하나님의 다스리심을 받는다.
예수님이 말씀하신 팔복의 삶이 그것이다.

우리는 크리스천이 되는 순간, 세상의 소금과 빛으로 드러나야 한다.
'소극적인 명령-하지말라.' 또는 '적극적인 명령-하라.'를 모두 지켰다고 끝은 아니다.
**소극적 계명은 이웃 사랑을 적극적으로 하는 것이고,**
**적극적 계명은 한 걸음 더 나아가 사랑해야 하는 것이다.**
**그리고 복은 언제나 나와 함께 있다는 사실이다.**

## 57 나는 하나님의 사람이야!

"기도할 때에 위선자들처럼 하지 마라.
기도할 때에 골방에 들어가 문을 닫고, 숨어 계시는 네 아버지께 기도하여라.
기도할 때에 이방 사람들처럼 아무 의미 없는 말을 되풀이하지 마라.
너희 아버지께서는 구하기도 전에 너희에게 무엇이 필요한지 이미 아신다."

"그러므로 이렇게 기도하여라.
'하늘에 계신 우리 아버지, 아버지의 이름이 거룩하게 여김을 받으소서.
아버지의 나라가 이루어지게 하소서.
아버지의 뜻이 하늘에서처럼 이 세상에서도 이루어지게 하소서.
오늘 우리에게 필요한 양식을 주소서.
우리에게 잘못한 사람을 우리가 용서해 준 것처럼
우리의 죄를 용서하여 주소서.
우리들을 시험에 빠지지 않게 하시고, 악으로부터 구원해 주소서.
아버지는 나라와 권세와 영광을 가지고 계십니다.' 아멘!"

"만일 너희가 다른 사람의 잘못을 용서하면,
하늘에 계신 너희 아버지께서도 너희의 죄를 용서해 주실 것이다.
그러나 만일 다른 사람을 용서하지 않는다면,
너희 아버지께서도 너희들의 잘못을 용서하지 않으실 것이다."

"금식할 때에 위선자들처럼 초췌한 모습을 보이지 마라."
"너희를 위하여 세상에 재물을 쌓아 두지 마라.
네 재물이 있는 곳에 네 마음도 있다. 아무도 두 주인을 섬기지 못한다.
너희는 하나님과 재물을 같이 섬길 수 없다.
그러므로 내가 너희에게 말한다. 너희 목숨을 위하여 무엇을 먹을까,
또는 무엇을 마실까 걱정하지 마라. 몸을 위해 무엇을 입을까 걱정하지 말라.
목숨이 음식보다 훨씬 소중하지 않느냐? 몸이 옷보다 훨씬 소중하지 않느냐?"

"먼저 아버지의 나라와 아버지의 의를 구하여라.
그러면 이 모든 것들이 너희에게 덤으로 주어질 것이다.
그러므로 내일 일을 걱정하지 말라. 내일 일은 내일 걱정할 것이고,

오늘의 고통은 오늘로 충분하다."

"비판을 받지 않으려면, 비판하지 말라.
어찌하여 네 형제의 눈 속에 있는 작은 티는 보면서,
네 눈 속에 있는 나무토막은 보지 못하느냐?"

"구하라, 그러면 너희에게 주실 것이다. 찾아라, 그러면 발견할 것이다.
두드려라, 그러면 문이 너희에게 열릴 것이다.
구하는 사람은 누구든지 받을 것이다. 찾는 사람은 찾을 것이다.
그리고 두드리는 사람에게는 문이 열릴 것이다."

"좁은 문으로 들어가거라.
멸망으로 가는 문은 넓고 그 길이 쉬워,
많은 사람들이 그 곳으로 들어간다.
그러나 생명으로 가는 문은 작고 그 길이 매우 좁아,
그 곳을 찾는 사람이 적다."

"그들의 열매를 보고 그들을 알 것이다.
가시나무에서 포도를 딸 수 있느냐? 엉겅퀴에서 무화과를 딸 수 있느냐?
마찬가지로 좋은 나무는 모두 좋은 열매를 맺고,
나쁜 나무는 나쁜 열매를 맺는다.
좋은 열매를 맺지 못하는 나무는 모두 잘려서 불 속에 던져진다."

"나에게 '주님, 주님'이라고 말하는 사람 모두가
하나님의 나라에 들어가는 것은 아니다.
하늘에 계신 내 아버지의 뜻대로 행하는 사람만이
하나님의 나라에 들어갈 것이다."

"내 말을 듣고 행하는 사람은 바위 위에 집을 지은 지혜로운 사람과 같다.
내 말을 듣고 행치 않는 사람은 모래 위에 집을 세운 어리석은 사람과 같다."

_ 마태복음 6장과 7장에서

### 살펴보기

칭찬받기 위해서 구제, 기도, 금식하지 말라.
하나님의 사람은 하나님과 재물을 동시에 섬기지 못한다.
하나님의 사람은 염려하지 않는다.
하나님의 사람은 남을 비판하지 않는다.
하나님의 사람이 간절히 구하면 주신다.
하나님의 사람은 좋은 나무이고 열매를 맺는다.
하나님의 사람은 말씀을 듣고 그대로 행하는 자이다.

### 생각하기

주님이 가르쳐주신 기도문의 배경을 보면 기도는 은밀한 중에 깊이 해야 한다.
그저 빈말을 되풀이하는 기계적인 기도는 하지 말라.
너희의 필요는 구하기 전에 아신다.
'기도의 대상은 아버지 하나님이다.'
'아버지의 이름이 너로 인해 구별되게 살아라.'
'하나님의 나라에 합당해야 한다.'
'네 필요한 물질을 구하라.'
'너의 잘못을 고백해라. 시험을 당할 때 죄를 짓지 말라.'
'악한 세상에서 악에 빠지지 않도록 해라.'

### 적용하기

교회 안에서의 나의 봉사를 아무도 알아주지 않는다면 어떻게 해야 하는가?
묵묵히 하나님 앞에서 계속해야 한다.
하지만 화가 나거나 은근히 불평, 불만을 늘여 놓는다.
내 기도의 응답은 금 1톤 쯤 주면 해결되는 것이 아닐까?
**하나님 나라의 거룩한 것들이 아닌, 세상에 속한 것들을 구하고 있다.**
**아니면 하나님의 힘을 빌려서 내 창고를 채우려 하는 것 아닐까?**

내 인생에서 힘겨운 일이 발생할 때, 누군가로부터 모함과 억울함을 당했을 때,
나의 심적 상태와 신앙은 어느 방향에 있는가?
모래 위에 지어진 신앙인지, 바위 위에 지어진 신앙인지.

## 웨스트민스트 소요리 문답 99문-107문 주기도문 (마 6:9-13)

**첫째, '이름이 거룩히 여김을 받으시오며'**

1. 하나님은 영화롭고 영원한 이름을 우리에게 나타내신다.
2. 하나님은 그 이름을 우리가 알고 영화롭게 하기를 원하신다.
3. 하나님은 모든 만물이 하나님의 이름을 드러내어 영화롭게 되기를 원하신다.

**둘째, '나라가 임하옵시며'**

1. 사탄의 나라가 멸망하기를 기원하는 것이 포함되었다.
2. 은혜의 나라가 흥왕하여 우리와 다른 사람이 그리로 들어가 있기를 기원한다.
3. 영광의 나라가 속히 임하기를 구하는 것이다.

**셋째, '뜻이 하늘에서 이룬 것 같이/땅에서도 이루어지이다'**

1. 하나님의 뜻은 하늘에서 이루어졌다.
2. 성도는 하나님의 은혜로 그 뜻을 알게 된다.
3. 땅의 성도는 하늘의 천사들처럼 하나님의 뜻을 순종하여 그 나라를 세우도록.

**넷째, '오늘날 우리에게 일용할 양식을 주옵시고'**

1. 우리는 이생에서 모든 좋은 것을 하나님으로부터 받았다.
2. 우리는 충족한 분깃을 가진 자들이다.
3. 그래도 하나님의 축복을 누리게 해 주실 것을 구하라.

**다섯째, '우리에게 죄 지은 자를 사하여 준 것 같이 우리 죄를 사하여 주옵시고'**

1. 그리스도가 우리의 죄 용서의 근원이시다.
2. 은혜로 다른 사람을 용서할 수 있는 위치에 있다.
3. 다른 사람을 용서함으로 더욱 하나님의 용서를 구할 담력을 가진다.

**여섯째, '우리를 시험에 들게 하지 마옵시고 다만 악에서 구하옵소서'**

1. 인간은 시험에 들거나 악에 빠지는 연약함을 가지고 있다.
2. 인간은 시험 속에서 혹은 악에 빠진 상황에서 죄를 짓는다.
3. 근본적으로 그런 시험과 악에 빠지지 않도록 기도해야 한다.
4. 연약함으로 시험과 악에 빠졌을 때 구원해 주시기를 기도해야 한다.

**일곱째, '대개 나라와 권세와 영광이 아버지께 영원히 있사옵나이다. 아멘'**

1. 하나님 아버지의 나라가 영원히 있음을 칭송함이다.
2. 하나님 아버지의 권세가 영원함을 칭송함이다.
3. 하나님 아버지의 영광이 영원함을 칭송함이다.

'아멘'으로 우리의 소원을 들어주실 것을 확증한다.

# 58 쉽게 알 수 있도록

예수님께서 사람들에게 많은 것을 비유로 말씀하셨습니다.
"농부가 씨를 뿌리러 나가 씨를 뿌리는데, 어떤 씨는 길가에 떨어졌다.
그러자 새들이 날아와 씨를 모두 먹어 버렸다."
"어떤 씨는 흙이 별로 없고, 돌이 많은 곳에 떨어졌다.
곧 싹이 났지만, 해가 뜨자 시들어 버렸고, 뿌리가 없어서 곧 말라 버렸다."
"어떤 씨는 가시덤불에 떨어졌다. 가시덤불이 그 씨를 자라지 못하게 하였다."
"어떤 씨는 좋은 땅에 떨어졌다. 백 배, 육십 배, 삼십 배의 열매를 맺었다."

"귀 있는 사람은 들어라! 누구든지 하늘나라의 말씀을 듣고도 깨닫지 못하면,
악한 자가 와서 마음속에 뿌려진 것을 빼앗아 가버린다.
이런 사람은 길가에 뿌려진 씨와 같은 사람이다."

"돌무더기에 뿌려진 씨와 같은 사람은 말씀을 들을 때,
기쁘게 얼른 받아들이는 사람이다.
그러나 뿌리가 없어 오래가지 못한다.
말씀 때문에 어려움이 생기고 박해를 당하면 곧 넘어진다."

"가시덤불에 떨어진 씨와 같은 사람은 말씀을 들으나,
세상 염려와 재물의 유혹이 말씀을 가로막아 결국 열매를 맺지 못한다.
좋은 땅에 떨어진 씨와 같은 사람은 말씀을 듣고 깨닫는 사람이다.
어떤 사람은 백 배, 육십 배, 삼십 배의 열매를 맺는다."

예수님께서 다른 비유를 그들에게 말씀해 주셨습니다.
"하늘나라는 마치 겨자씨와 같다. 완전히 자라면 다른 어떤 풀보다 크다."
"하늘나라는 누룩에 빗댈 수 있다."
여자가 누룩을 가져다 밀가루 포대에 섞어 넣었더니 반죽이 부풀어 올랐다.
"하늘나라는 밭에 숨겨진 보물과 같다."
그 보물을 발견하고 다시 밭에 숨기고 가진 것을 모두 팔아 그 밭을 샀다.
"하늘나라는 호수에 던져 온갖 종류의 고기를 잡은 그물과 같다."
그들은 앉아서 좋은 물고기는 바구니에 담고 나쁜 것들은 던져 버렸다.
_ 마태복음 13장에서

### 살펴보기

예수님의 가르침에는 약 50여개의 비유가 있다.
비유의 소재들은 가장 알아듣기 쉬운 소재이다.
그 당시 사람들은 들으면 금방 아는 것이었다.
비유 끝자락에 '들을 귀가 있는 사람은 들으라.' 하신다.
겨자씨 비유, 값진 진주의 비유, 누룩의 비유 등은
모두 하나님의 나라는 이와 같다고 하신다.
지금도 내가 알아들을 수 있도록 보이시고 들려주신다.
열매가 견실한 신앙, 누룩처럼 커져가는 신앙,
보물 같은 나의 신앙, 좋은 물고기.
모두 나를 대변하는 신앙이기를….

### 생각하기

예수님의 가르침은 자세하다. 못 알아듣는다고 책망하지 않으신다.
한 번 더 설명하시고 더 쉽게 해석해 주신다.
왜 비유를 사용하셨을까? 설명만으로 납득이 어려웠을 것이다.
그리고 더 깊은 뜻이 내재 되어있다.
그 뜻을 깨달아 실재의 삶에서 살도록 하신다.
들을 귀 있는 자라는 말은 무엇일까?
듣고, 깨닫고, 그대로 살아가는 자를 말씀하신다.

### 적용하기

**나는 들었으나**Hearing **듣지**Listen **못하는 세월이 언제까지일까?**
나의 마음 밭은 몇 배의 열매를 거두는 밭일까?
미미한 말씀 하나가 내 안에서 잘 자라 커다란 나무로 성장하는가?
아주 실한 말씀 하나 뿌려졌는데도 말라 죽지는 않았나?

이 비유에서처럼 가라지를 곁에 둔 이유는 '너까지도 뽑힐까 봐'이다.
나를 위해서가 그냥 놔두고 있다는 말씀이다.
내 안에 들어온 하나님의 나라는 날마다, 해마다 커져 가는가?
내 가정에서, 일터에서, 내 개인의 영역에서….
**그런데 여전히 세상 나라와 하나님의 나라 사이에 오락가락 하지 않나?**
**박쥐처럼 낮에는 새로, 밤에는 쥐로….**

# 59 사방 천지에 이웃이 있다

어떤 율법학자가 일어나 예수님을 시험하려고 말했습니다.
"선생님, 제가 무엇을 하여야 영생을 얻을 수 있습니까?"
예수: "율법에 무엇이라고 기록되어 있느냐? 너는 어떻게 읽었느냐?"
율법학자: "네 모든 마음과 목숨과 힘과 뜻을 다해 주 네 하나님을 사랑하라.
또 네 이웃을 네 몸같이 사랑하라고 하였습니다."
예수: "네 대답이 옳다. 이것을 행하여라. 그러면 살 것이다."

이 사람이 자기를 옳게 보이고 싶어서 예수님께 말했습니다.
율법학자: "그러면 누가 제 이웃입니까?"
예수: "어떤 사람이 예루살렘에서 여리고로 내려가고 있었다.
그런데 도중에 강도를 만났다.
강도들은 이 사람의 옷을 벗기고 때려서 거의 죽은 채로 버려두고 갔다.
마침 한 제사장이 그 길을 내려가다가 보고 길 반대편으로 피해서 지나갔다.
어떤 레위인도 그 사람을 보고는 길 반대편으로 피해서 지나갔다."

"이번에는 어떤 사마리아 사람이 그 길을 여행하다가
그가 있는 곳에 이르렀다. 사마리아 사람이 그를 보고 불쌍하게 여겼다.
그래서 그 사람의 상처에 올리브기름과 포도주를 붓고 붕대로 감쌌다.
그를 자기의 짐승에 태우고 여관으로 데려가서 그를 정성껏 보살펴 주었다."

"다음 날, 그는 은화 두 개를 여관 주인에게 주면서 말했다.
'이 사람을 잘 보살펴 주세요. 만일, 돈이 더 들면 내가 돌아올 때 갚겠습니다.'"

예수: "너는 이 세 사람들 중 누가 강도 만난 자의 이웃이라고 생각하느냐?"
율법학자: "그에게 자비를 베풀어 준 사람입니다."
예수: "가서 똑같이 하여라!"

_ 누가복음 10장에서

## 살펴보기

누구나 자신을 드러내고 싶은 마음이 있다.
무엇을 해서 영생을 얻을 수 있느냐의 질문은 질문이 아니다.
자기가 아는 것을 드러내는 것이다.
하나님과 이웃을 네 몸처럼 사랑하는 것이다. 이것을 행하는 것이다.
사마리아인의 비유는 바른 신앙생활을 했다는 자들에게 주는 경종이다.
내가 도움을 줄 수 있는 이웃이 누구냐고 물었지만
도움을 필요로 하는 누군가의 도움이 되는 것이라고 한다.
내가 아끼는 것을 필요로 하는 자에게 줄 수 있어야 한다.
내가 손해 보고 난감해하는 것이라도 손을 내미는 것이다.
**사랑은 행동하는 것이다. 사랑은 동사이지 명사가 아니다.**

## 생각하기

주변에는 어려움에 처한 사람들이 많다.
노동자의 억울함, 이방인의 부당한 대우, 법제도 앞에 무기력한 서민들.
이들을 향한 관심은 어떠한가?
일상적인 종교윤리라며 발뺌하는 이현령비현령耳懸鈴鼻懸鈴하지 않나?
자신들의 손실에 대해서는 세력을 모아 대항하면서
이웃들의 손실과 억울함에 대하여 지나치고 있는 것이다.
지금도 도망 가고 반대편으로 가면서 죽게 버려두거나 방치한다.
**교회 근처 사람들은 교회를 우리 이웃으로 여길까? 저 만치에 떨어져 있는 섬일까?**

## 적용하기

우리의 이웃은? 상처받은 이, 억울한 이, 좌절과 낙심에 빠져있는 이, 홀로 있는 이.
그들을 교회 안에서도 내가 싸매 주어야 한다.
데리고 가야 하고, 곁에 있어 주어야 하는 이웃이 있다.
'누구든지 자기 친척, 자기 가족을 돌아보지 아니하는
그는 믿음을 배반한 자요, 불신자보다 악하다.'고 성경은 말한다.
친척과 가족, 그들에게 먼저 손 내밀어 도움을 주고 필요를 채워주는 것이다.
또한 먼 데 있는 이웃은 내가 모른다고 해서 우리의 이웃이 아닌가?
**먼 나라. 아직 기아와 기근에 시달리는 열방 백성들.**
**눈 크게 뜨면 이웃은 우리 주변에 있지 않을까?**
**잘 보살펴주자. '돈이 더 들어도 하겠습니다.' 그런 자세로….**

# 60 이상한 나라의 잔소리

예수님께서 바리새파 사람들과 율법학자들에게 비유로 말씀하셨습니다.

"어떤 사람이 양 백 마리가 있는데 그 가운데 한 마리를 잃었다고 하자.
그는 남은 양을 들판에 남겨 두고 잃은 양을 찾을 때까지 찾아다닐 것이다.
그리고 그 양을 찾으면 양을 어깨에 메고 기뻐하며
친구들과 이웃을 불러 말할 것이다.
'함께 기뻐하자. 잃었던 양을 찾았다.'
그렇게 하늘에서는 회개할 필요 없는 아흔아홉 명의 의인보다
회개하는 죄인 한 명을 두고 더 기뻐할 것이다."

"어떤 여자가 열 개의 드라크마를 가지고 있다가 하나를 잃어버렸다고 하자.
그러면 등불을 켜고 온 집안을 쓸며 찾을 때까지 자세히 뒤지지 않겠느냐?
찾으면 친구들과 이웃들을 불러
'함께 기뻐하자. 잃었던 드라크마를 찾았다.'"

"어떤 사람에게 두 아들이 있었다. 작은아들이 재산을 미리 나누길 원했다.
며칠 뒤에 그 아들은 모든 재산을 모아서 먼 마을로 떠나 버렸다.
거기서 방탕한 생활로 재산을 다 잃고 제정신이 들어 아버지께 돌아왔다.
'하나님과 아버지 앞에 죄를 지었습니다. 아들이라고 불릴 자격이 없습니다.'
아버지는 종들에게 말했다.
'서둘러 가장 좋은 옷을 입혀라. 반지를 끼워 주고 발에 신발을 신겨라.'
'그리고 살진 송아지를 끌고 와서 잡아라. 우리가 함께 먹고 즐기자.'"

"그 때, 큰아들은 밭에 있다가 집 가까이에서 음악과 춤추는 소리를 들었다.
종이 '동생이 돌아왔습니다. 주인님이 살진 송아지를 잡았습니다.' 하고 대답했다.
큰아들은 화가 나서 집에 들어가려고 하지 않았다."

"그의 아버지가 밖으로 나와 큰아들을 달랬다.
'너는 언제나 나와 함께 있었으니 내가 가진 모든 것이 네 것이 아니냐?'
'네 동생은 죽었다가 다시 살아났고 잃었다가 다시 찾았으니
우리가 즐거워하고 기뻐해야 하지 않겠느냐?'"

_ 누가복음 15장에서

### 살펴보기

교회는 잃은 하나를 찾으면 하나의 값 몇 배를 들여 잔치하는 곳이다.
죄인들이 회개하고 돌아오면 기뻐 잔치하는 곳이다.
집 나가 방탕으로 망한 아들을 기다리다 돌아오면 따뜻하게 맞아들이는 곳.
이를 보면 세상의 상식으로 이해되지 않는다.
'양 한 마리 사서 채우면 안 되나?', '집 나가 방탕한 아들 위해 잔치하다니?'
**스스로 찾아오지 못하는 잃은 양이나 잃은 동전 같은,**
**자기 마음대로 살다가 결국 비참함으로 돌아오는 아들 같은,**
**그들을 위해 교회도, 그리스도인들도 존재하는 것이다.**

### 생각하기

렘브란트의 그림 「돌아온 탕자」를 보면
아버지의 양 손이 하나는 거칠고 하나는 부드럽다.
자식을 향한 아버지의 마음, 하나님의 마음이다.
교회 안에 죄인들이 있는가?
세상의 죄를 지은 죄인이나, 성도끼리 다투고 나간 사람이 돌아오면
기뻐하고 환영할 수 있는가? 현실적으로 어렵다.
마치 비유에 나온 큰 아들이 되어 있지 않는가?
항상 나는 옳다며 눈을 부라리고 화가 난 나에게 하나님께서 말씀하신다.
'나와 함께 기뻐하자. 잃었다가 다시 찾았고 죽었다가 다시 살지 않았느냐?'

### 적용하기

나는 여전히 둘째 아들이 되고픈 마음이 있지 않는가?
'많은 돈으로 이 세상 마음껏 살다가 죽는 것'
그런 생각을 가진 자들에게 '봐라.'라고 결과를 말해준다.
아버지를 떠난 결론은 공허와 혼돈과 흑암이라고.

예수님이 '저 사람이다.'라고 잃은 양을 일러주시는 부담을 받아들여야 한다.
지금 세 사람(목자, 여인, 아버지)의 기쁨을 상상해보라.
내가 바로 그 기쁨의 대상이다.
내가 있는 곳은 어디인가? 아직 쓸 돈이 남았나? 아직 돌아갈 염치가 없나?
늘 들리는 음성이다.
'돌아와, 돌아와라. 널 위한 자리가 준비 되었다.'

## 61 5+2=5,000

예수님께서 열두 제자에게 귀신을 쫓고 병 고치는 능력과 권세를 주셨습니다.
제자들이 온 마을을 두루 다니면서 복음을 전파하고
가는 곳마다 사람들을 고쳐 주었습니다.

분봉왕 헤롯은 일어나는 모든 일을 듣고 매우 혼란스러웠습니다.
헤롯은 예수님을 한번 만나 보려고 했습니다.
예수님께서 제자들을 데리고 벳새다라고 불리는 마을로 가셨습니다.
하나님 나라에 대해 말씀하시고 치료받아야 할 사람들을 치료해 주셨습니다.

날이 저물기 시작할 때, 열두 제자들이 예수님께 와서 말했습니다.
제자: "사람들을 보내십시오."
예수: "너희가 사람들에게 먹을 것을 주어라."
제자: "우리에겐 단지 다섯 개의 빵과 생선 두 마리밖에 없습니다."
사람들은 남자들의 수만 약 오천 명 정도 되었습니다.

예수님께서 빵 다섯 개와 생선 두 마리를 들고
하늘을 우러러보며 감사 기도를 하셨습니다.
그런 후에 제자들에게 떼어 주며 사람들 앞에 내놓도록 하셨습니다.
사람들이 모두 먹고 배가 불렀습니다.
또한 남겨진 조각들을 모으니 열두 바구니에 가득 찼습니다.

예수님께서 홀로 기도하고 계실 때였습니다.
예수님께서 함께 있는 제자들에게 물으셨습니다.
"사람들이 나를 누구라고 하느냐?"
제자: "세례자 요한이라고 합니다. 어떤 사람들은 엘리야라고도 합니다.
또 어떤 사람들은 옛 예언자 중의 하나가 다시 살아났다고 합니다."

예수님께서 제자들에게 말씀하셨습니다.
"그러면 너희는 나를 누구라고 하느냐?"
베드로가 '하나님의 아들 그리스도이십니다.'라고 대답했습니다.

_ 누가복음 9장에서

## 살펴보기

흔히 말하는 오병이어五餠二魚기적은 4복음서에 모두 기록되어 있다.
예수는 제자들에게 '너희는 나를 누구라고 하느냐'라고 물으신다.
베드로는 '하나님의 아들 그리스도'라고 답한다.
베드로와 예수, 같은 지역 출신이고 나이도 비슷하다.
그런 그가 고백한 '하나님의 아들'이란 보통 고백이 아니다.
**예수그리스도는 하나님의 아들이시다.**
**오병이어의 기적은 하나님이 하시는 지극히 작은 일이다.**

## 생각하기

오병이어의 기적은 처음엔 모두 감탄한다.
나중에는 과연 그게 가능할까 하는 회의감이 든다.
그런 의심의 시작은 창조주 하나님에 대한 회의이다.
오병이어 현장에서 먹었던 군중들은 기적을 알까?
내가 사는 것이 기적이라는 것을 지난 뒤에 안다.

**내가 가진 자원은 언제나 한정적이다.**
**그래서 가진 만큼, 할 수 있을 만큼 최선을 다해야 한다.**
**예수를 믿는다는 것은 주어진 삶에 최선을 다하는 것이다.**
나에게 묻는 질문입니다. '너는 예수를 누구라 하느냐?'
'예, 예수님은 ____________________'

## 적용하기

예수님 주변에 많은 군중이 뒤따른다.
기적적인 병의 치료와 예전에 듣지 못한 가르침이다.
또 인기몰이를 하는 예수의 인기에 덩달아 따르는 이들도 있다.
만약에 그들이 가진 신앙심이 로마의 압제 하에 있고,
여기에 민족의 애국심을 더한다면 그것이야말로 소망이다.
그러나 예수는 애국심에 호소한 적이 없다. 오히려 그들을 피하신다.
모두가 소망의 나라, 세상 나라를 꿈꿀 때 피하신다.
예수가 말씀하시는 하늘나라는 그 나라가 아니었기 때문이다.
오히려 '나를 따라 오려거든 자기를 부인하고 자기의 십자가를 지라.' 하신다.

## 62 나는 물 위를 걷는다

예수님께서는 제자들을 배에 타게 하시고,
호수 건너편으로 먼저 가 있으라고 하셨습니다.
그 동안에 예수님께서는 사람들을 되돌려 보내셨습니다.
사람들을 보내신 후, 예수님께서는 기도하러 홀로 산 위에 올라가셨습니다.

그리고 저녁때까지 그 곳에 혼자 계셨습니다.
배는 이미 육지에서 멀리 떨어져 있을 때였습니다.
제자들은 큰 파도와 거친 바람으로 어려움을 겪게 되었습니다.

새벽 3시에서 6시 사이에 예수님께서 호수를 걸어서 제자들에게 오셨습니다.
제자들은 예수님께서 호수 위를 걸어오시는 것을 보고 겁에 질렸습니다.
그들은 '유령이다.'라고 소리쳤습니다. 너무 무서워서 비명을 지른 것입니다.

예수님께서 얼른 그들에게 말씀하셨습니다.
"안심해라! 나다! 두려워하지 말라."
베드로가 예수님께 말했습니다.
"주여, 정말 주님이시라면 저에게 물 위로 걸어오라고 하소서."
예수님께서 말씀하셨습니다.
"오너라."
베드로는 배에서 내려 물 위를 걸어 예수님께로 향했습니다.

그런데 베드로는 거센 바람을 보자 겁이 났습니다.
베드로가 물에 빠지기 시작하자 소리를 질렀습니다.
"주님 살려주십시오."
예수님께서는 즉시 손을 내밀어 베드로를 잡아 주시며 말씀하셨습니다.
"믿음이 적은 사람아, 왜 의심하느냐?"

베드로와 예수님이 배 안에 오르자, 바람이 잔잔해졌습니다.
배 안에 있던 사람들이 예수님께 경배하며 말했습니다.
'주님은 분명히 하나님의 아들이십니다!'

_ 마태복음 14장에서

## 살펴보기

예수님이 오병이어로 5천명을 먹이셨다. 군중들이 왕으로 추대하고자 한다.
서둘러 그들을 해산시키고 제자들을 배에 태워 보낸다.
본인은 산으로 가서 하나님과 깊은 교제의 기도를 하신다.
갈릴리 호수로 간 제자들의 배가 풍랑을 만난다.
제자 중 다수는 갈릴리 어부 출신이다. 그러나 그들도 어쩔 수 없는 풍랑이다.
예수님께서 그 바다를 걸어서 그들에게 간다.
캄캄한 어둠과 풍랑 속에 바다를 걸어오시는 예수는 흡사 유령같다.
예수님이라는 것을 알게 되자 베드로가 용기를 낸다.
그러나 이내 바다에 빠지게 되고 예수님이 건져 준다.
배에 오르자 바다가 쥐 죽은 듯 잔잔해진다.

## 생각하기

아담이 타락한 이후 사람은 모든 만물을 다스리는 권리를 잃었다.
예수님은 둘째 아담이다. 그 다스림의 권세를 행하신다.
그분을 믿는 우리도 '다스림'의 권세를 갖는다.
하나님의 나라에서 자연은 하나님이 사용하시는 도구이다.
그를 믿는 자에게 자연은 때때로 사용도구가 된다.
또 암흑 가득한 바다도, 거센 풍랑도 모두 예수님께 굴복한다.
**어떤 흑암 세상에서나 거센 풍랑 앞에서 주님만 바라보라 말씀하신다.**
'안심하라! 나다! 두려워말라.'

## 적용하기

**내게 요구되는 영광스러운 길이라도 하나님의 뜻이 아니라면 피해야 한다.**
인생에 있어 어둠이나 풍랑은 무서운 것이다.
그러나 그분과 함께 있다면 어둠도 풍랑도 이겨낼 수 있다.

베드로! 예수님이 물 위를 걸으신다면 나도 걸을 수 있다는 믿음이 생긴다.
몇 시간 전 베드로는 오병이어의 기적을 나눈 자였기 때문이다.
베드로의 요구는 얼토당토 않지만 주님은 외면하지 않으신다.
우린 예수님만을 바라보며 살얼음도, 광야도, 산길도 날마다 걷는다.
믿음으로 걷는다. 주위 환경을 보지 말고 오직 주님을 바라보라.
환경을 보면 그 환난에 내가 빠진다.

# 63 눈 뜬 소경인가?

예수님께서 걸어가실 때 나면서부터 앞을 못 보는 사람을 보셨습니다.
제자들이 예수님께 물었습니다.
"선생님, 이 사람이 이렇게 앞을 못 보는 사람으로 태어난 것이
누구의 죄 때문입니까? 이 사람 때문입니까, 아니면 그의 부모 때문입니까?"

예수님께서 대답하셨습니다.
"이 사람이나 그의 부모가 죄를 지어 이렇게 된 것이 아니다.
이 사람이 나면서부터 앞을 보지 못한 것은
하나님의 일을 그 사람의 생애를 통해 나타내기 위해서이다.
우리는 낮이 계속되는 동안 나를 보내신 분의 일을 계속해야 한다.
아무도 일할 수 없는 밤이 올 것이다.
내가 세상에 있는 동안 나는 세상의 빛이다."

예수님께서는 이 말씀을 하신 후, 땅에 침을 뱉어 진흙을 만드셨습니다.
그 진흙을 앞을 보지 못하는 사람의 눈에 바르자 앞이 보였습니다.
사람들이 눈을 뜬 그 사람에게 물었습니다.
"도대체 당신은 어떻게 눈을 뜨게 되었소?"
그 사람: "예수라고 하는 분이 진흙을 만들어
그것을 내 눈에 바르고 실로암 샘에 가서 씻으라고 말씀하셨습니다.
내가 가서 씻었더니 보게 되었습니다."

바리새인 중에는 이렇게 말하는 사람이 있었습니다.
'이 사람이 안식일을 지키지 않으므로 그는 하나님께로부터 온 사람이 아니다.'
그런데 어떤 사람은 이렇게 말하였습니다.
"죄인이 어떻게 이와 같은 표적을 행할 수 있겠습니까?"
그래서 바리새인들 사이에 편이 갈렸습니다.
예수님께서 말씀하셨습니다.
"나는 심판하러 이 세상에 왔다. 보지 못하는 사람들은 보게 하고,
보는 사람들은 보지 못하도록 하기 위해서이다."

_ 요한복음 9장에서

## 살펴보기

날 때부터 소경 된 자가 예수님을 만나 눈을 뜨는 엄청난 일이 일어났다.
그러나 바리새인들은 자초지종을 듣고도 눈 뜬 자의 기쁨을 모른다.
눈을 뜨게 해준 자가 안식일을 어겼다는 것만 문제 삼는다.
그런데 눈을 뜬 자도 누가 눈을 뜨게 해 준지를 모른다.
누가 찾아와 내가 네 눈을 뜨게 했다고 말한다.
예수님은 말씀하신다.
'보지 못하는 사람을 보게 하고 보는 사람들은 보지 못하게 하기 위해서이다.'

## 생각하기

창조 후 인간의 상태가 Form이었다면 범죄 후 인간의 상태는 Deform이다.
태생적 소경이 눈을 떠서 세상을 본다면 그 기쁨은 어떨까?
원래 정상인이었다가 소경이 되었다면 답답하고 원망스러울 것이다.
그러나 태생적 소경은 밝은 세상을 살아본 적이 없기에 답답하지 않았을 것이다.
태생적 소경이 눈을 떠서 본 세상을 태생적 소경에게 이야기한다면 믿을까?
**눈 감았어도 보는 세상이 있고 눈 떠도 못 보는 세상이 있다.**
**하나님께서 행하신 일을 보지 못하면 영적 소경이다.**
Deform은 모양이 부서진 상태이다.
그 책임은 장애자가 아니라 모든 인간이 지은 범죄의 결과이다.
그래서 사회는 장애를 책임지는 것이다.
소경이 눈을 뜬 이것은 기적이라고 하지 않는다. 표적이라고 한다.
기적은 하나님의 능력이 일상을 초월하는 것이다.
표적은 그 기적에 구체적인 의도를 담는 것이다.
예수님은 '나는 세상의 빛이다.'고 하셨고 소경을 눈뜨게 함이 표적이 된다.

## 적용하기

눈으로 볼 수 있다는 것에 대한 감사이다.
들꽃, 들풀, 개미 한 마리도 하나님의 눈으로 세상을 보면 모두 아름답다.
나는 눈 뜬 자이다. 그래서 말씀이 보이고 하나님 하시는 일들이 보인다.
진짜 소경은 눈을 떠서 빛이신 예수님을 만난다. 구원자이심도 안다.
그러나 눈 뜬 자인데도 예수님을 보지 못하고 구원자를 본 적도 없다.
**'눈을 뜬 소경'과 '눈이 있어도 눈이 감긴 자'가 나일지도 모른다.**
**나는 하나님에 대해서, 성경에 대해서 눈 뜬 소경이 아닐까?**

## 64 훼방하는 사탄

예수님과 제자들이 호수 건너편 거라사 지방으로 갔습니다.
더러운 귀신이 들린 어떤 사람이 무덤에서 나와 예수님을 만났습니다.
이 사람은 무덤 사이에서 살고 있었는데, 그 누구도 그를 묶을 수 없었고,
쇠사슬로도 묶을 수 없었습니다.

그는 밤낮으로 무덤과 산을 돌아다니며,
소리를 지르고 돌로 자기 몸에 상처를 내곤 하였습니다.
귀신 들린 자가 멀리서 예수님을 보고 달려와 엎드려 큰절하며 말합니다.
"가장 높으신 하나님의 아들이신 예수님, 저와 무슨 상관이 있으십니까?"
이는 예수님이 '더러운 귀신아! 그 사람에게서 나오너라.' 하신 까닭입니다.

그는 예수님께 자신들을 이 지방에서 쫓아내지 말아 달라고 간청하였습니다.
마침 그 곳 산허리에 많은 돼지 떼가 먹이를 먹고 있었습니다.
더러운 귀신들이 간청했습니다.
"우리를 저 돼지들에게 보내셔서 들어가게 해 주십시오."
예수님께서 그렇게 허락하셨습니다.
더러운 귀신들은 그 사람에게서 나와 돼지 떼 속으로 들어갔습니다.

그러자 거의 이천 마리나 되는 돼지 떼가 호수 쪽으로
산비탈을 내리달아 빠져 죽었습니다.
이 일을 목격했던 사람들이 그들에게
귀신들린 사람에게 어떤 일이 일어났는지에 대하여,
그리고 돼지 떼에 대하여 말해 주었습니다.

그러자 그들은 예수님께 자기네 지방을 떠나 달라고 요구하기 시작했습니다.
귀신 들렸던 사람은 예수님을 따라가게 해 달라고 간청하였습니다.
예수님께서 말씀하십니다.
"네 가족 식구들과 친구들에게로 가거라.
그들에게 주님께서 네게 얼마나 큰 일을 해 주셨으며,
얼마나 큰 자비를 베풀어 주셨는지 이야기하여라."

_ 마가복음 5장에서

## 살펴보기

귀신들린 사람은 통제불능이다. 그는 무덤에 살면서 자신을 자해한다.
세상의 어떤 방법으로도, 능력으로도, 사탄의 세력을 제어할 수 없다.
사탄의 세력은 언제나 하나님 나라를 대항한다.
풍랑으로 제자들을 죽이려 한다. 거라사 지방에서 귀신들은 대항한다.
그 귀신들은 예수님에 대하여 잘 안다. 높으신 하나님의 아들이심을.
그래서 '우리를 그냥 놔두고 떠나라.'고 한다.
예수는 '더러운 귀신아, 그 사람에게서 나오라.'고 하신다.
귀신들은 돼지들에게 보내달라고 예수께 간청한다.
귀신이 들어간 돼지 떼들이 바다로 뛰어들어 죽는다.
2천 마리 돼지가 죽자 마을 사람들은 예수를 거역한다.

## 생각하기

귀신과 예수의 대결이다. 귀신은 예수님의 사역을 방해한다.
거라사 사람들은 자기 재산돼지의 손실을 구실로 예수께 떠나달라고 한다.
그러나 귀신 들린 사람은 귀신으로부터 해방되었다.
그는 집으로 돌아가 데가볼리에서도 예수를 전한다.
훗날 예수님이 칠병이어七餠二魚의 기적을 보이신 곳이 데가볼리이다.
귀신으로부터 자유롭게 된 사람이 예수를 전파한 결과이다.
예수만이 사탄의 세력을 제압한다. 내 힘으로는 결코 이길 수 없다.

## 적용하기

하나님의 나라를 제일 방해하는 것은 사탄이다.
하나님의 선한 일을 하고자 하면 사탄은 금세 포기하게 한다.
오늘은 재산의 손실을 일으켜 포기하게 한다.
자꾸 재물 때문에많거나 적거나 욕심내거나 예수님을 뒷전으로 내몬다.

내 삶이 가족에게, 이웃에게 영향력을 가지는가?
내가 만난, 내가 체험한 예수님을 당당하게 전할 수 있는가?
**사탄을 제압하는 것은 오직 예수 뿐! 예수 이름을 부르는 것이 승리하는 비결이다.**
우리가 사탄악한 영에 잡히면 예수와 교회를 적대하게 된다.
성령하나님의 영과 하나님의 말씀에 순종해야 한다.
그렇지 않으면 예수와 교회와 사람의 훼방자가 된다.

## 65 죽음에서 다시 살아난 병자

나사로라고 하는 사람이 병이 들었습니다.
나사로의 여동생 마리아와 마르다는 예수님께 사람을 보내
'주님, 주님께서 사랑하시는 이가 병이 들었습니다.'라고 전했습니다.
예수님께서 듣고 말씀하셨습니다.
"이 병은 죽게 될 병이 아니라 하나님의 영광을 위한 것이다."
그러시면서 지금 계신 곳에서 이틀을 더 지내셨습니다.

이틀 뒤 예수님이 나사로에게 가고자 하니 제자들이 말립니다.
"얼마 전까지 그곳에서 주님을 돌로 쳐죽이려 했는데 거길 다시 가신다고요?"
예수: "우리 친구 나사로가 깊이 잠들었으니 그를 깨우러 가야겠다.
나사로가 죽었다. 이것은 너희들이 믿을 수 있도록 하기 위함이다. 가자."

도마가 제자들에게: "그래 우리도 주님과 함께 죽으러 가자."
예수님께서 나사로가 있는 곳에 도착했습니다.
무덤 속에 있은 지 4일이나 되었습니다.

마르다: "주님, 주님께서 여기 계셨더라면 제 오빠가 죽지 않았을 것입니다."
예수: "네 오빠가 다시 살아날 것이다."
마르다: "마지막 날 부활 때 다시 살아난다는 것을 압니다."
예수: "나는 부활이요 생명이다. 나를 믿는 자는 죽는다 해도 살 것이며,
살아서 나를 믿는 사람은 그 누가 되었든지 결코 죽지 않을 것이다.
네가 이것을 믿느냐?"
마르다: "네, 주님은 그리스도이시며, 세상에 오신 하나님의 아들입니다."
마리아: "주님, 주님께서 여기 계셨더라면 오빠가 죽지 않았을 것입니다."

예수님께서는 무덤에 가셨습니다. 입구를 커다란 돌로 막은 굴이었습니다.
예수: "돌을 옮겨 놓으라."
마르다: "무덤에 묻힌 지 이미 4일이나 되어 냄새가 심하게 납니다."
예수: "네가 믿으면 하나님의 영광을 볼 것이라고 내가 말하지 않았느냐?"
그래서 사람들이 입구에서 돌을 옮겨 놓았습니다.

예수께서 기도하셨습니다.

'아버지, 지금까지 제 말을 들어주셔서 감사합니다.
저는 주위에 있는 이 사람들을 위하여, 그들이 아버지께서
저를 보내셨음을 믿게 하기 위하여 이 말을 한 것입니다.'

예수님께서는 큰 소리로 말씀하셨습니다.

"나사로야, 나오너라!"

죽은 사람이 밖으로 나왔습니다.

이 사실을 누군가가 종교지도자들에게 일러 산헤드린을 열어 의견을 물었습니다.

"어떻게 하면 좋겠습니까?
이 사람은 많은 표적을 행하고 있습니다.
계속 내버려 둔다면, 모든 사람이 그를 믿을 것입니다.
그러면 로마 사람들이 와서 우리 땅과 민족을 모두 빼앗아 버릴 것입니다."

그들 중에 대제사장 가야바가 말했습니다.

"민족 전체가 멸망당하는 것보다는
한 사람이 백성을 위하여 죽는 것이 더 낫다는 사실을 깨닫지 못하십니까?"

예수님께서 유대 민족을 위해 죽게 될 것을 예언한 것이었습니다.

_ 요한복음 11장에서

## 살펴보기

나사로라는 사람이 병들어 죽어간다.
마르다와 마리아는 도움을 요청하나 예수는 즉시 가시지 않는다.
예수가 도착하자 예수께서 여기 계셨다면 죽지 않았을 것이라고 원망한다.
그러나 예수는 무덤 앞에서 '나사로야 나오너라.' 명령한다.
죽은 시체가 말을 듣는다. 예수는 창조주의 능력을 가진 자이다.
아울러 하나님 나라에서는 죽음이 없음을 보여주는 것이다.
대제사장, 바리새인들은 죽은 사람이 살아났다는 것에 관심이 없다.
자신들의 직위와 안위만을 염려할 뿐이다.
산헤드린 의회를 열어 예수를 죽일 것을 논의한다.
'로마의 재침공을 받아 민족이 멸망하느니 한 사람을 죽이는 것이 낫다.'고

## 생각하기

나사로의 부활사건은 예수 부활의 예언적 표적이다.
이 사건에서 예수님의 큰 정체를 드러낸 것이다.
실제 예수 한 사람이 죽어 모든 인류를 살리는 일이 된다.

'나는 부활이요 생명이다. 나를 믿는 자는 죽어서도 살겠고
살아서 나를 믿는 자는 영원히 죽지 아니하리라.' 예수의 부활이다.
이미 회당장 야이로의 딸과 나인성의 과부의 아들을 살리신 이적이 있다.
**이 부활 사건을 보고 조문 왔던 사람들이 예수를 믿는다.**
**반감을 품고 적대하는 이들은 엄청난 사실을 보고도 믿지 않는다.**
**오늘날도 마찬가지이다. 귀가 있지만 듣지 않고 눈이 있어도 보지 않는다.**

## 적용하기

예수의 부활선언을 듣고 마르다는 분명한 신앙고백을 한다.
'주는 그리스도시요 살아계신 하나님의 아들입니다.'
하지만 무덤의 돌을 옮기라는 말에는 죽었다고 거절한다.
자신의 고백과 예수님의 선언을 죽음이란 현실 앞에서는 믿지 못한 것이다.
내가 가진 믿음, 신앙의 고백에도 현실 앞에서는 무기력해지지 않는가?

**또 사람을 적대하면 사실이 사실로 받아들여지지 않는다.**
**그 적대가 나의 욕심이나 이기심, 감정의 상처 때문은 아닌지 보자.**

| ABC로 살펴보는 예수의 생애<br>-테리 홀(Terry Hall)- | |
|---|---|
| Angel | 천사 수태 고지 - 마리아에게 |
| Birth | 탄생 - 베들레헴에 |
| Carpenter | 목수인 아버지 - 나사렛에서 성장 |
| Dove | 요한에게 세례 - 보라 세상 죄를 지고 가는 어린 양 |
| Enemy | 대적 마귀에게 시험 - 먹음직, 보암직, 지혜롭게 |
| Followers | 제자들을 부르심 - 12명의 제자「52JP MAN ST」<br>5:야고보(요한의 형), 야고보(다대오의 형제), 요한, 유다(다대오), 유다(가룟) 2:베드로. 빌립<br>M:마태 A:안드레 N:나다나엘(바돌로매) S:시몬 T:도마 |
| Guest | 손님 - 가나혼인잔치 - 첫번째 이적 |
| Housecleaning | 성전 청소 - 성전은 만민이 기도하는 집 |
| Interview | 면담 - 니고데모 - 어떻게 해야 거듭나나? |
| Jacob's well | 야곱의 우물 - 사마리아 수가성의 여인에게 |
| Kin | 친척들 - 예수의 가족들 |
| Location | 장소: 사역장소 - 가버나움[갈릴리]에서 80% 활동 |
| Message | 메시지: 산상수훈 - 팔복 |
| Nature | 자연지배 - 풍랑, 혈루증, 야이로의 딸, 오병이어 |
| Opposition | 반대 - 바리새인, 유대종교 지도자들 |
| Parables | 비유 - 복음서에 최소한 55가지의 비유 |
| Question | 질문 - 너는 나를 누구라 하느냐 |
| Revelation | 계시 ~ 변화산에서 - 변화되신 예수 |
| Stone, School | 돌로 치려함, 가르치심 |
| Tomb | 무덤 속의 나사로 |
| Upset | 뒤집어 엎음 - 다시 성전에서 장사꾼들 내쫓음 |
| Vision | 비전 - 장차 일어난 일들 |
| Washing | 씻음 - 세족식 |
| eXecution | 집행 - 십자가 |
| Yes | 예, 부활하셨다 |
| Zion | 시온산[감람산] 승천 |

*출처:『성경 익스프레드테리 홀』Terry Hall. 도서출판 규장.

## 66 최초의 성찬 - 최후의 만찬

유월절이 다가왔습니다.
대제사장들과 율법학자들은 어떻게 예수님을 죽일까 궁리를 했습니다.
사탄이 열두 제자 중 하나인 가룟이라고 하는 유다에게로 들어갔습니다.
사람들이 없을 때에 예수님을 그들에게 넘겨줄 적당한 기회를 찾았습니다.

때가 되어, 예수님과 제자들이 유월절 식사자리에 함께 앉았습니다.
예수님께서 제자들에게 말씀하셨습니다.
"이 날이 하나님 나라에서 이루어질 때까지 다시는 유월절 식사를 하지 않겠다."
그리고 예수님께서 빵을 들고 감사 기도를 드렸습니다.
빵을 떼어서 제자들에게 주시며 말씀하셨습니다.
"이것은 내가 너희에게 주는 내 몸이다. 이를 행하여 나를 기념하여라."

이와 같이 빵을 드신 후에 잔을 가지고 말씀하셨습니다.
"이 잔은 너희를 위하여 흘리는 내 피로 세운 새 언약이다.
보아라. 나를 넘겨줄 사람의 손이 나와 함께 식탁 위에 있다.
나는 정해져 있는 대로 갈 것이나, 나를 넘기는 그 사람에게는 화가 있다."
제자들이 누가 이런 일을 하겠는가 하고 서로 묻기 시작하였습니다.

그러다가 누가 가장 큰 사람인가를 놓고 서로 말다툼이 일어났습니다.
예수: "가장 큰 사람은 가장 어린 사람처럼 지도자는 종이 되어야 한다.
식사 자리에 앉아 있는 사람과 그를 시중드는 사람 가운데 누가 더 크냐?"

예수: "시몬아! 사탄이 널 마치 밀 까부르듯 하는 것을 허락해 달라 원했다."
베드로: "주님과 함께라면 감옥에도 가고, 죽을 준비도 되어 있습니다."
예수: "오늘 닭이 울기 전에 네가 세 번씩이나 나를 모른다고 부인할 것이다."

예수님께서 늘 하시던 대로 예루살렘 밖의 올리브 산으로 가셨습니다.
제자들에게: "시험에 들지 않게 기도하여라."
예수: "아버지, 만일 아버지의 뜻이라면 제게서 이 잔을 없애 주십시오.
그러나 제 뜻대로 되게 하지 마시고 아버지의 뜻대로 이루어지게 하십시오."

_ 누가복음 22장에서

## 살펴보기

당시 종교 지도자들은 예수를 죽일 계략을 꾸민다.
그때 가룟 유다가 그들을 돕고 예수를 돈 받고 넘겨 줄 기회를 찾는다.
예수는 유월절을 지킬 준비를 하라고 제자들에게 지시한다.
그날 밤, 예수는 제자들과 최후의 만찬을 한다. 이는 최초의 성찬이기도 하다.
그 자리에서 예수께서는 유다가 배신할 것이라고 말하신다.
'나를 팔 것'이라는 예수의 말에는 그다지 신경을 쓰지 않는 제자들이다.
오히려 누가 크냐는 다툼이 난다.
또 베드로도 예수를 부인할 것이라고 예고하신다.

## 생각하기

유월절은 이스라엘 백성이 이집트에서 구원받은 것을 기념하는 날이다.
어린 양의 피로 구원받은 밤이다.
지금 예수님과 함께 나누는 유월절은 곧 인류 구원의 날이다.
유월절은 가족공동체의 식사이다. 제자들은 예수와 한 가족이다.
아울러 성찬을 행하는 우리도 예수와 한가족이다.
그래서 '내 몸이다, 내 언약의 피다.'라고 하신다.
이로써 지금까지 내려온 유월절의 절기가 종료된다.
**예수의 십자가는 모든 인류를 위한 어린 양의 피가 되었다.**
**대속代贖이라는 말은 '대신 갚는다.'는 뜻이다.**

## 적용하기

**유다에게 몇 번씩이나 배신에 대해 말씀하심은 무엇일까?**
**기회이다. 돌이킬 수 있는 기회, 돌아올 수 있는 기회이다.**

우리에게 성찬식은 예수님이 행하신 유월절의 재현이다.
성찬에서 떡과 잔을 받을 때마다 나를 위해 죽으신 예수를 기념하는 것이다.
성찬을 받는 마음가짐은 예수의 몸과 피에 동참하는 것이다.

유대 지도자들의 계획은 유다의 배신으로 날짜가 당겨진다.
당초 유월절 절기에는 하지 말자 했는데 진행된다.
하나님의 시간, 하나님의 때는 이렇게 정한 때에 이루어진다.
**우리의 기도에 빠지지 않는 질문이 있다. '이때가 맞는지요?'**

# 67 예수의 체포와 심문

유다는 로마 군인들과 대제사장과 바리새인들이 보낸 성전 경비대와
예수와 제자들이 기도하고 있는 올리브 정원으로 왔습니다.
예수: "너희가 누구를 찾느냐?
너희가 찾는 사람이 바로 나라면 이 사람들은 가게 하여라."

베드로가 칼을 빼어 대제사장의 종을 쳐서 오른쪽 귀를 베어 버렸습니다.
예수: "칼을 칼집에 꽂아라. 아버지께서 내게 주신 잔을 마시지 말란 말이냐?"
그 순간, 군인들과 천부장과 유대 성전 경비대가 예수님을 체포했습니다.
그들은 예수님을 결박하여 끌고 갔습니다.
시몬 베드로가 다른 제자 한 사람과 함께 예수님을 따라갔습니다.

베드로에게 몇 사람이 물었습니다.
"당신은 예수의 제자 중 한 사람이 아닌가요?"
"당신 저 예수의 제자 중 한 사람인데…."
"내가 예수와 당신이 함께 있는 것을 보았소!"
베드로는 세 번을 모두 부인하였습니다. 그 순간, 닭이 울었습니다.

그들은 예수님을 데리고 가야바의 집에서 로마 총독의 관저로 갔습니다.
빌라도: "당신들은 무슨 죄목으로 이 사람을 고소하는 거요?
당신들이 직접 그를 붙잡아다가 당신들의 법대로 재판하시오."
유대인: "우리에게는 사람을 죽일 권한이 없습니다."

빌라도가 예수님을 불러들여 : "당신이 유대인의 왕이오?"
예수: "내 나라는 이 세상에 속하지 않았다.
나는 진리에 대해 증언하려고 왔다. 진리에 속한 사람은 내 말을 듣는다."

빌라도가 유대인들에게: "나는 이 사람에게서 아무 죄도 찾지 못하였소.
유월절에 죄수 한 사람을 놓아주는 풍습이 있소.
당신들은 '유대인의 왕'을 당신들에게 놓아주기를 바라시오?"
그들은 다시금 소리를 질렀습니다.
"이 사람이 아니라 바라바를 놓아 주시오."

_ 요한복음 18장에서

## 살펴보기

가룟 유다가 예수를 체포하려고 로마군인들과 성전경비대를 데리고 온다.
예수 자신이 직접 나서서 무저항으로 잡히신다.
예수는 체포되어 가야바의 법정과, 로마 총독 관저로 가서 심문을 받으신다.
'나는 이 사람에게서 아무 죄도 찾지 못했다.'
빌라도의 무죄 선언이다. 오히려 자신의 권위로 놓아주고자 한다.
고소했던 자들은 예수 대신 다른 사람을 요구하고 사형을 요구한다.
그 와중에 법정에 따라 들어간 제자 베드로는 말씀대로 예수를 부인한다.

## 생각하기

예수가 말하신다. '나는 잡혀가고 너희들은 모두 나를 버리고 도망간다.'
제자들은 결코 그렇지 않을 것이라고 한다. 베드로는 더욱 다짐한다.
신앙은 장담하는 것이 아니다. 주어진 신앙을 살아내는 것이다.
**자신의 생명이나 생활에 불리해지면 이내 고개를 숙이게 되지 않을까?**

일찍이 가룟 유다는 예수에게 향유 붓던 여인에게 이리 말한 적이 있다.
'그 많은 돈을 허비하느냐? 팔아서 가난한 자에게 주지….'
예수의 생애 마지막 주간에 유다는 심각한 실망과 회의懷疑 한다.
어쩌면 유월절 절기 때 예수를 앞세워 민중의 봉기를 기대했는지 모른다.
그런데 예루살렘 입성 후 예수의 행보는 자신의 생각과는 반대였다.
'예수를 따르는 수많은 무리들 앞에서 예수를 사지死地에 밀어 넣는다면?'
'예수를 죽이고자 하는 자들에게 예수를 넘겨주면? 민중들이 들고 일어설까?'
이런 여러 결론으로 대제사장들과 손을 잡았을 것이다.

## 적용하기

왜 예수는 가룟 유다를 제자로 선택하셨을까?
왜 예수는 가룟 유다의 적극적 배신을 알면서 말리지 않으셨을까?
만약 그런 질문에 답을 써야 한다면 나 같은 자는 예수를 믿을 수 없다.
**예수는 끝까지 유다를 사랑하셔서 마지막까지 돌이킬 기회를 주신다.**
**진정한 구원자, 메시야는 그러한 자까지 포용하신다.**
신앙생활을 하다가 감정을 다치면 나의 다음 반응은 어떤가?
교회의 어떤 내용들이 내 기대와 전혀 다를 때 나의 다음 반응은 어떤가?
**어쩌면 내 안에도 가룟 유다가 자리하고 있지 않을까?**

## 68 십자가에서 웃으시다 - 다 이루었다.

빌라도가 예수님을 데리고 가서 채찍질하게 했습니다.
군인들은 가시나무로 왕관을 만들어 머리에 씌우고 자줏빛 옷을 입혔습니다.
그들은 여러 차례 '유대인의 왕 만세!'라고 말하며 얼굴을 때렸습니다.
빌라도: "내가 예수를 데리고 나오겠소. 나는 죄를 발견하지 못했소."
대제사장들과 성전 경비병: "십자가에 못박으시오! 십자가에 못박으시오!"
빌라도: "당신들이 하시오. 나는 그에게서 아무 죄도 찾지 못했소."
유대인들: "우리의 법대로 하면 '하나님의 아들'이라 하니 죽어야 합니다.
만일 당신이 이 사람을 풀어주면, 당신은 가이사의 신하가 아닙니다.
자신을 왕이라고 하는 사람은 가이사를 반역하는 자입니다.
없애 버려라! 없애 버려라! 그를 십자가에 못박아라!"
빌라도: "당신들의 왕을 나더러 십자가에 못박으란 말이오?"
대제사장들: "우리에게 가이사 외에는 왕이 없소."

예수님께서 십자가를 직접 지고 '해골의 터'[골고다]라는 곳으로 가셨습니다.
그 곳에서 사람들은 예수님을 십자가에 못박았습니다.
빌라도는 명패에 '유대인의 왕, 나사렛 예수'라고 썼습니다.
그 명패는 히브리어, 로마어, 헬라어로 쓰여 있었기 때문입니다.

예수님의 십자가 곁에는 예수님의 어머니와 예수님의 이모와
글로바의 아내 마리아와 막달라 마리아가 서 있었습니다.
어머니에게: "여자여, 보십시오! 어머님의 아들입니다."
제자에게: "보아라, 네 어머니이시다."
예수: "내가 목마르다."
예수: "다 이루었다."

이 말씀을 하신 후 고개를 아래로 떨구시고 운명하셨습니다.
창으로 예수님의 옆구리를 찔렀습니다. 바로 피와 물이 쏟아져 나왔습니다.
이후, 아리마대 사람 요셉이 예수님의 시신을 가져다가
향료와 함께 고운 베로 쌌습니다.
요셉과 니고데모는 예수님의 시신을 그 무덤에 넣어 두었습니다.

_ 요한복음 19장에서

## 살펴보기

빌라도의 심문과 예수의 답변이다.
'네가 유대인의 왕이냐?', '들은 말인가? 네 말인가?'
'네가 무엇을 하였느냐?', '내 나라는 이 세상에 속하지 않았다.'
빌라도의 무죄선언: "나는 예수에게서 아무 죄도 찾지 못했다."
빌라도의 권세: "나는 예수를 못박을 권세도, 놓을 권세도 있다."
빌라도의 약점: "왕인 예수를 놓아주면 당신은 로마 황제를 반역하는 자"
그래서 결국 빌라도가 예수를 십자가에 못 박도록 내어준다.

## 생각하기

그동안 빌라도는 자기 정치, 생명과 결부된 예수의 일거수일투족을 감시했다.
빌라도는 채찍질, 모욕, 옷, 가시관 등으로 군중들의 분노를 잠재우려 했다.
하지만 유대인들의 각본대로 움직이고 있었다.
예수는 채찍질, 가시면류관, 수치, 십자가, 선동과 희롱의 말 모두 받아드린다.
모친 마리아를 부탁하고 '용서하소서.'와 '다 이루었다.'로 운명한다.
예수의 죄목은 유대인에게는 '참람죄', 로마에게는 '반역죄'이다.
그것을 이어주는 것은 가당치 않는 '소요와 선동죄'이다.

- 참람僭濫 – 분수에 맞지 않게 너무 지나치다. 예수 자신이 하나님의 아들이라고 함
- 소요 – 많은 사람을 이끌어 사회질서를 어지럽힘.
- 선동 – 남을 부추겨 행동을 조장함.

## 적용하기

빌라도는 예수가 무죄라는 것을 알고도 자신의 총독입지가 더 중요했다.
자기 말대로 '예수를 살릴 권세와 죽일 권세' 중 '죽일 권세'를 사용한다.
**이는 '본디오 빌라도에게 고난을 받으사'라는 말로 역사적 책임자가 된다.**
예수를 죽인 자들은 자기들이 '소요와 선동'을 통해 '참람죄'를 짓는지 모른다.
민중이라는 이름 뒤에 숨은 선동과 소요는 늘 감정과 이익에 휘둘린다.
사실마저도 감정과 이익에 휘둘리면 힘을 잃는다.
종종 세상사는 삶에서 내가 그 소요와 선동에 동원된다는 것을 잊지 말자.
예수 십자가의 명패는 히브리어, 로마어, 헬라어로 기록한다.
죄목으로 걸었으나 실로 예수는 명패대로 만국의 왕이 되신다.
**내게 예수는 왕이신가? 내가 믿고 순종하며 섬기는 진정한 왕이신가?**
**아니면 내 인생의 플러스를 위해 동원되는 왕 같은 존재인가?**
**그 동원됨이 실패하면 내가 십자가에 예수를 못 박는 무리에 설 것이다.**

## 69 부활하심을 보다

안식일 다음 날, 이른 아침에 막달라 마리아가 무덤으로 갔습니다.
마리아는 무덤 입구를 막았던 커다란 돌이 무덤에서 옮겨진 것을 보았습니다.
다른 제자가 베드로보다 더 빨리 달려 무덤에 먼저 도착했습니다.
무덤 안으로 들어갔습니다. 고운 베가 거기에 놓여 있는 것을 보았습니다.

그러나 마리아는 무덤 밖에 서서 울고 있었습니다.
마리아는 울면서 몸을 굽혀 무덤 안을 들여다보았습니다.
예수: "여자여, 왜 울고 있느냐? 누구를 찾느냐?"
마리아가 예수님을 잡자 마리아에게 말씀하셨습니다.
"나를 계속 붙잡고 있지 말라. 내가 아직 아버지께로 올라가지 않았다.
다만 너는 나의 형제들에게 가서 이렇게 말하여라.
나는 내 아버지 곧 너희 아버지, 곧 너희 하나님께로 돌아갈 것이다."

막달라 마리아가 제자들에게 가서 "내가 주님을 보았어요."라고 말했습니다.
그리고 예수님께서 자기에게 하신 말씀을 전하였습니다.
제자들이 함께 모여 있었습니다. 유대인들이 두려워 문을 꼭 잠갔습니다.
예수: "너희에게 평강이 있을지어다."
이 말씀을 하시고는 제자들에게 손과 옆구리를 보이셨습니다.

열두 제자 중에서 도마는 그 자리에 없었습니다.
도마: "내가 직접 예수님 손에 있는 못 자국을 보고,
내 손가락을 그분의 못박힌 곳에 찔러 보고,
내 손을 그의 옆구리에 넣어 보기 전에는 못 믿겠다."
일주일 뒤에 예수님의 제자들이 다시 그 집에 있었습니다.
이번에는 도마도 그들과 함께 있었습니다. 이때도 문은 잠겨 있었습니다.

예수님께서는 안으로 들어오셔서 그들 가운데 서서 말씀하셨습니다.
제자들에게: "너희에게 평강이 있을지어다."
도마에게: "네 손가락을 여기에 찔러 보아라.
네 손으로 내 옆구리에 넣어 보아라.
그리고 믿지 않는 자가 되지 말고 믿는 자가 되어라."

도마: "나의 주님, 나의 하나님."
예수: "나를 보았기 때문에 믿느냐? 보지 않고 믿는 사람들은 복이 있다."

그 후, 예수님은 디베랴 호수에서 제자들에게 다시 나타나셨습니다.
시몬 베드로가 다른 제자들에게 '나는 물고기 잡으러 간다.'라고 말했습니다.
다른 제자들도 배에 탔습니다. 그러나 그 날 밤, 한 마리도 잡지 못했습니다.
다음 날, 아침 일찍 예수님께서 호숫가에서 그들에게 말씀하셨습니다.
"친구들이여, 한 마리도 못 잡았느냐?"
제자들: "예, 한 마리도 잡지 못했습니다."
예수: "그물을 배 오른편에 던져라. 그러면 고기를 잡을 것이다."
그러자 고기가 너무 많아, 그물을 배 안으로 끌어 올릴 수가 없었습니다.

예수님께서 사랑하시던 제자가 베드로에게 말했습니다. "주님이시다."
베드로는 주님이시라는 말을 듣자마자,
벗고 있던 겉옷을 몸에 두르고는 물로 뛰어들었습니다.

제자들이 호숫가에 닿아 땅에 내리니 숯불이 피워져 있는 것이 보였습니다.
불 위에는 생선이 놓여 있었고 빵도 있었습니다.
예수: "너희가 방금 전에 잡은 생선을 가지고 오너라."
시몬 베드로가 배에 올라가 그물을 호숫가로 끌어당겼습니다.
그물은 큰 물고기로 가득했습니다. 백 쉰 세 마리나 되었습니다.
고기가 그렇게 많았는데도 그물은 찢어지지 않았습니다.
예수님께서는 제자들에게 빵과 생선을 주셨습니다.
이것은 살아나신 후, 그의 제자들에게 세 번째 나타나신 것이었습니다.

그들이 식사를 다 마쳤을 때 예수님께서 시몬 베드로에게 말씀하셨습니다.
"요한의 아들 시몬아, 네가 이 모든 사람들보다 나를 더 사랑하느냐?"
베드로: "예, 주님. 제가 주님을 사랑한다는 것을 주님께서 아십니다."
예수: "내 양을 먹이라."
세 번을 반복하셨습니다. 이 외에도 예수님께서 행하신 다른 일은 많이 있습니다.
만일 그 일을 일일이 다 기록한다면
온 세상이라도 그것을 기록한 책을 담기에 부족할 것입니다.

_ 요한복음 20장과 21장에서

## 살펴보기

여인들은 예수 부활의 사실을 목격하고 제자들에게 알린다.
그 날 저녁 예수가 찾아오신다. 안부를 묻고 나서 사명을 주신다.
"아버지께서 나를 보내신 것 같이 나도 너희를 보낸다."
의심 많은 도마에게도 부활과 십자가사건을 확인시켜 주신다.
제자들은 잠깐 만난 예수를 두고 갈릴리에서 고기잡이를 한다.
밤새 헛탕을 치고 돌아오는 배에 그물을 내리라는 말을 듣는다.
처음 예수가 제자들을 부를 때와 같은 장면이다.
대표로 베드로에게 사명을 주시고 확인하신다.
"내 양을 먹이라."

## 생각하기

스승을 잃은 제자들에게 명절은 의미가 없다.
오히려 스승과 같이 체포되지 않을까 두려운 안식일이다.
예수님은 배신한 제자, 도망간 제자들을 찾아오신다.
'너희에게 평강이 있을지어다. 안녕하신가 다들….'
예수의 부활은 지금까지 인간을 지배해 온 사망을 이긴다.
예수를 믿는다는 것은 그의 십자가 죽으심과 부활을 믿는다는 것이다.
모든 사람이 죽으면 무덤으로 간다. 생명이 끝난 것이다.
**그러나 예수의 부활은 죽음을 이긴 승리이다.**
그로 인해 사람의 생명이 멸망하지 않는다는 것이다.
**이는 영생**eternal life**을 말하는 것이다.**
이제 제자들은 예수께서 들려준 메시지를 전해야 하는 사명을 갖게 된다.

## 적용하기

예수와 함께 있다가 예수 없는 시간을 보내는 제자들은 생각한다.
"갈릴리로 돌아갈 수 있을까? 창피해서…."
"사람들의 시선과 구설을 견딜 수 있겠니? 다들 손가락질 하겠지."
"이제 뭐하지? 마치 일장춘몽 같은 3년이었어."
그 제자들이 부활하신 주를 만난다.
예수의 부활을 믿는다는 것은 성령이 그 마음을 열어주셨다는 것이다.
**그리스도께서 살아나지 않으셨다면 우리의 믿음도 헛되고,**
**그리스도 안에서 잠든 사람들도 멸망했을 것이다.**
**지금 예수 부활을 믿는 것은 하나님의 말씀에 기초한다.**
**'너희는 나를 본고로 믿느냐 보지 않고 믿는 자는 복되도다.'** (요한 21:29)

## 예수의 부활은 사실인가 허구인가?

『법정에서 준용되는 증거 규범에 의한, 사복음서 저자들의 증언에 관한 검토』

예수의 부활은 역사상 가장 위대한 사건이거나,
아니면 가장 황당한 사기극이다.
예수 그리스도는 정말로 죽은 자 가운데서 다시 살아나셨는가?

하버드 대학 법대 교수인 사이먼 그린리프Simon Greenleaf는
법학계에서 최고 석학이다.
그의 저서인 『증거 법칙에 관한 논문』A Treatise on the Law of Evidence은 최고의 법학 고전이다.
그는 예수의 부활이 허구라고 믿었으며, 그 '허구성'을 폭로하기로 작정했다.
그러나 꼼꼼히 탐구하는 과정에서 그는 예상과는 정반대 결론에 도달하고 말았다.

"예수가 정말로 죽은 자로부터 살아나지 않았다면,
사도들은 자신들이 진술한 사실을 그렇게 확고하게 붙들고 있을 수 없었을 것이다."
『법정에서 준용되는 증거 규범에 의한, 사복음서 저자들의 증언에 관한 검토』 사이먼 그린리프. 1847.

무엇이 마음을 바꿔 놓았는가? 어떤 증거가 그린리프 박사를 정반대로 돌렸을까?
이 질문에 대답하기 위해 약 2천 년 전에 있었던 장면을 살펴 보기로 하자.
예수는 저주가 된 채 죄인의 신세로, 공개적인 치욕과 수치를 당하며 죽었다.

그리고 그의 제자들은 믿을 수 없다는 어리벙벙한 표정으로 서 있었다.
여기 있는 11명의 사나이들은 모든 것을 버리고 그분을 따른 사람이었다.
그 날 밤에는 좌절과 혼란에 빠진 11명의 사나이들이 서 있었다.
그들은 모든 것을 포기했으나 헛수고였고 이제 그분처럼 죽는 일만 남았다.
그들은 모두 그분을 버린 채 달아나고 말았다!

그런데 그 후 어떤 사건이 발생했다.
두 달이 채 경과하기 전, 그들은 죽음의 위협에도 담대하게 선포하기 시작했다.
예수 그리스도께서 살아나셨다고!

두려움과 혼동으로 가득했던 이들을 사납고 담대한 사자로 돌변되었다.
'우리는 우리가 보고 들은 것을 말할 수밖에 없노라.' (사도행전 4장 20절)
이들은 무엇을 보았는가? 이들은 무엇을 들었는가?

구타, 위협, 투옥, 고문, 죽음조차 입다물게 하지 못한 이 사건은 대체 무엇인가?
12명의 사나이들은 무엇을 보았기에 훗날 참혹한 죽음까지 감수하였던 것일까?
이런 변화를 설명할 수 있는 것은 온 우주의 역사상 딱 한 사건뿐이다.

# 70 예수, 승천하다

데오빌로 각하, 제가 먼저 쓴 책에서
저는 예수님께서 하신 일과 가르치신 말씀을 비롯하여,
예수님께서 선택하신 사도들에게 성령의 힘으로 교훈을 내리신 후에
하늘로 올라가신 날까지 예수님과 관련된 내용을 다 기록했습니다.

예수님께서는 고난을 받으신 후, 사도들에게 자신의 모습을 보여주셨고,
여러 가지 방법으로 자기가 살아 계시다는 것을 증언하셨습니다.
예수님은 사십 일 동안이나 이 사람들에게 나타나셨으며,
하나님의 나라에 관해 말씀하셨습니다.

어느 날, 예수님께서는 사도들과 함께 식사를 하시다가 말씀을 하셨습니다.
"예루살렘을 떠나지 말고 내 아버지께서 약속하신 선물을 기다려라.
이 약속의 내용은 내가 전에 말했고, 너희도 들은 것이다.
약속의 내용은 이것이다. 요한은 물로 세례를 주었지만,
너희는 얼마 안 있어 성령으로 세례를 받을 것이다."

사도들이 한자리에 모여서 예수님께 물었습니다.
"주님, 주님께서 이스라엘을 다시 회복시키실 때가 지금입니까?"
"때와 시기는 오직 아버지의 권한으로 정하신 것이니, 너희가 알 바 아니다.
다만 성령이 너희에게 오시면, 너희는 권능을 받아
예루살렘과 온 유대와 사마리아와 그리고 땅 끝까지 가서 내 증인이 될 것이다."

예수님께서는 이 말씀을 하신 뒤, 그들이 보는 앞에서 하늘로 올라가셨습니다.
그가 올라가시는 모습은 구름에 가려 보이지 않았습니다.
예수님께서 올라가실 때에 그들은 하늘만 쳐다보고 있었습니다.

그런데 갑자기 흰옷을 입은 두 사람이 나타나 그들 곁에 섰습니다.
"갈릴리 사람들이여, 왜 여기 서서 하늘을 쳐다보십니까?
하늘로 올라가신 이 예수님께서는 여러분이 본 그대로 다시 오실 것입니다."

_ 사도행전 1장에서

### 살펴보기

예수는 부활 후 40일 동안 사람들에게 나타나신다.
그리고 다음 말씀을 하시고 하늘로 올라가신다.
“예루살렘을 떠나지 말고 약속한 선물을 기다려라.”
“얼마 안 있어 성령의 세례를 받을 것이다.”
“성령이 오시면 너희는 권능을 받아서 어디에서나 내 증인이 될 것이다.”
하늘을 쳐다보는데 흰 옷 입은 두 사람이 일러준다.
“왜 하늘을 쳐다보는가? 지금 본대로 다시 오실 것이다.”

### 생각하기

누가는 누가복음을 통해 말 한 적이 있다.
‘예수의 생애를 근원부터 자세히 살피고 난 뒤 차례대로 써 보냅니다.’
이후 ‘데오빌로 각하! 그 나중 이야기를 씁니다.’가 사도행전이다.
예수의 제자들의 이야기이다.
‘예수가 하늘로 승천했다. 사람들이 모두 봤다. 본 것처럼 다시 온다.’
이것을 ‘재림’이라고 한다.
우리의 믿음은 예수 십자가의 고난, 죽음, 부활, 승천, 재림이다.

### 적용하기

성경에 죽지 않고 하늘로 올라간 두 사람이 있다. 에녹과 엘리야이다.
에녹과 엘리야는 하나님과 평생 동행했다.
**하늘에 올라가신 예수는 무엇을 하실까? 나는 재림하실 주를 기다리는가?**

자기 백성을 위해 유월절 어린 양, 제물이 되셨고,
그를 믿는 모든 자들의 중보자어린양가 되신다.
**예수를 믿는 나는 어디에서나 예수의 증인이 되는 것이다.**
**예수 그리스도의 하나님 나라를 말로 전하는 것,**
**예수 그리스도의 하나님 나라를 삶으로 살아가는 것이다.**

제자들은 승천하신 예수를 보고 예루살렘으로 돌아간다.
그곳은 예수를 죽인 죽음의 땅이고 자신들도 죽을 수 있는 곳이다.
하지만 감사와 찬양으로 담대히 예수를 전한다.
**나는 예수를 믿는 자로서 언제 어디서나 담대히 말하는가?**

# 71 위대한 탄생 - 가장 큰 사건

제자들이 오순절에 모였을 때, 각 사람 위에 성령께서 머물렀습니다.
자기들의 언어와 다른 외국어로 말하기 시작했습니다.
"보시오! 말을 하는 이 사람들은 모두 갈릴리 사람들이 아닙니까?
이 사람들이 우리의 지방 말을 하는 것을 듣게 되니 어찌 된 일이오?"

베드로: "오늘 일어난 일은 요엘 예언자의 예언이 이루어진 것입니다."
'마지막 날에, 내가 내 영을 모든 사람에게 부어 주겠다.'
'자녀들은 예언할 것이요. 젊은이들은 환상을 볼 것이요.'
'늙은이들은 꿈을 꿀 것이다. 남여 종들에게까지 내 영을 부어 주겠다.'

"여러분, 나사렛 사람 예수님은 하나님과 같은 권위를 지닌 분이셨습니다.
하나님께서 그를 통해 기적과 기이한 일과 표적을 보여 주셨습니다.
그 모든 일은 여러분 가운데서 일어났으므로 모두가 잘 아실 것입니다."

"여러분은 악한 사람들의 손을 빌어 예수님을 십자가에 죽였습니다.
이는 하나님께서 오래 전에 세워 놓으신 계획대로 된 것이었습니다.
하나님께서는 예수님을 다시 살리셨습니다."

"일찍이 다윗은 그리스도의 부활에 대해 이렇게 말했습니다.
'그분은 무덤에 계속 머물러 있지 않았고, 그분의 몸은 썩지 않았습니다.
이 말씀대로 하나님께서는 예수님을 다시 살리셨습니다.
우리 모두가 이 일의 증인입니다.
하나님께서 예수님을 하나님 오른편에 앉히자 약속하신 성령을 받아,
지금 여러분이 보고 들은 것처럼 우리에게 부어 주셨습니다."

"분명히 알아야 할 것은 십자가에 못 박은 이 예수님을
하나님께서는 주와 그리스도가 되게 하셨다는 사실입니다."
사람들은 이 말을 듣고 마음이 찔렸습니다.
"우리가 어떻게 하면 좋겠습니까?"
베드로: "회개하고 각각 예수 그리스도의 이름으로 세례를 받으십시오.
그러면 죄는 용서받을 것이며, 성령을 선물로 받게 될 것입니다."

_ 사도행전 2장에서

### 살펴보기

오순절은 유월절 지난 후 50일째 날이다.
예수 승천 시 명령대로 예루살렘에서 성령을 기다리며 마가의 다락방에서 기도한다.
엄청난 기도 소리가 예루살렘 군중들을 모으고 다락방 안에서는 성령을 받는다.
베드로가 사람들에게 설교한다.
"십자가에 죽으신 예수가 하나님이 보내주신 메시야다."
구약성경으로 예수의 가르침을 전한다. 죽음과 부활을 강조한다.
베드로는 히브리말을 하는데 사람들에게는 각각 자기나라 언어로 들려 놀란다.
귀에 들린 자들은 예수를 그리스도로 인정한다.
그들은 나눔과 섬김을 바탕으로 한 공동체를 권고한다. 이것이 '교회'이다.

### 생각하기

'모든 죄를 회개하라. 예수의 이름으로 세례를 받으라.
그러면 죄는 용서받는다. 성령을 선물로 받는다.'
베드로는 본시 충동적이며 배움을 갖지 못한 자이다.
제자들도 결코 세상적으로 뛰어남이 없는 자들이다.
하지만 이들은 모두 예수의 뒤를 따라간다. 죽음을 아랑곳하지 않는다.
예수전파와 예수의 부활, 예수의 가르침하나님의 나라에 목숨을 건다.
**제자들은 예수와 함께 영원히 사는 것을 믿었다.**
**예수를 믿는 자들도 그와 함께 새로운 생명을 사는 것이다.**
**죽어도 영원히 사는 하나님의 나라에서 사는 것이다.**

### 적용하기

이 사건은 역사상 가장 큰 사건이 된다. 교회가 탄생한 것이다.
교회는 예수 부활을 증거하며 성령으로 예수의 재림 때까지 존재한다.
내가 속한 교회는 예수의 죽음으로 세워졌다.
작거나, 크거나 예수 그리스도의 생명과 구원사역이 있는 곳이다.
그곳은 하나님의 최대 관심사이다.
성령을 가진 그리스도인들로 교회가 형성되어 하나님의 나라가 된다.
**조건은 세례이다. 예전 삶과 결별하고 새로운 삶이 시작되는 것이다.**
**내가 내 삶의 주인이었는데 이제는 성령이 나를 인도하신다는 것이다.**
당신은 이러한 믿음의 세례를 받았는가?

## 72 보고 들은 것을 말하지 않을 수 없다

베드로와 요한이 성전으로 들어가려는데 걷지 못하는 사람이 구걸을 했습니다.
"은과 금은 내게 없으나, 내게 있는 것을 당신에게 주겠소.
나사렛 예수 그리스도의 이름으로 일어나 걸으시오."
이 말을 하면서 베드로는 그 사람의 오른손을 잡아 일으켜 세웠습니다.
그가 벌떡 일어나 걷기 시작했고 하나님을 찬양하였습니다.

사람들은 눈앞에서 벌어진 이 일로 인해 크게 놀라며 몰려 들었습니다.
"이스라엘 백성 여러분, 왜 이 일로 놀라십니까?
우리의 능력으로 이 사람이 걸을 수 있게 되었다고 생각하십니까?
예수님의 이름을 믿는 믿음 때문에 이 사람이 건강하게 되었습니다.
예수님의 이름과 그분을 믿는 믿음으로 완전한 치료를 받은 것입니다.
그러므로 여러분은 회개하고 하나님께로 돌아오십시오."

제사장들과 성전을 경비하던 사람들과 사두개파 사람들이 몰려 왔습니다.
그들은 두 사도가 부활하신 예수님을 가르치는 것이 마음이 편치 않았습니다.
그래서 유대 지도자들은 베드로와 요한을 붙잡았습니다.
"도대체 너희가 무슨 능력으로, 또 누구의 이름으로 이런 일을 하느냐?"
베드로: "이 사람이 나은 것은 나사렛 예수의 능력으로 말미암은 것이오.
여러분들이 십자가에 못 박았으나
예수님은 건축자들이 버린 돌이지만 집 모퉁이의 머릿돌이 되셨습니다.
예수님 외에는 다른 어떤 이에게서도 구원을 받을 수 없습니다.
하나님께서는 온 세상에 구원받을 만한 다른 이름을 주신 적이 없습니다."

공의회 의원들은 베드로와 요한이 평범한 사람인 줄 알고 있었는데,
이렇게 담대하게 말하는 것을 보고 놀랐습니다. 그리고 베드로와 요한을 다시 불러
"절대로 예수님의 이름으로 말하지도 말고 가르치지도 말라."고 했습니다.
베드로, 요한: "하나님의 말씀을 듣는 것과 여러분의 말을 듣는 것 중에,
하나님께서 보시기에 어느 것이 더 옳은 것인지 한번 판단해 보십시오.
우리는 우리가 보고 들은 것을 말하지 않을 수가 없습니다."
제자들은 모두 성령으로 충만해져서 하나님의 말씀을 담대하게 전하였습니다.

_ 사도행전 3장과 4장에서

### 살펴보기

베드로와 요한은 성전 문 옆의 앉은뱅이를 고치자 앉은뱅이는 서서 걸으며 찬양한다.
베드로는 이 일이 자신의 능력과 경건함으로 이루어진 것이 아니라고 한다.
예수 그리스도가 하셨고, 예수를 믿는 믿음으로 걸을 수 있는 것이라고 한다.
그러니 회개하고 하나님께로 돌아오라고 한다.
그러자 당대 지도자들은 베드로와 요한을 감옥에 가둔다.
'무슨 능력으로 누구의 이름으로 이런 일을 하느냐?'
앞으로는 이 같은 일을 하지 말라며 놓아준다.

### 생각하기

앉은뱅이는 수 십 년간 성전 문 옆에서 구걸했다.
성전을 출입하면 누구나 다 아는 자다.
불구였던 자의 정상적인 모습을 기뻐하기는 커녕
베드로와 요한을 감옥에 가두고 심문한다.
베드로의 당찬 선언이다.
'앉은뱅이가 나은 것은 예수의 능력이다.'
'예수는 건축자들의 버린 돌이지만 집 모퉁이 돌이 되었다.'
'예수 외에 다른 이에게는 구원받을 수 없다.'
'우리가 하나님 말씀 듣는 것과 사람의 말을 듣는 것, 어느 것이 더 옳은가?'
'우리는 우리가 보고 들은 것을 말하지 않을 수 없다.'

### 적용하기

나사렛 예수는 죽었다. 그런데 그 나사렛 예수의 이름이 앉은뱅이를 일으킨다.
그렇다. 예수님은 지금 살아계시는 것이다.
베드로는 자기 인생 최고의 메시지를 전한다.
살아계신 예수가 예수 이름을 부르는 자를 낫게 하셨다고.
앉은뱅이는 걸을 수 있다는 기쁨으로 껑충껑충 뛴다.

**난 기적 없이도 걷고 있는데 껑충껑충 뛰며 감사 찬양하는가?**
당연한 것들을 조금만 생각하면 기쁨은 충만하다.
내가 만난 예수님을 말하지 않을 수 없다는 신앙의 자신감과
내가 만난 예수 이야기가 필요하다.

## 73 최초 순교자

스데반은 하나님의 은혜와 능력이 가득한 사람이었습니다.
그는 기적과 표적을 행하였습니다. 하지만 반대하는 사람들이 있었습니다.
그래서 돈을 주고 사람들을 사서 거짓말을 하게 만들었습니다.
'스데반이 모세와 하나님을 모독하는 소리를 우리가 들었습니다.'
'나사렛 예수가 이곳을 헐어 버릴 것이고, 또 모세가 우리에게 전해 준 여러 관습들을 뜯어 고칠 것이라고 말하는 것을 들었습니다.'

공의회에 끌고 간 그들은 스데반을 쳐다보았습니다.
마치 천사의 얼굴 같았습니다.
대제사장: "당신이 정말 이런 식으로 말했소?"
스데반: "조상 아브라함이 하란에서 살기 전, 하나님께서 나타나셨습니다.
하나님께서 아브라함에게, 요셉에게, 모세에게, 다윗에게 나타나셨습니다.
그런데 정작 하나님을 위해 집을 지은 사람은 솔로몬이었습니다.
하지만 높으신 하나님께서는 사람이 손으로 지은 집에 살지 않으십니다.
'하늘은 내 보좌요, 땅은 내 발판이다. 누가 내 집을 지을 수 있겠느냐?'"

"어찌 그리 여러분들의 마음은 완악하며 귀는 꽉 막혔습니까?
여러분들은 조상들처럼 항상 성령을 거역하고 있습니다.
여러분의 조상들이 핍박하지 않은 예언자가 한 사람이나 있었습니까?
그들은 심지어 의인이 올 것을 예언한 사람들을 죽이기까지 했습니다.
이제 여러분은 바로 그 의인조차도 알아보지 못하고 배반하여 죽였습니다."

공의회 의원들은 이 말을 듣고 몹시 화가 나서 이를 갈았습니다.
그들은 스데반을 성 밖으로 끌고 나가서 그를 향하여 돌을 던졌습니다.
스데반: "주님, 내 영혼을 받아 주소서. 이 죄를 이들에게 돌리지 마소서."
스데반이 무릎을 꿇고 큰소리로 외친 뒤 스데반은 잠들었습니다.

사울은 스데반이 죽임당한 것이 마땅하다고 생각했습니다.
그 날에 예루살렘 교회에 큰 박해가 시작되었습니다.
한편, 사울은 집집마다 찾아다니면서 닥치는 대로 잡아 감옥에 넣었습니다.
하지만 흩어진 사람들은 어디를 가든지 하나님의 말씀을 전했습니다.

_ 사도행전 6장부터 8장에서

## 살펴보기

기독교 최초의 집사인 스데반이 반대자들과 논쟁을 한다.
스데반은 하나님께서 더 이상 성전에 계시지 않는다고 설파한다.
'하나님께서는 사람이 만든 집에 계시지 않는다.'
'고집 센 자들이 귀가 막혔다. 성령을 거역했다.'
'의인들을 알아보지 못하고 죽였다.'
스데반은 성 밖에 끌려나가 돌에 맞아 죽는다.
'주님 내 영혼을 받아주십시오. 이 죄를 이 사람들에게 돌리지 마소서.'
선동과 매수에 걸린 자들은 진위에 상관없이 상대를 매도한다.

## 생각하기

초대 교회에서는 교회 사역의 완만함을 위해 일꾼을 뽑았다.
일꾼의 조건은 성령의 지혜가 충만한 자, 이웃에게 칭찬받는 자이다.
교회에서의 신앙과 사회에서의 신앙이 일치하는 자이다.
스데반은 율법과 성전 모독죄로 돌에 맞아 죽는다.
사울은 이를 마땅한 죽음으로 인정하지만 훗날 스데반 사역의 후계자가 된다.
스데반이 죽을 때 외치는 말은 오늘날 우리들의 말이여야 한다.
**'하나님, 내가 스데반과 같은 죽음으로 주님께 가게 하소서.'**
**스데반의 죽음에 대한 표현은 '잠들었습니다.'이다.**

## 적용하기

스데반은 좋은 신앙의 결과로 순교 당한다.
그리고 그리스도인들은 뿔뿔이 흩어져 다니는 곳마다 복음을 전하게 된다.
나의 순교자적 삶은 누군가에게 복음을 전하는 계기가 된다.
하나님은 자기 백성들의 마음속에 거하신다.
그리고 두 세 사람이 모인 곳 그 가운데 계신다.

자신의 잘못을 메시지로 들추어내니 이를 간다.
귀를 막고 달려들어 스데반을 죽인다. 책망 들을 귀를 가지고 있는가?
**나와 같거나 나보다 못한 자가 진리를 말할 때 마음 열고 받아들이는가?**
**아니면 공격할 준비를 하는가?**

## 74 예수, 에티오피아로 가다

주님의 천사가 빌립에게 말했습니다.
"일어나 예루살렘에서 가사로 내려가는 남쪽 길로 가거라."
빌립은 길에서 에티오피아 여왕 간다게의 높은 관리로서,
여왕의 재정을 맡은 사람을 만났습니다.
그는 예루살렘에 예배 드리러 왔다가 본국으로 돌아가는 길이었습니다.
그는 예언자 이사야의 글을 읽고 있었습니다.

빌립이 달려가서 그 사람이 예언자 이사야의 글을 읽는 것을 듣고 말했습니다.
"지금 읽고 있는 것을 이해하십니까?"
"가르쳐 주는 사람이 없는데 제가 어떻게 이해할 수 있겠습니까?"

그가 읽던 성경 구절은 이것이었습니다.
'그는 도살장으로 가는 양처럼 끌려갔다.
털을 깎는 사람 앞에 있는 양처럼 잠잠했으며, 입을 열지 않았다.
그는 모욕을 당하고 바른 재판을 받지 못했으니,
누가 감히 그의 후손에 대해 말할 수 있단 말인가?
이 땅 위에서 그의 삶은 끝났다.'

관리 : "이 말은 누구를 두고 한 말입니까?
예언자 자신을 두고 한 말입니까 아니면 다른 사람을 두고 한 말입니까?"

빌립은 이 성경 구절을 시작으로 예수님에 관한 복음을 전했습니다.
내시는 마차를 세우게 했습니다.
빌립은 내시와 함께 물로 내려가 그에게 세례를 베풀었습니다.
빌립은 아소도라는 성에 나타나 거기에서부터 가이사랴에 이르기까지
온 마을을 다니면서 복음을 전했습니다.

_ 사도행전 8장에서

### 살펴보기

집사 빌립은 혼합지역유대인+이방인의 전도자가 되었다.
사마리아 지역에 복음을 전하는 것은 예전의 금기사항을 어긴 것이다.
그런데 그 지역에서 에티오피아 관리에게 복음을 전한다.
그 관리는 예루살렘에 예배 드리러 올 정도로 신앙심이 깊은 자였다.
그는 이사야의 글을 읽고 이해하지 못하고 있었다.
'그가 곤욕을 당하여 괴로울 때도 그의 입을 열지 아니하였음이다.
마치 도수장에 끌려가는 어린 양과 털 깎는 자 옆에서
잠잠한 양 같이 그의 입을 열지 아니하였도다.
그는 곤욕과 심문을 당하고 끌려갔으나….' (이사야 53: 7-8)
그가 빌립의 설명을 다 듣고 세례를 요구하니 빌립이 세례를 준다.
빌립은 계속해서 이방 지역 중 블레셋 지방에 복음을 전했다.

### 생각하기

이 사건은 유대인과 이방인이 복음 안에서 하나가 되는 것이다.
하나님의 구원 사건은 이제 지역적으로 이스라엘에 국한되지 않는다.
에티오피아 관리가 읽던 이사야의 글은
그리스도 예수의 고난과 죽음에 관한 내용이었다.
이는 빌립이 이방인에게 복음을 전하는 것이 하나님의 뜻이라는
주님의 격려이자 확신이었다.
**에티오피아 관리 한 사람을 위한 은총이지만,**
**예수의 복음이 에티오피아로 전해지는 성령의 사역이다.**

### 적용하기

세례는 내가 '예수 그리스도는 하나님의 아들임을 믿는다.'라는 고백이다.
에티오피아 관리는 자기 나라에서 복음을 전했을 것이다.
스데반의 순교 이후 교회는 박해를 받고, 신자들은 뿔뿔이 흩어졌다.
그러나 신자들은 몸만 피할 뿐 언제나 복음을 전했다.
내가 있는 곳에서 나는 숨어 있는 크리스찬인가?
어떤 처지와 형편에서도 말씀을 준행하며 살고 있는가?
하나님께서 내게 주신 은총은 나에게만 멈추는 것이 아니다.
나를 통해 누군가에게 흘러갈 때 진정한 은총이 된다.

## 75 믿음에는 차별이 없다

가이사랴에 고넬료라는 사람이 있었습니다.
'이탈리아 부대'인 로마 군대의 백부장으로 경건한 사람이었습니다.
그와 그의 집에 사는 모든 사람이 하나님을 공경하고 경외하였습니다.
그는 가난한 사람들에게 아낌없이 돈을 주었고, 늘 하나님께 기도했습니다.

성령: "고넬료야!"
고넬료: "주님, 무슨 일이십니까?"
성령: "하나님께서 네 기도를 들으셨다, 네가 가난한 사람들을 도운 것을 보셨다.
지금 욥바로 사람을 보내어 베드로라고 하는 시몬을 모셔 오너라."

고넬료는 하인과 부하를 욥바로 보냈습니다.
사람들이 욥바 근처에 이르렀을 때, 베드로는 환상을 보았습니다.
하늘이 열리고 큰 보자기 같은 것이 네 모퉁이가 묶여 내려오는 것입니다.
그 안에는 짐승들과 땅에 기어다니는 파충류와 날짐승들이 들어 있었습니다.

성령: "베드로야, 일어나 그것들을 먹어라."
베드로: "주님, 못하겠습니다. 속되거나 부정한 것을 먹은 적이 없습니다."
성령: "하나님께서 깨끗하게 하신 것을 '속된 것이다.'라고 하지 말라."

자신이 본 환상이 무슨 뜻일까 하고 베드로가 곰곰이 생각하고 있을 때,
고넬료가 보낸 사람들이 시몬의 집을 찾아와 문 앞에 서 있었습니다.
성령: "시몬아, 세 사람이 너를 찾고 있다. 일어나 내려가거라.
그들은 내가 보낸 사람들이니, 주저하지 말고 그들을 따라가거라."
베드로는 그 사람들이 있는 곳으로 내려가 그들을 따라갔습니다.

다음 날, 가이사랴에 도착했습니다.
고넬료는 친척과 친구들을 불러 놓고 베드로를 기다리고 있었습니다.
베드로: "여러분도 잘 아시겠지만 유대인이 이방 사람을 사귀거나
그의 집에 찾아가는 것은 유대 법에 어긋나는 일입니다만.
하나님께서 누구라도 속되거나 부정하다 해서는 안 된다는 것을
보여주셨습니다.

나는 하나님께서 사람을 외모로 차별하지 않는 분이심을 깨달았습니다.
하나님께서는 이스라엘 백성에게 말씀을 보내시고,
예수 그리스도를 통해서 평화의 복음을 선포하셨습니다.
예수님은 모든 백성의 주님이십니다."

"여러분은 요한이 세례에 관해 설교한 이후,
갈릴리에서 시작하여 온 유대 땅에 걸쳐 발생한 큰 사건을 아실 것입니다.
하나님께서 나사렛 사람인 예수님에게 성령과 능력으로 기름 부으셨습니다.
그분은 선한 일을 하셨고 귀신에 사로잡힌 사람들을 고쳐 주셨습니다.
이는 하나님께서 예수님과 함께 계셨기 때문입니다."

"우리는 예수께서 유대와 예루살렘에서 하신 모든 일을 목격한 증인입니다.
사람들은 예수님을 나무에 매달아 죽였지만,
삼 일째 되는 날 하나님께서는 예수님을 죽은 자 가운데서 다시 살리셔서,
사람들 앞에 나타나게 하셨습니다."

"그러나 하나님께서 이미 증인으로 택하신 우리들에게만 나타나셨습니다.
우리는 다시 살아나신 예수님과 함께 먹고 마셨습니다.
하나님께서 예수님을 살아 있는 사람과 죽은 사람의 심판자로 세우셨음을
사람들에게 전파하고 증언하라고 명하셨습니다.
모든 예언자들도 예수님을 믿는 사람은
모두 그분의 이름으로 죄를 용서받는다고 증언했습니다."

베드로가 이런 말을 하고 있을 때,
말씀을 듣고 있던 모든 사람들 위에 성령께서 내려오셨습니다.
베드로: "하나님께서 우리가 주 예수 그리스도를 믿었을 때에 주신 것과
똑같은 선물을 그들에게도 주셨는데,
내가 누구이기에 감히 하나님께서 하시는 일을 막을 수 있겠습니까?"
할례 받은 신자들은 베드로의 말을 다 듣더니 하나님을 찬양했습니다.
'이제 하나님께서는 이방인에게도 생명에 이르는 회개를 주셨다.'

_ 사도행전 10장과 11장에서

## 살펴보기

가이사랴는 로마를 오가는 항구도시로 로마 총독 관저가 있는 곳이다.
로마 군대의 백부장백 명의 부하를 거느리는 고넬료 이야기이다.
고넬료는 하나님을 경외하며 어려운 자를 돕고 늘 기도하는 사람이다.
성령께서 욥바에 있는 베드로를 집에 초대하라 하신다.
다음날 베드로는 기도하다가 부정한 것들을 먹으라는 환상을 본다.
거절해도 재차 들려온다. 환상의 뜻을 생각할 때, 고넬료가 보낸 사람들이 온다.
베드로는 사람들에게 깨달은 바를 메시지로 전하고 세례를 준다.
반면, 예루살렘에서는 이방인들이 말씀을 받아 들인다는 이유로 비난한다.
베드로는 성령이 하신 일을 어찌 막겠냐고 되묻는다.

## 생각하기

고넬료는 아직 예수에 대하여 잘 모른다. 베드로에게 예수에 대해 듣는다.
그때 말씀을 듣던 모든 사람에게 성령이 내려 세례를 준다.
빌립은 사마리아 블레셋에서 에티오피아 관리에게 세례를 주고,
베드로는 가이사랴에서 백부장과 가족들에게 세례를 준다.
세례는 예수 믿음의 표징이 된다.
유대인과 이방인의 벽을 허물고 누구든지 주님의 자녀가 될 수 있다.
예수를 통해서 구약의 음식물 구별 율법이 폐지된다.
'입으로 들어가는 것이 사람을 더럽게 하는 것이 아니다.
입에서 나오는 그것이 사람을 더럽게 하는 것이다.' (마태 15:18)

- 입마음에서 나오는 것: 살인, 간음, 음란, 도둑질, 거짓증언, 비방

## 적용하기

욥바의 시몬은 죽은 짐승을 만지는 가축 제조자로 유대인 시각에서 부정하다.
그런데 직업으로 신앙의 귀천을 나눌 수 있을까?
고넬료의 기도, 베드로의 기도 모두 하나님께서 들으신다.
내가 드리는 기도 또한 하나님께서 반드시 들으시고 보신다.
내 삶이 경건한지 아니면 가식과 위선으로 신앙 생활을 하는지 아신다.
**나의 삶 속에서 하나님의 인도하심을 따라야 한다.**
**나는 언제 세례를 받았는가? 분명한 신앙 고백은 했는가?**
**내 가족들과 친구들은 내가 복음을 전해야 할 대상이다.**
하나님께서 때와 기회를 주신다. 빌립과 에디오피아 관리처럼, 베드로와 고넬료처럼.

## 기독교의 믿음체계 Five Solas

**종교개혁 때 처음으로 대두된 라틴어로 된 기독교의 다섯 가지 표어**
로마가톨릭교회의 가르침에 반대한 개신교의 기본적인 믿음 체계를 말한다.
로마가톨릭교회에서는 이를 인정하지 않고 개신교는 대체로 이 개념을 따른다.

**• 오직 성경 Sola Scriptura:**
성경은 하나님의 영감으로 쓰여진 권위있는 말씀이며 기독교리의 유일한 원천이다.
성경에 기록되지 않은 전승도 인정하며, 교회가 권위적으로 성경을 해석할 수 있다는 카톨릭 교회의 전통Prima Scriptura과는 반대된다.
그렇다고 오직 성경Sola Scriptura은 기독교의 오랜 전통을 완전히 무시하려는 의도는 아니다.
다만 기독교의 모든 전통은 오직 성경의 권위 아래에 있어야 하며,
성경에서 근거를 찾을 수 없는 전통은 인정하지 않는다는 뜻이다.

**• 오직 그리스도 Sola Christus:**
모든 인간은 죄로 인해 참된 생명력을 잃은 절망의 상태이다. 죄의 종 노릇을 한다.
현세에서는 하나님의 진노를, 사후의 심판으로는 영벌을 받는다는 것이다.
이러한 인간은 스스로 벗어날 능력이 없다. 구원의 유일한 길은 십자가에서 죄값을 다 받고 하나님의 의를 완전히 이룬 예수 그리스도의 공로를 덧입는 것뿐이다.

**• 오직 은혜 Sola Gratia:**
예수의 공로를 덧입혀 주는 것은 전적인 하나님의 선물이다.
인간 쪽에 아무런 조건을 찾지 않는다. '믿음'은 하나님의 선물이다.
'믿음'은 구원의 은혜를 받는 '통로' 역할을 할 뿐이다.

**• 오직 믿음 Sola Fide:**
하나님이 내리시는 구원의 은혜는 오직 믿음을 통하여 받을 뿐이지
다른 어떤 것이 요구되지 않는다는 것이다.

**• 오직 하나님께 영광 Sola Deo Gloria:**
모든 영광은 사람이 아닌 하나님께로만 돌려야 한다.
구원은 하나님이 시작하고 완성하시는 일이며 거기에 인간이 참여하는 부분은 없다.
그렇기에 모든 영광은 하나님이 받으신다.

## 76 사람이 확 바뀌다 - Encounting

사울은 여전히 예수를 믿는 신자들을 죽이겠다는 생각으로 공문을 받아들고
길을 떠나 다마스커스 가까이에 이르렀습니다.
갑자기 하늘로부터 밝은 빛이 사울을 둘러 비췄습니다.
"사울아, 사울아, 네가 왜 나를 박해하느냐?"
"주님은 누구십니까?" 순간 사울은 눈이 멀었다.
"나는 네가 박해하는 예수다. 일어나 성으로 들어가거라.
네가 해야 할 일을 일러 줄 사람이 있을 것이다."

다마스커스에 아나니아라는 제자가 살고 있었습니다.
예수: "아나니아야, 일어나 '곧은 길'이라고 하는 거리로 가거라.
유다의 집에 있는 사울이라는 다소 사람을 찾아라. 그가 지금 기도하고 있다."
아나니아: "그는 예루살렘에 있는 성도들에게 많은 해를 입혔다고 합니다.
주님을 믿는 사람들을 잡아 갈 권한을 받아 이곳에 왔다 합니다. 그런데…."
예수: "가거라. 그는 이방 사람들과 여러 왕들과 이스라엘 백성 앞에서
나의 이름을 전하도록 선택된 나의 도구이다."
아나니아는 사울이 있는 집으로 가서 사울에게 손을 얹었습니다.
"주께서 나를 보내사 그대 시력을 회복하고, 성령으로 충만하라는 것이오."
그러자 다시 볼 수 있게 되고 사울은 일어나 세례를 받았습니다.
그는 곧바로 회당에서 '예수님은 하나님의 아들이다.'라고 선포했습니다.

다마스커스에 사는 유대인들은 당황스러워했습니다.
사울을 죽이기로 모의했습니다.
사울의 제자들이 광주리에 사울을 담아 성 밖으로 달아 내렸습니다.

사울은 예루살렘으로 가서 그 곳의 제자들과 어울리려 했으나,
사울이 제자가 되었다는 사실을 믿지 못하고 모두 사울을 두려워했습니다.
하지만 바나바는 사도들에게 사울의 변화 과정을 이야기해 주었습니다.
그렇게 사울은 제자들과 함께 지내게 되었습니다.
그는 예루살렘을 자유롭게 다니면서 주 예수의 이름을 담대하게 전했습니다.
유대인들이 사울을 죽이려 하자 사울의 고향 다소로 보냈습니다.

_ 사도행전 9장에서

## 살펴보기

사울은 자신이 배워 온 율법만으로 구원에 이른다는 자부심을 가졌다.
그래서 예수를 따르는 신자들을 감옥에 넣고 그 집단을 제거하고자 했다.
그러나 하나님의 부르심으로 회심하게 된다. 분명한 소명을 주신다.
"가라. 너는 이방 사람들에게 내 이름을 전하도록 선택된 나의 도구이다."
그러나 제자들과 신자들은 사울을 위장신자라고 의심을 한다.
반면 대제사장 및 유대인들은 변절자로 여겨 사울을 죽이려 한다.
겨우 도망을 가서 예루살렘의 제자들과 어울리려 하나 인정해 주지 않는다.
바나바의 중재로 사울의 회심과 변화를 인정받는다.
유대인의 위협으로 결국 자신의 고향인 소아시아의 다소로 피신한다.

## 생각하기

사람은 스스로 변하지 않는다. 하나님의 부르심과 만남으로 변화된다.
사울은 다메섹으로 가는 도중 환한 빛에 비춰지고 예수의 음성을 듣는다.
예수와의 '신적인 만남'Encounting이 이루어지고 새로운 삶을 산다.
회심하여 예수를 믿으니 설 자리가 없어진다.
다행히 친구 바나바의 도움으로 머물게 된다.
그러나 유대인들의 살해모의는 사라지지 않아 피신한다.
'이방인의 도구'로 쓰신다 해서 곧장 일사천리로 되는 것은 아니다.
사울은 회심 했지만 낙심도 했다.
적어도 10년 동안 고향 다소에서 성화聖化의 과정을 갖는다.

## 적용하기

사울은 예수를 만난 뒤 소경이 된다.
사흘이 지나 다메섹에 있는 예수의 제자 아나니아에 의해 눈을 뜬다.
**예수를 알기 전에는 '소경'이었고 예수를 만나 비로소 눈을 뜬 것이라는 상징이다.**
**나는 '뜬 눈'으로 예수를 만나고 듣는가? 여전히 '감은 눈'으로 사는가?**
교회를 처음 출석하고 세례를 받았다고 일시에 모든 것이 바뀌지 않는다.
오히려 더 어렵고 힘든 것들이 다가올 것이다.
그때 동역자를 붙여주시거나 피신하라 하신다.
변화 되었다고 용감무쌍히 전진하거나 충돌하기 보다는 피해라.

## 77 퍼져나가는 교회

안디옥 교회에는 예언자와 교사들이 있었습니다.
그들은 바나바, 니게르라 하는 시므온, 구레네 사람 루기오,
분봉왕 헤롯 안티파스와 함께 자라난 마나엔, 그리고 사울입니다.
그들이 주님께 예배드리며 금식하고 있을 때에 성령께서 말씀하셨습니다.
'바나바와 사울을 따로 세워 내가 그들에게 맡긴 일을 하게 하여라.'
바나바와 사울은 성령의 보내심을 받아 실루기아로 내려갔습니다.
그들은 배를 타고 키프로스로 건너갔습니다. 마가, 요한도 함께 갔습니다.
키프로스의 총독 서기오 바울이 주를 믿게 되며 가르침에
깊은 감명을 받았습니다.

바울과 그 일행은 바보에서 배를 타고 밤빌리아에 있는 버가로 갔습니다.
그곳에서 마가, 요한은 그들을 떠나 예루살렘으로 돌아갔습니다.
그들은 버가에서 더 나아가다가 비시디아의 안디옥에 이르게 되었습니다.
많은 유대인과 유대교로 개종한 사람들이 바울과 바나바를 따랐습니다.
반면 어떤 유대인들은 시기심으로
바울이 말한 것을 반대하면서 욕을 했습니다.
바나바와 바울: "우리는 하나님의 말씀을 여러분에게 먼저 전해야만 했습니다.
그러나 여러분은 말씀을 배척하니 우리는 이제 이방인들에게 갑니다.
주님께서 이와 같이 우리에게 명령하셨기 때문입니다.
'내가 너를 이방의 빛으로 삼아 너로 땅 끝까지 이르러 구원하게 하리라.'"

이방인들은 바울의 말을 듣고 기뻐하며 주님의 말씀을 찬양했습니다.
그리고 영원한 생명을 얻기로 선택된 사람들은 모두 예수님을 믿었습니다.
그러나 유대인들은 유력자들과 지도자들을 부추겨
바울과 바나바를 내쫓았습니다.

이고니온에서는 유대인들이 돌로 쳐 죽이려 하자 피했습니다.
그들은 루스드라와 더베에서도 복음을 전했습니다.
또 안디옥과 이고니온에서 유대인들이 와서 사람들을 부추겨
돌을 던지게 했습니다.
그들은 바울이 죽은 줄 알고 도시 밖으로 끌어냈습니다.
그가 깨어 일어나 그 도시를 떠나 더베로 갔습니다.
바울과 바나바가 더베에서 복음을 전하자, 많은 사람이 제자가 되었습니다.
바울과 바나바는 다시 루스드라와 이고니온을 거쳐 안디옥으로 돌아갔습니다.

_ 사도행전 13장과 14장에서

## 살펴보기

안디옥은 수리아지역[이방] 항구도시이다. 그 교회의 구성원이 독특하다.

- 니게르[검다] 시므온: 예수 십자가를 대신 지고 간 자
- 루기오: 아프리카 리비아 출신
- 헤롯의 젖동생 마나엔: 헤롯왕 유모의 아들

안디옥 교회에서 지도자 바나바와 바울을 선교사로 보낸다.
지중해의 키프러스와 터키 남쪽 밤빌리아 지방에서 복음을 전한다.
온 지방에 복음은 퍼졌으나 일부 유대인들의 선동으로 쫓겨난다.
계획한 대로 마치고 다시 안디옥으로 가서 보고하며 당부한다.

## 생각하기

안디옥 교회가 이방지역 선교를 위해
금식하고 기도하며 교회 핵심 지도자 두 명을 보낸다.
바나바와 바울을 보낸다는 것은 그만큼 중요하다는 것이다.
비시디아 안디옥에서의 설교이다.
'이스라엘을 택함은 이유 없다. 하나님의 은혜이다.'
'족장들, 이집트 탈출, 40년 광야, 사사, 선지자, 사울 모두 은혜이다.'
'우리 모두 예수를 힘입어 죄 사함을 받고 의롭다 하심을 받는다.'
'오직 구원은 예수 그리스도이다.'
그러나 전통 유대인들은 바나바와 바울을 반대한다.
**예수 그리스도의 복음을 거절했고 자신들의 신앙을 고집했던 것이다.**
살인까지도 불사하고 있다면 이미 온전한 신앙이 아닌 것이다.

## 적용하기

예수 믿는다는 것은 주신 은혜에 대한 절대 복종이다.
우선순위가 변하고 주신 말씀에 믿음으로만 전진한다.
바울과 바나바는 지금 안디옥 교회도 중요하지만 '가라.' 하시니 간다.
그러나 반대자들의 선동으로 쫓겨나고 돌에 맞아 죽을 지경에 이른다.
주님의 일이라고 해서 모두가 찬동하거나 일사천리로 진행되지 않는다.
선동자와 그를 따르는 사람들은 왜 생기는가?
**자기 우월감을 침입했다는 것과 나와 다르다는 것이 그 이유이다.**
**나와 다르다는 이유로 상대를 틀렸다고 하며 적대하는 내가 될 수 있다.**

## 78 아름다운 토론 - 믿음이냐 율법이냐

어떤 사람들이 유대에서 안디옥으로 와서 이방인 형제들에게 가르쳤습니다.
"모세가 가르친 풍습대로 할례를 받지 않으면 구원받을 수 없습니다."
이로 인해 바울과 바나바와 그들 사이에 격렬한 논쟁이 발생했습니다.
안디옥교회는 바울과 바나바와 다른 몇 사람을 예루살렘으로 올라가게 해서, 사도들과 장로들이 이 문제를 어떻게 생각하는지 알아보게 하였습니다.

많은 토론이 있은 후에 베드로가 일어나 말했습니다.
"하나님께서 우리에게 성령을 주신 것과 똑같이 그들에게도 성령을 주셨습니다. 하나님께서는 우리와 이방인들을 차별하지 않으셨습니다."

"하나님께서는 그들의 믿음을 보시고 그들의 마음을 깨끗하게 하셨습니다. 그런데 지금 여러분은 어찌하여 조상들이나 우리가 모두 질 수 없었던 짐을 이방인 신자들에게 지워서 하나님을 시험하려 하십니까? 우리는 그들과 마찬가지로 예수의 은혜로 구원받는다는 사실을 믿습니다."

그러자 온 무리가 잠잠해졌고 또 바울과 바나바의 말에 귀를 기울였습니다.
바울과 바나바는 하나님께서 이방인들 가운데에서 그들을 통해 행하신 모든 기적과 표적에 대해 이야기했습니다.

그들이 말을 마치자 야고보가 대답했습니다.
"형제 여러분, 제가 한 마디 하겠습니다. 내가 판단하기로는, 하나님께로 돌아온 이방 형제들을 괴롭히지 말고 그들에게 편지를 써서 우상에게 바친 더러운 음식을 먹지 말 것과 음란한 행동을 하지 말 것과 목 졸라 죽인 짐승의 고기와 피를 먹지 말라고 하는 것이 좋겠습니다."

이 결정을 전하기 위해 사도들과 장로들과 교회는 자기들 중에서 몇 사람을 뽑아 바울과 바나바와 함께 안디옥으로 보내기로 결정했습니다.
뽑힌 자들은 지도자로 있던 바사바라고 불리는 유다와 실라였습니다.

_ 사도행전 15장에서

### 살펴보기

바울과 바나바는 1차 선교를 마치고 안디옥교회로 돌아온다.
구원을 위해 할례를 받아야 한다고 유대에서 온 사람들이 가르치고 있었다.
이는 안디옥교회를 위태롭게 할 격렬한 논쟁으로 치닫았다.
그래서 이 문제를 사도들이 있는 예루살렘교회에 문의하고자 한다.
예루살렘회의에서 바리새파 출신의 신자들은 율법준수와 할례를 주장한다.
그리고 베드로, 바울, 바나바의 의견을 청취한다.
토론 이후, 예수의 동생 야고보가 결정을 내린다.
이 결정을 편지로 쓰고 유다와 실라를 뽑아 바울, 바나바와 함께 안디옥으로 보낸다.
토론의 결정 사항을 보증하는 사람으로 둘을 붙인 것이다.

### 생각하기

베드로의 의견은 하나님께서는 우리와 이방인을 차별하지 않는다는 것이다.
하나님께서는 우리와 이방인에게 같은 성령을 주셨기 때문이다.
야고보는 선지자 아모스 예언을 들어 이방인을 부르시는 하나님을 말한다.
바울, 바나바는 이방인에게 행하신 기적과 표적을 말한다.
**결정된 회의 결과는 다음과 같다. 교회사에서 가장 큰 결정이다.**
**'이방 형제들도 우상에게 바친 제물을 먹지 말라.'**
**'음란한 행동을 하지 말라. 목 졸라 죽인 고기와 피는 먹지 말라.'**
이 편지가 사실임을 분명하게 하기 위해 유다와 실라를 보증인으로 보낸다.
야고보는 모세의 율법 준수자였지만 토론 결과를 수용했다.

### 적용하기

예루살렘교회는 이 토론을 성령께서 인도하셨다고 한다.
자신들의 결정을 성령께서 하신 일이라는 것이다.
교회 안에서의 어떤 토론 후 결정에 승복하는가? 무관심으로 유기하는가?
회의 결정을 확인하고 보증하기 위해 인물을 따라 보내는 섬세함이 있다.
이 결정은 이방인과 유대인 모두를 배려하는 것이다.
예수 믿음 외에 짐을 지우지 않되, 율법이 금하는 몇 가지를 준수하게 한다.
**우리는 진리 아닌 것에 목숨을 거는 어리석은 경우가 있다.**
**율법이라 할지라도 사람과 배려가 우선이어야 하지 않을까?**

# 79 바울의 선교여행

살펴보기

**바울은 안디옥에 있다가 이전에 세운 선교지로 가고 싶었다.**
바나바는 동의했으나 마가를 데려가기 원한다.
하지만 마가가 1차 여행 도중에 돌아간 일로 바울은 반대하며 바나바와 다툰다.
결국 바나바는 마가와 함께 키프러스로, 바울은 실라를 데리고 육로로 떠난다.

성령께서는 이 다툼을 사용하셔서 복음을 확산시키셨다.
바울은 수리아 길기리아의 교회들을 다녀간다.
루스드라에서 디모데를 만나 합류한다. 그는 부친이 헬라인, 모친은 유대인이었다.
유대인들은 할례를 받지 않은 디모데를 좋지 않게 여긴다.
바울은 훗날 유대인들에게 책잡힐까봐 디모데에게 할례를 행한다.

**바울은 다른 아시아지방에 가려했다. 그런데 환상을 본다.**
'마케도냐로 건너와서 우리를 도우라.' 바울 일행은 드로아에서 마케도냐로 건넌다.

빌립보에 이르러 강변에서 복음을 전한다.
거기에서 헬라인 여자 자주장사purple cloth인 루디아를 만난다.
그의 가족에게 세례를 주고 루디아의 집에 교회가 세워진다.
빌립보에서 바울이 점치는 여자의 귀신을 쫓아주었는 데 문제가 발생한다.
그 여자는 고용된 점쟁이였다.

고용주가 바울 일행이 로마인들에게 잘못된 풍속을 전한다고 고소한다.
바울과 실라는 곤장을 맞고 감옥에 갇힌다. 그곳에서도 기도하며 찬양한다.
갑자기 감옥을 움직이는 지진이 일어나 옥문이 열리고 착고가 풀린다.
간수는 일어나 상황을 보고 자결하려 한다.

그러나 바울이 말리며 우리가 탈옥하지 않았다고 한다.
간수는 놀라 무릎을 꿇고 어찌하면 구원을 얻을까 물었다.
"주 예수를 믿으라. 그리하면 너와 네 집이 구원을 얻으리라."
이후 석방되었으나 폭동을 우려한 관리들은 떠나줄 것을 요구했다.

**바울과 실라는 데살로니가로 간다. 5주 동안 복음을 전한다.**
그런데 빌립보로부터 바울을 반대하는 무리들이 와서 폭동을 일으킨다.
데살로니가를 떠나 베뢰아로 간다.
많은 무리들이 복음을 받아 들이고 날마다 모여 성경을 상고한다.
그러나 바울을 반대한 데살로니가의 무리들이 와서 또 선동한다.

**아덴**아테네**으로 간다. 아덴을 돌아보는 바울의 마음은 착잡했다.**
가는 곳마다 신전과 우상이 있기 때문이다.
바울은 회당에서 변론하다가 시장에서 사람들을 만나 변론한다.
몇몇 철학자들과 논쟁을 한다.
그들은 예수의 부활을 말하는 바울을 어리석은 자로 여긴다.
바울은 많은 학자, 철학자들이 모이는 아레오바고Areopagus에 섰다.
당대 최고의 지성, 최고의 철학이라는 아테네의 아레오바고다.

거기에서 바울은 담대하게 복음을 전한다.
"너희는 알지 못하는 신과 수많은 신들을 섬긴다.
내가 우주와 만유를 지으신 신을 소개한다.
그 신은 사람의 손으로 섬김을 받지 않는다. 만인에게 생명을 주신다.
모든 인류를 한 혈통으로 거주하게 하시고 연대와 거주의 경계를 정하셨다."

"그는 멀리 계시지 않고 우리는 그를 힘입어 살고 있다.
그 신은 금이나 은, 돌에다 새기는 것이 아니다.'
이것을 알지 못하던 시대에도 하나님은 허물 삼지 않으셨다."

"이제는 회개하라. 이제 천하를 공의로 심판 날을 정하시고
죽은 자 가운데서 다시 살리신 것으로 증거하셨다."

여기까지 듣던 그들은 죽은 자의 부활을 믿을 수 없었다.
바울의 연설을 그치게 했고 바울은 그 자리를 떠난다.
그러나 그들 가운데 바울의 연설을 듣고 예수를 믿는 자들은 있었다.
아레오바고 관원인 디오누시오Dionysius와 여자 다마리Damaris이다.

바울은 아덴에서 고린도로 간다. 브리스길라와 아굴라 부부를 만나 같이 일한다.
실라와 디모데가 합류해 헬라인 유스도의 집을 중심으로 복음을 전한다.
1년 반을 고린도에 머물렀는데 반대 무리들이 소동을 일으킨다.
로마 총독 갈리오 앞에 갔으나 별일 없이 진정된다.

바울 일행은 고린도에서 에베소로 갔다. 반대 없이 말씀을 증거 할 수 있었다.
사람들이 오래 있어 달라고 하지만 바울은 예루살렘으로 가서 유월절을 지키려 한다.

바울 일행은 예루살렘에 갔다가 다시 안디옥으로 간다.
안디옥에 있던 바울은 에베소 교인들과 약속을 기억했다.
브리스길라와 아굴라가 에베소교회의 사역을 하고 있었다.

바울은 아볼로 수준에 머물러 있는 에베소 신자들을 격려하고 세례를 준다.
3개월 동안 에배소 유대인들과 변론한다. 몇몇 사람들이 예수의 도를 비방한다.
바울은 두란노Tyrannus서원을 세워 2년 동안 복음을 전한다.

바울은 마케도냐를 지나 헬라지역으로 가고자 하여 동역자 두 명을 먼저 보낸다.
에베소에서 아테미Artemis 여신상과 신전을 배경으로
장사하는 자들이 바울 때문에 타격을 받았다. 그들의 선동으로 큰 소동이 일어났다.

그 후, 바울은 에베소를 떠나 마케도냐 헬라지방을 거쳐 고린도에 간다.
석 달을 머무르고 수리아로 가고자 한다.
그러나 오순절 절기를 예루살렘에서 지내고 싶었고,
그동안 마케도냐를 비롯한 각지의 헌금을 전달해야 했다.
적대자들이 바울을 죽이려하여 배를 타지 못하고 육로로 마케도냐 쪽으로 간다.

빌립보에서 유월절을 지내고 드로아로 배를 타고 간다.
드로아에서 마지막 설교가 될 거라며 오랫동안 강론을 한다.
청년 유두고가 창문턱에서 듣다가 졸고 떨어져 죽었는데 바울이 기도하여 살려낸다.

바울은 배를 타고 해안선을 따라 갔다.
오순절 절기 날짜에 맞추어 가야했기에 급했다.
지나는 길에 에베소교회가 있지만 시간이 허락되지 않았다.

그래서 사람을 미리 보내어 밀레도 항구에서 장로들을 만난다.
다시는 이곳에 오지 못할 거라는 바울의 인사에 슬픈 이별이 된다.
밀레도에서 두로Tyre에 도착한다.
두로 신자들에게 이번에는 바울이 감옥에 갇힐거라는 계시가 있었다.
주위의 만류에도 불구하고 바울은 떠난다.

가이사라에 며칠 정박할 때, 유대로부터 아가보 선지자가 온다.
바울이 손과 발이 묶여 이방인에게 넘겨질 거라는 계시를 준다.
아가보 선지자가 울면서 예루살렘 행을 막지만
바울은 죽음까지 각오한다며 오히려 그를 다독인다.

드디어 예루살렘에 도착했고 야고보의 집에서 이방 교회의 소식을 전한다.
감사함으로 영광을 돌린다. 그런데 예루살렘에는 바울을 반대하는 무리들이 있었다.
바울에 대해 좋지 않은 소문이 나 있었다. 그러나 이러한 것은 뜬소문이었다.
'유대인들은 자녀들에게 할례를 하지 말라.'
'의식적 율법들도 지키지 말라.'
그 무렵 소아시아에서 온 유대인들이 성전에서 바울을 본다.

드디어 바울에 대한 비방이 시작된다.
바울이 율법과 성전예배를 폐할 것을 가르쳤다고 성이 소동하고 바울을 죽이려한다.
로마 군대가 출동해 바울이 체포된다. 결박된 채 기회를 얻어 예수를 증거한다.
로마의 천부장에 의해 산헤드린 총회가 소집된다.
바울이 부활 문제를 꺼내자 공회는 논쟁이 격렬해진다.

그날 밤, 주께서 바울에게 나타나신다.
'담대하라. 네가 예루살렘에서처럼 로마에서도 증거해야 하리라.'
몇몇 유대인들은 바울을 죽이기 위한 결사대를 만든다.
로마의 천부장이 미리 알고 로마 총독이 있는 가이사랴로 호송한다.

_ 사도행전 15장에서 27장까지

## 생각하기

바나바와 바울의 다툼은 상처이다. 선교를 위해서 다투었지만 결국 둘은 갈라진다.
바나바와 바울 같은 지도자들도 사람으로서의 성정과 성격이 있다.
**하지만 훗날 마가는 베드로의 좋은 동역자가 된다.**
바울 말년에 그는 바울의 동역자가 된다.

성령의 인도하심은 환경을 통해서 나타날 때가 많다.
내 계획과 생각이 아닌, 저 멀리까지 나를 사용하신 분은 하나님이시다.
바울의 만남은 하나님의 인도하심이다.
디모데, 누가, 루디아를 만나고 브리스길라와 아굴라를 만난다.
이 조력자들은 하나님의 일에 동원된 자들이다.

주를 위한 일일지라도 일사천리는 아니다. 반대하는 자, 심지어 죽이려는 자가 있다.
**'하나님의 일을 하려는데 왜 이런 일이?'**
이런 의문을 많이 가진다. 바울 사역에서 답을 얻는다.
**이 길을 막고, 저 길을 여시며, 벽을 뚫어 문도 만들어 주시지만**
**문을 벽으로 만들어 주시기도 한다.**
이유는 하나님께 있다. 기도로 물어야 한다.

감옥에 갇혀도 할 수 있는 일이 있다. 기도와 찬양이다.
바울과 실라가 갇혔던 빌립보 감옥 간수의 질문이다.
"어떻게 하여야 구원을 얻습니까?"
"주 예수를 믿으라. 그리하면 너와 네 집이 구원을 얻으리라."

만고불변의 그리스도교의 진리가 여기서 나온다.
유대인들의 시기猜忌는 민족우월주의만이 이유가 아니다.
불량배를 고용해서 집을 습격하고 거짓으로 고소하는 것에는 다른 이유도 있다.
**그들은 하나님을 믿었고 성경을 매일 읽었지만**
**자신들에게 물리적 손실이 오자 시기심과 탐욕이 신앙을 앞지른 것이다.**

당시 아테네는 에피쿠로스, 스토아 철학들이 주류였다.
- 에피쿠로스 학파: 검소한 생활로 마음의 평화를 얻는 것이
  진정한 쾌락이라고 주장하여 쾌락주의자라고 한다.

• 스토아 학파: 인간은 이성을 갖추었지만 한계를 가졌다.
그래서 자연이 부여한 그대로의 자기 운명을 알고
운명대로 살아가는 것이다. 자연으로 돌아가야 했다.

동시에 각종 신전과 제단이 가득했다.
그들에게 창조주 하나님과 부활하신 예수를 전한다. 그들에게 배척을 받는다.

바울은 고린도에서 일하며 복음을 전한다.
가는 곳마다 유대인들의 협박과 위협은 바울을 불안하게 한다.
하지만 18개월을 사역한다. 그는 늘 주님께 물었다. '**지금 떠날까요?**'

좋은 동역자들이 있다. 낯선 땅에서 도움을 준 아굴라, 브리스길라 부부와
항상 어려움을 같이 해준 실라와 디모데이다. 누가도 있다.
'나의 힘이 되신 하나님'은 '힘이 되는 이들'을 붙이신다.
빌립보교회에서 유월절 성찬식을 한다.
드로아에서 늦게까지 바울이 말씀을 전한다. 유두고는 사람이 많아 난간에서 듣는다.
유두고가 졸다가 떨어져 죽었는데 바울이 살려낸다.

**예수의 죽음과 부활이 진행됐던 유월절.**
**죽은 자 가운데서 부활하신 예수의 능력으로 죽은 유두고가 살아난다.**
예수의 죽음과 부활에 연합한 성찬식과 성도의 죽음과 부활이다.
여러 성도들이 바울의 고난을 예견한다. 예루살렘 방문을 취소하라고 간곡히 말한다.
바울은 죽을 것을 각오하면서 예루살렘을 향한다.
그때 주님께서 들려주신다. '로마에 갈 것이다.'

유대인이 바울을 죽이려 하자 로마군대는 가이사라까지 바울을 보호한다.
바울을 고소하려고 100km 넘는 거리를 대제사장이 최고의 변호사를 대동하고 온다.
로마총독 벨릭스에게 바울의 죄목을 열거한다.
전염병 같은 자, 소란을 일으키는 자, 이단의 괴수, 성전을 더럽히는 자라고….
무죄함을 안 벨릭스는 유대인들의 눈치를 보고 2년을 가이사랴 감옥에 놔둔다.
벨릭스는 임기가 끝나자 베스도 총독에게 위임한다.

베스도 총독의 심문에도 바울은 의연하다.
베스도는 사형죄는 커녕 상소문의 제목조차 찾지 못한다.
결국 베스도는 황제에게 상소하지 않았다면 석방했을 것이라고 한다.
바울은 로마군대의 보호를 받고 로마로 가게 된다. 누가와 아리스다고가 동행한다.

## 80 드디어 로마로 가다

대제사장들과 유대인 지도자들이 베스도에게 바울을 고소했습니다.
그들은 베스도에게 환심을 사며 바울을
다시 예루살렘으로 보내달라고 간청합니다.
그들은 길에 사람들을 매복시켰다가 바울을 죽일 계획이었습니다.
베스도가 재판석에 앉아서 바울을 데려오라고 명령했습니다.
바울이 나타나자, 여러 가지 무서운 죄목을 대며 고발하기 시작했지만
입증할 만한 증거는 제시하지 못했습니다.

바울은 자신을 변호했습니다.
"나는 유대인의 율법이나 성전이나 로마 황제를 거스르는 죄를 지은 적이 없다.
혹, 내게 잘못한 일로 법에 따라 사형을 당해야 한다면, 죽음을 피할 생각은 없다.
그러나 고발한 내용이 사실이 아니라면, 누구도 나를 이들에게 넘겨줄 수 없다.
나는 로마 황제에게 상소하겠다."

베스도는 이 문제를 두고 배심원들과 상의한 뒤에 말했습니다.
"바울이 황제에게 상소했으니, 황제에게 가게 될 것이다.
내가 판단하기에 그는 죽임을 당할 만한 죄를 범하지 않았다.
그런데 황제에게 상소하였으므로 그를 로마로 보내기로 결정했다.
하지만 이 사람에 관해서 황제께 써 보낼 만한 자료가 내게는 없다.
그래서 이 사람을 여러분 앞에, 아그립바 왕 앞에 불러 낸 것이다.
여러분이 이 사람을 심문하면 황제께 보고할 자료가 생기지 않을까 기대한다."

아그립바가 바울에게 해명할 기회를 주었습니다. 바울은 해명했습니다.
이를 듣던 아그립바 왕과 베스도 총독과 버니게를 비롯해서
그들과 함께 앉아 있던 사람들이 모두 일어나 방을 나가며 말했습니다.
"이 사람은 사형을 당하거나 감옥에 갇힐 만한 일은 하나도 하지 않았다."
"이 사람이 황제에게 상소하지 않았다면, 지금 석방될 수도 있었을 텐데….

바울 일행이 배를 타고 이탈리아로 가기로 결정되자,
황제 부대 소속 율리오라는 백부장에게 바울과 다른 죄수들을 넘겨주었습니다.
아드라뭇데노에서 온 배를 타고 떠났습니다.
데살로니가 출신의 마케도니아 사람인 아리스다고가 함께 가게 되었습니다.
이튿날, 시돈에 도착했습니다. 율리오는 바울에게 매우 친절했습니다.

그는 바울이 친구들에게 자유롭게 갈 수 있도록 해 주었고,
그들이 바울에게 쓸 것을 줄 수 있도록 허락 하였습니다.

시돈을 떠나 항해를 계속하려고 했을 때,
맞바람이 세차게 불어와 키프로스 섬에 바짝 붙어 항해해야 했습니다.
길리기아와 밤빌리아 앞바다를 가로질러 루기아 지방의 무라에 도착했습니다.
그곳에서 로마 군대 백부장은 알렉산드리아를 떠나
이탈리아로 가는 배를 발견하고 우리를 그 배에 태웠습니다.

며칠 동안 천천히 항해한 끝에 우리는 해안가를 따라 어렵게 항해하여
라새아라는 도시에서 가까운 '아름다운 항구'라 하는 곳에 도착하였습니다.
바울: "여러분, 계속해서 항해를 하다가는 큰 어려움을 겪게 될 것입니다.
배와 짐만 손실되는 것이 아니라 우리 목숨까지도 잃게 될 것입니다."
그러나 백부장은 선장과 선주의 말을 더 믿고 크레타 섬 해안을 따라 갔습니다.

그런데 갑자기 '유라굴로'라고 부르는 폭풍이 섬 쪽에서 불어왔습니다.
심한 폭풍에 시달리자 이튿날에는 선원들이 짐을 바다에 내던졌습니다.
삼 일째에는 배에 장비마저 내던졌고 칠 일째에는 해와 별도 보지 못했습니다.
바람은 계속해서 거세게 불고 결국 살 수 있다는 희망을
모두 포기하고 말았습니다.
오랫동안 아무것도 먹지 못하고 있는 가운데 바울이 일어나 말했습니다.
"여러분, 내가 크레타 섬을 떠나지 말자고 한 말을 들었어야 했습니다.
그랬다면 이런 손해는 물론 물건을 잃어버리지도 않았을 것입니다.
하지만 용기를 내십시오. 배만 잃을 뿐 누구 한 사람도 목숨을 잃지 않을 것이오."

"지난밤에 나의 주님이 내 곁에 나타나 이렇게 말해 주었습니다.
'바울아, 두려워하지 말라. 너는 반드시 황제 가이사 앞에 서야 한다.'
하나님께서 너와 함께 항해하는 사람들의 목숨을 너에게 맡겨 주셨다."
십사 일 되던 밤에 아드리아 바다에서 표류하였습니다.
한밤중에 선원들은 우리가 어느 섬에 가까워지고 있음을 느꼈습니다.
배 안에 있던 사람들은 모두 이백칠십육 명이었습니다.

_ 사도행전 25장부터 28장에서

### 살펴보기

베스도 총독이 재판을 다시 열었다.
유대인들은 죄목을 들어 고소했지만 입증하지 못한다.
바울이 황제에게 상소하겠다고 한다.
며칠 뒤에 베스도의 부임 환영인사를 위해 유대의 아그립바 왕이 온다.
아그립바 왕이 바울에게 해명을 요구하자 바울은 담대히 역설한다.
베스도와 아그립바는 사형이나 감옥 갇힐 일은 없다고 한다.
아그립바는 황제에게 상소하지 않았다면 지금 석방했을 것이라고 말한다.
드디어 로마로 호송되어 간다.
배를 타고 아시아 여러 항구를 거쳐 로마에 이르는 여정이다.

### 생각하기

벨릭스 총독, 베스도 총독, 아그립바 왕 모두 같은 결론이다.
바울은 사형 받을 죄도, 감옥에 갇힐 죄도 없다.
그러나 바울의 로마 황제에게 항소권으로 로마로 간다.
당시 로마시민은 황제에게 재판 받을 권리가 있었다.
바울의 항해경력으로 겨울바다의 항해를 만류한다.
그러나 선주와 선장, 백부장은 항해를 고집한다.
**배를 타고 로마로 가는 길은 쉽지 않다. 그러나 바울이 그 배에 타고 있다.**
**그래서 모진 풍랑에 난파했어도 사망자 없이 도착한다.**

### 적용하기

바울의 로마행은 안전하다.
압송되고 쇠사슬에 묶여있지만, 로마군대가 바울을 안전하게 보호한다.
하는 일이 선하고, 하나님의 일이라도 모든 것들이 순탄하지는 않다.
그러나 모든 역경을 통과해서 그 일을 이룰 것이다.
그 역경 가운데 끝까지 하나님을 신뢰해야 한다.
항해를 고집한 사유는 욕심이다.
이 시기에 도착하는 곡식은 값을 많이 받을 수 있기 때문이다.
태풍의 한 가운데 있어도 하나님을 믿고 의지해야 한다.
상식과 경험을 초월한 욕심은 위험하다.
바울이 배에 탔다면 로마에 어떻게 해서든지 가도록 한다.
누가? 하나님께서. 사탄은 풍랑으로 방해하지만 하나님의 뜻대로 이루어진다.

# 바울의 선교여행

## 1) 1차 선교여행

<table>
<tr><th>1차 선교여행</th><th colspan="2">선교 지역</th><th>사역</th></tr>
<tr><td rowspan="8">사도행전<br>13:1-15:35<br>(바울, 바나바, 요한)</td><td colspan="2">수리아지방 안디옥</td><td>안디옥 교회로부터 바울, 바나바, 마가 요한이 파송 됨</td></tr>
<tr><td colspan="2">구브로지방 바보</td><td>총독 바기오의 회심, 거짓 선지자 바예수가 소경이 됨</td></tr>
<tr><td colspan="2">밤빌리아지방 버가</td><td>마가 요한이 중도에서 예루살렘으로 돌아감</td></tr>
<tr><td colspan="2">비시디지방 안디옥</td><td>유대인들이 바울을 핍박함</td></tr>
<tr><td rowspan="3">갈라디아<br>지방</td><td>이고디온</td><td>유대인과 이방인들이 바울 일행을 죽이려고 함</td></tr>
<tr><td>루스드라</td><td>바울이 앉은뱅이를 고침, 바울 일행이 핍박 받음</td></tr>
<tr><td>더베</td><td>장로들을 세우고 성도들을 돌봄</td></tr>
<tr><td colspan="3">갈라디아 더베를 끝으로 다시 루스드라 - 이고니온 - 비시디아 안디옥 -<br>- 밤빌리아 버가 - 앗달리아 - 수리아 안디옥으로 돌아옴</td></tr>
</table>

## 2) 2차 선교여행

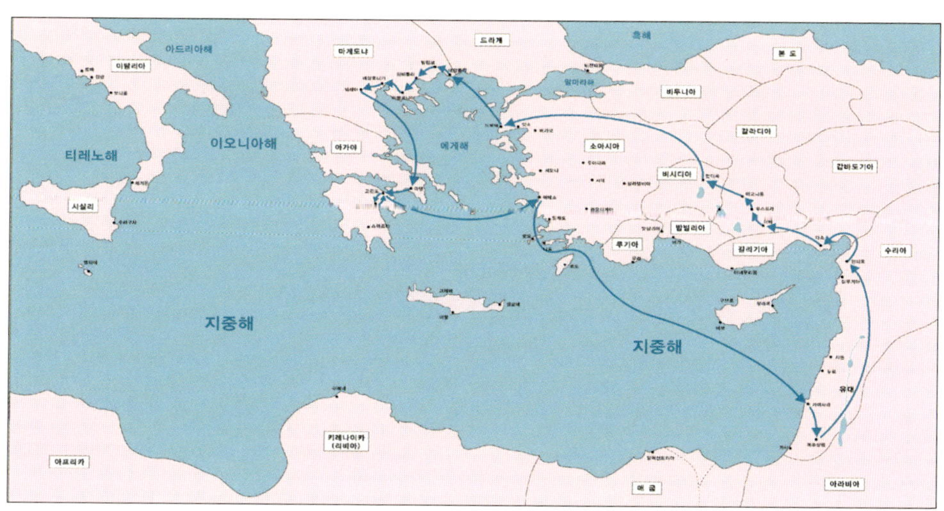


| 2차 선교여행 | 선교지역 | | 사 역 |
|---|---|---|---|
| 사도행전<br>15:36-18:22<br>(바울, 실라, 디모데) | 수리아 지방 안디옥 | | 마가 요한의 동행 문제로 바울과 바나바가 갈라섬 |
| | 길리기아 지방 | 다소 | 바울의 출생지 |
| | | 더베 | |
| | 갈라디아 지방 | 루스드라 | 디모데를 동역자로 삼음 |
| | | 이고니온 | 예루살렘 공의회의 이방인 선교에 대한 결정 알림 |
| | 소아시아 지방 드로아 | | 마게도냐인의 환상을 봄 |
| | 마게도냐 지방 | 네압볼리 | |
| | | 빌립보 | 귀신 들린 소녀를 치료 후 감옥에 갇힘, 간수장 가족 구원 |
| | | 데살로니가 | 유대인들의 핍박으로 베뢰아로 도피 (세 안식일 사역) |
| | | 베뢰아 | 데살로니가에서 내려온 유대인들의 핍박과 도피 |
| | 아가야 지방 | 아덴 | 아레오바고에서의 예수님의 부활에 대해 설교함 |
| | | 고린도 | 1년 6개월간 머물며 교회를 세움 |
| | | 겐그리아 | 서원으로 인해서 머리를 깎음 |
| | 해로를 이용해 에베소에 잠시 머물렀다가<br>가이사랴 - 예루살렘 – 수리아 안디옥으로 돌아옴 | | |

### 3) 3차 선교여행

| 3차 선교여행 | 선교 지역 | | 사역 |
|---|---|---|---|
| 18:23~21:16<br>(바울-디모데) | 수리아의 안디옥 | | 마가 요한의 동행 문제로<br>바울과 바나바가 갈라섬 |
| | 길리기아의 다소 | | |
| | 갈라디아의<br>더베-루스드라-이고니온 | | |
| | 비시디아의 안디옥 | | |
| | 소아시아<br>지방 | 에베소 | 3년간 머물며 교회를 세움, 마술 서적을 불태움 |
| | | 드로아 | 아데미 신상 판매하는 자들로 인한 소동 |
| | 마게도냐<br>지방 | 네압볼리-빌립보 | |
| | | 데살로니가-뵈레아 | |
| | 아가야<br>지방 | 아덴 | |
| | | 고린도 | 배를 타고 수리아 안디옥으로 돌아가려<br>했으나 유대인의 음모로 육로를 이용하여<br>마게도냐로 향함 |
| | 마게도냐 지방<br>빌립보-네압볼리 | | |
| | 소아시아<br>지방 | 드로아 | 설교 듣다가 떨어져 죽은 유두고를 살림 |
| | | 앗소-미둘레네 | |
| | | 밀레도-니도 | 밀레도에서 에베소 장로들과 만남 |
| | 시돈-가이사랴-예루살렘 | | 가이사랴에서 선지자 아가보의 예언 들음 |

*출처: 『키워드로 읽는 성경』 김광복. 2020. 한국NCD미디어

# 81 새사람이 살아가는 법

그리스도 예수 안에 있는 사람은 정죄를 받지 않습니다.
그리스도 예수 안에서 생명을 주시는 성령의 법이
죄와 사망의 법에서 여러분을 해방시켰기 때문입니다.

죄의 본성을 따라 사는 사람들은 죄의 본성이 바라는 일을 생각하지만,
성령을 따라 사는 사람들은 성령이 바라시는 일을 생각합니다.
죄 본성의 지배를 받는 사람의 생각은 죽음이지만,
성령의 지배를 받는 사람의 생각은 생명과 평강입니다.

그러나 하나님의 영이 여러분 안에 계신다면,
여러분은 죄의 본성의 지배를 받지 않고 성령의 지배를 받게 됩니다.
누구든지 그리스도의 영이 없는 사람은 그리스도에게 속한 사람이 아닙니다.
하나님의 영으로 인도받는 사람들은 누구나 하나님의 자녀이기 때문입니다.

여러분이 받은 성령은 여러분을 다시 두려움에 이르게 하는,
노예로 만드는 영이 아니라 여러분을 하나님의 자녀가 되게 하는 영이십니다.
그래서 우리는 그 성령을 의지하여 '아바, 아버지'라고 부를 수 있습니다.

이에 대해 우리가 무엇이라고 말할 수 있겠습니까?
하나님께서 우리 편이시라면 누가 우리를 대적하겠습니까?
자기 아들까지도 아끼지 않고 우리 모두를 위해 내어 주신 분께서
그 아들과 함께 우리에게 모든 것을 은혜로 주지 않으시겠습니까?

누가 우리를 그리스도의 사랑에서 끊을 수 있겠습니까?
환난입니까? 아니면 어려움입니까? 핍박입니까? 굶주림입니까?
헐벗음입니까? 위험입니까? 아니면 칼입니까?
나는 확신합니다. 죽음이나 생명이나, 천사들이나 하늘의 권세자들이나,
현재 일이나, 미래 일이나, 어떤 힘이나, 가장 높은 것이나 깊은 것이나,
**그 밖의 어떤 피조물이라도 우리를 우리 주 그리스도 예수 안에 있는**
**하나님의 사랑에서 끊을 수 없습니다.**

_ 로마서 8장에서

### 살펴보기

예수 안에 있는 자는 정죄함이 없다. 이 정죄는 영원한 죽음, 곧 심판이다.
예수 믿음을 통해서 성령이 신자들 안에 내주하기 때문이다.
'성령을 따라 사는 자'에게 '생명과 평안'은 하나님의 법이 따른다.
**성령을 따르는 자발적인 순종은 우리를 기쁘게 한다. 예수의 영이 신자들 안에 있다.**
**그 영이 '양자의 영'으로 하나님을 향하여 '아바, 아버지'라고 부른다.**
그러나 새사람이 되었음에도 불구하고, 아직 육체를 가진 자이다.
계속 정욕과 육체를 십자가에 못박고 성령을 따라 살아야 한다.
**사랑하는 자녀들에게 모든 것이 합력하여 선을 이루도록 도우신다.**
**하나님의 사랑에서 떼어 놓지 않으신다.**
그렇다고 새사람은 종말론적 신분이기에 자동적으로 새 삶을 주지 않는다.

### 생각하기

성령은 내 안에 동거하신다. 말씀을 기억나게 하고 죄를 거부하게 한다.
삶을 구별되게 거룩한 삶을 살아지게 한다.
내가 악한 영의 유혹을 따라가면 계속 근심하며 따라오신다.
'성령의 사람'은 예수 믿는 자의 다른 별칭이다.
이미 그들은 생명과 평강으로 인도함을 받기 때문이다.
어떤 무엇도 성령의 인도를 이기지 못한다.
환난, 어려움, 핍박, 굶주림, 헐벗음, 위험, 죽음[힘]도.
아들을 내주신 하나님의 사랑이 결코 나를 포기하지 않기 때문이다.

### 적용하기

나의 주된 관심사는 어떤 것인가? 그것이 성령과 연결이 되어져있는가?
이것을 놓치면 하나님이 각각의 하나님으로 나뉜다.
고난 없는 영광이 있는가? 예수를 닮아가는 고난이 있는가?

자기 백성을 영원 전의 예정으로 부르셨다.
하나님과의 교제를 통하여 하나님의 뜻에 순종하게 하신다.
내 신앙의 순종이 자발적이 아니라면, 고민도 없다면,
**나는 환난, 어려움, 핍박, 굶주림, 헐벗음, 위험, 죽음에 노출되어 있다.**
**늘 옛사람의 육체에 의해 마음만 소원인 체 맨날 부끄러운 신앙이다.**

## 82 새로운 신분, 새로운 삶

성령을 따라 사십시오. 그러면 육체의 욕망을 따라 살지 않게 될 것입니다.
육체의 욕망은 성령을 거스르고,
성령이 바라시는 것은 육체의 욕망을 거스릅니다.
이 둘은 서로 반대되는 것이므로 여러분의 욕망대로 살 수 없게 합니다.

육체가 하는 일은 곧 음행과 더러움과 음란과 우상 섬기기와
마술과 미움과 다툼과 질투와 화내기와 이기심과 편가르기와 분열과
시기와 술취하기와 흥청거리는 잔치와 같은 것들입니다.
경고합니다. 이런 일을 하는 사람은 하나님의 나라에 들어가지 못합니다.

성령의 열매는
사랑, 기쁨, 평화, 오래 참음, 자비, 착함, 성실, 온유와 절제입니다.
이런 것들을 금지할 율법이 없습니다.
그리스도 예수께 속한 사람은 자기 육체를
정욕과 욕망과 함께 십자가에 못 박았습니다.
우리가 성령으로 새 생명을 얻었으므로 성령을 따라 살아야 합니다.

그리고 교만하지 말고 서로 다투거나 시기하지 말아야 합니다.
서로 다른 사람의 짐을 들어주십시오. 그리스도의 법을 이루는 길입니다.
자기를 다른 사람과 비교하지 마십시오. 저마다 자기 일을 살펴야 합니다.
사람은 저마다 자기 일에 책임을 져야 합니다.
하나님의 가르침을 배우는 자는 가르치는 사람과
모든 좋은 것을 나누어야 합니다.

사람은 자기가 심은 대로 거둘 것입니다.
선한 일을 하다가 낙심하지 말아야 합니다.
기회가 닿는 대로 모든 사람에게 선한 일을 해야 합니다.
특히 믿음의 가정에 그렇게 해야 합니다.

내게는 주 예수 그리스도의 십자가 말고는 아무것도 자랑할 것이 없습니다.
예수의 십자가를 통해 세상은 나에 대해서 죽었고,
나는 세상에 대해서 죽었습니다.
중요한 것은 하나님의 새로운 백성이 되는 것입니다.

_ 갈라디아서 5장과 6장에서

## 살펴보기

예수를 믿고 새로운 신분이 된다. 새 사람이 되었는데 오히려 육으로 마치려 한다.

새로운 신분은 새로운 삶으로 나타나야 한다.

- 이신칭의以信稱義 – 믿음으로 의롭다고 칭하여진다.

믿음과 믿고 사는 삶의 일치를 위해서는 성령을 따라 살아야 한다.

육체의 일은 대부분 자기주장과 자기고집과 자기이익을 구하는 것이다.

**신자란 십자가에 그 정욕을 못 박은 사람이다.**

**그렇지 않으면 계속해서 죄 육체정욕의 종노릇을 할 것이다.**

## 생각하기

육체의 열매는 15가지인데 이것은 분명 사람들의 일이다. 내가 심는다.

- 성적인 악 – 음행, 더러움, 음란
- 종교의 악 – 우상숭배, 마술술수
- 사회적 악 – 미움, 다툼, 질투, 분노, 이기심, 분열, 분파, 시기심
- 무절제 악 – 술 취함, 환락

**성령의 열매 9가지인데 이것도 분명 사람들의 일이다. 내가 심는다.**

사랑, 기쁨, 평화, 오래 참음, 자비, 착함, 성실, 온유, 절제

## 적용하기

적극적인 영적 삶의 태도는 다음과 같다.

- 성령에 따라 살아야 한다.
- 교만하지 말고 다투거나 시기하지 말라
- 죄 지은 사람에게 온유한 마음으로. 그러나 나도 유혹에 빠지지 않도록.
- 서로 다른 사람의 짐을 들어주라.
- 자기를 다른 사람과 비교하지 말라.
- 자기 일에 책임을 져라.
- 배우는 자는 가르치는 자와 좋은 것을 나누어라.
- 스스로 속이지 말라.
- 선한 일 하다가 낙심하지 말라.
- 기회가 있을 때마다 모든 사람에게 선한 일을 해라.

**이것이 새로운 신분, 새로운 삶, 사랑으로 사는 삶이다.**

# 83 완전무장 - 승리를 위한

끝으로 주님의 크신 능력 안에서 강해지십시오.
사탄의 악한 속임수에 넘어가지 않도록,
하나님의 무기로 완전무장 하시기 바랍니다.

우리의 싸움은 이 땅의 사람들에 대항하여 싸우는 것이 아니라
이 세상의 어두운 세력들과 공중의 권세 잡은 악한 영들에 대항해 싸웁니다.
하나님의 전신갑주가 필요한 이유가 여기 있습니다.
이는 악한 날에 쓰러지지 않고 싸움이 끝난 후에도 굳게 서기 위해서 입니다.

이제 굳게 서서 진리의 허리띠를 띠고, 가슴에 의의 흉배를 붙이십시오.
발에는 평화의 복음을 전할 신을 신으십시오.
손에는 악한 자의 불화살을 막아 낼 믿음의 방패를 드십시오.
머리에는 구원의 투구를 쓰고, 하나님의 말씀인 성령의 칼을 쥐십시오.

성령 안에서 늘 기도하고 필요한 모든 것을 위해 간구하십시오.
언제나 준비된 마음으로 좌절하지 말고,
다른 그리스도인들을 위해서도 기도하십시오.

또한 나를 위해서도 기도해 주십시오.
두려움 없이 담대하게 복음을 말할 수 있도록 나를 위해 기도해 주십시오.
나는 복음을 전하는 자로서의 사명을 받았습니다.

이제 나는 감옥에서 이 일을 합니다.
내가 옥중에서도 말씀을 담대하게 전파할 수 있도록 기도해 주십시오.

_ 에베소서 6장에서

## 살펴보기

에베소는 지금 터키의 '셀축'Selçuk이다. 당시 소아시아 수도로 인구 50만 정도였다.
에베소교회는 바울이 세웠고 3년 머물러 있었다.
브리스길라와 아굴라가 사역을 한 곳이다. 디모데, 사도요한도 사역했다.

신자의 새로운 신분인 하나님의 백성자녀은 어디서 지탱이 되는가?
새로 만들어진 세상이 아니라 지금 사는 세상이다.
수많은 문제와 사건이 난무하는 현실 세계이다.
그 안에서 믿음 가진 자들은 그 믿음을 지키기 위해 선한 싸움을 한다.
필요한 것은 전신갑주全身甲冑, 온 몸에 갑옷과 투구를 입는 것이다.
좌절하지 말고 필요한 모든 것을 간구하여야 한다.
그리고 다른 성도들을 위해 기도해야 한다.

## 생각하기

하나님 은혜와 선택으로 구원받은 자들이 공동체로 존재하는 곳이 교회이다.
목표는 하나님과 그리스도 앞에서 영광스러운 교회이다.
그리스도인이라는 것은 하나님께 속한 자로서의 은총으로
하나님을 대적하고 악한 무리의 행위 앞에 담대히 서는 것이다.
하나님의 말씀으로 무장해야 한다. 말씀과 더불어 기도해야 한다.
나에게 말씀을 주는 목회자를 위해서도 기도해야 한다.

## 적용하기

**예수를 믿었는데 이전의 삶보다 좋아지지 않는 이유가 있다.**
**하나님을 미워하는 사탄의 강력한 공격들이 있기 때문이다.**
**가는 길을 훼방하거나 삶을 유혹한다. 종종 선을 위장하여 찾아와 넘어지게 한다.**
그래서 영적인 전투를 대비해야 한다.
허리띠, 가슴을 두르는 방어판, 벗겨지지 않는 신발, 방패, 투구이다.
이 방어용 장비는 진리, 의, 평안, 믿음, 구원이다.
모두 말씀이다. 하나님의 말씀이 방어용 장비이다.
공격하는 무기는 성령의 힘이다. 이 또한 말씀이다.
말씀을 얼마나 아느냐, 지키느냐가 승패를 좌우한다.

## 84 성도끼리 싸울 수 있다

유오디아와 순두게에게 권합니다. 주님 안에서 화해하십시오.
나의 진실한 협력자이며 친구인 여러분에게도 부탁합니다.
이 여인들이 서로 화해하도록 도와주십시오.
그들은 여러 동역자들과 함께 복음을 전하며 수고한 사람들입니다.
그들 이름 역시 생명책에 기록되어 있지 않습니까?

주님 안에서 항상 기뻐하십시오. 다시 말하거니와 기뻐하십시오.
여러분이 선하고 친절하다는 것을 모든 사람이 알도록 행동하십시오.
걱정하지 말고 필요한 것을 하나님께 구하고 아뢰십시오.
감사하는 마음으로 하나님께 말씀드리십시오.
그러면 우리 주 예수 그리스도 안에서 그 어느 누구도 측량할 수 없는
평안이 여러분의 마음과 생각 가운데 풍성히 임할 것입니다.

형제 여러분, 선함을 추구하며 가치가 있는 것들에 마음을 쏟기 바랍니다.
참되고, 고상하고, 순결하며, 아름답고, 존경할 만한 것들을 생각하십시오.

여러분이 내게서 배운 것과 받은 것들을 행동으로 옮기십시오.
그러면 평화의 하나님께서 여러분과 함께 하실 것입니다.

여러분이 다시 나를 기억하고 도와주니 내 마음은 기쁨으로 가득합니다.
어쩌면 여러분이 늘 가져왔던 관심을 표현할 길이 없었을지도 모르겠습니다.
내 처지가 힘들어서 이렇게 말하는 것은 아닙니다.
나는 내가 가진 것에 만족하고 있으며
어떠한 환경에서도 감사하는 법을 배웠습니다.

가난을 이겨 낼 줄도 알고, 부유함을 누릴 줄도 압니다.
배부를 때나 배고플 때나 넉넉할 때나 궁핍할 때나,
어떤 형편에 처해서도 기뻐하고 즐거워합니다.
내게 능력 주시는 그리스도를 통하여 나는 모든 것을 할 수 있습니다.

_ 빌립보서 4장에서

## 살펴보기

빌립보교회는 바울이 유럽에 최초로 세운 교회이다.
유오디아와 순두개는 빌립보교회의 여성 지도자이다.
이유는 알 수 없지만 의견의 불일치로 분쟁이 일어난다.
그들에게 화해하라고 권면하며 주위 성도들에게 화해를 도와주라고 한다.
그들은 바울과 함께 동역한 수고한 자들이기 때문이다.
기뻐하고 친절하며 염려 말고 필요를 위해 기도하여 문제를 해결하라고.
감사한 마음으로 기도하라고 권면한다. 그때 그리스도의 평안이 임할 것이다.

## 생각하기

교회 안에 심각한 분열 현상이 있다.
교회를 위한 의견의 불일치가 개인의 분열까지 간 것이다.
화해하라는 것은 '같은 마음을 품으라.'는 말이다.
**만약에 이런 다툼이 있을 때 누가 가장 기뻐하는가를 면밀하게 봐야 한다.**
**자칫하면 정당성을 주장하는 내가 사탄의 주구走狗로 사용될 수 있다.**
유오디아, 순두개 모두 생명책에 기록된 이름이기에
옆에 있는 자들에게 합심하여 기도할 것을 요구한다.
염려는 하나님의 보호와 인도하심에 대한 적이다.
하나님을 향한 기도와 간구는 염려 대신 평안을 가져온다.

## 적용하기

교회 안에서 열심히 일하는 자들끼리 다툴 수 있다.
그러나 모두 하나님 나라 백성이다. 결국에는 하나가 될 것이다.
바울은 질책 할 수 있었지만 오히려 그들의 수고를 말한다.
문제 발생의 원인 규명과 책임 여부보다는 해결을 위한 권면이다.
'너희 안에 이 마음을 품으라 곧 그리스도의 마음이다' (빌 2:5)
우리가 반목이나 시기, 파벌의 문제를 피할 수 없다.
그러나 항상 '상대가 나보다 낫다.'라는 겸손은 분열을 피한다.
**내 자존심과 내 집단의 이권으로**
**교회연합 공동체를 파괴하는 것은 그리스도의 마음이 아니다.**
기도할 수 없다면 내가 나쁜 것이다. 상대를 위해 진심으로 기도해야 한다.
그러면 예수께서 마음과 생각을 바꾸실 것이다.

## 85 신앙을 흔들리게 하는 것들

아무도 하나님을 보지 못했으나, 예수님께서 그 모습을 보여주셨습니다.
그의 능력으로 하늘과 땅에 있는 모든 것과 눈에 보이는 것과
보이지 않는 것과 모든 권세와 지위, 주권, 능력이 생겨났습니다.
이는 그리스도에 의해 창조되고, 또 그리스도를 위해 창조되었습니다.

그리스도는 모든 것이 생기기 전에 이미 계셨으며,
이 세상 모든 만물이 그분에 의해 유지되고 있습니다.
그분은 자신의 몸인 교회의 머리가 되십니다.
또한, 모든 것이 그분으로부터 시작되었으며 죽은 사람들 중에서
가장 먼저 살아나셨으므로 모든 것의 으뜸이 되십니다.

하나님께서는 이 땅에 있는 것이나 하늘에 있는 것이나
모든 만물이 오직 예수를 통해 하나님께 나올 수 있도록 정해 놓으셨습니다.
그리스도께서 십자가에서 흘리신 보혈로 평화의 길을 열어 놓으셨습니다.

이전에는 여러분이 하나님과 단절되어 있었습니다.
여러분의 악한 행실 때문에 하나님과 멀어져 하나님과 원수가 된 것입니다.
그러나 이제 그리스도께서 하나님과 친구 사이로 화해시켜 주셨습니다.
그분은 친히 사람의 몸을 입고 이 땅에 오셔서 십자가에 돌아가셨습니다.
우리를 아무 흠 없고 죄 없는 자로 만들어 하나님 앞에 세워주셨습니다.

그리스도 예수를 주님으로 믿었으니 그분 안에서 계속 살아가십시오.
가르침을 받은 대로 믿음에 굳게 서서 늘 감사한 생활을 하십시오.
헛된 말과 거짓 철학에 속아 잘못된 길로 가지 않도록 주의하십시오.
그것들은 모두 사람의 생각에서 비롯되었으며 아무 가치도 없습니다.
결코 그리스도로부터 나온 것이 아니므로 멀리하시기 바랍니다.

하나님의 모든 성품은 이 땅에서
사람의 모습으로 사신 그리스도께 완전히 나타난바 되었습니다.
여러분은 세례를 받음으로 그리스도와 함께 죽었고,
믿음 안에서 다시 그리스도와 함께 살아났습니다.

_ 골로새서 1장부터 3장에서

## 살펴보기

바울은 골로새교회 사역자 에바브라에게 교회문제의 해결을 위해 말한다.
'예수는 만물보다 먼저 계셨다.'
'모든 것이 예수에 의해 창조되었고 예수를 위해 창조되었다.'
'그는 죽은 자들 가운데 맨 먼저 살아나신 분이다.'
'철학이나 헛된 속임수로 사람의 전통과 세상의 간교한 속임수에 속지 말라.'
'여러분은 세례로 예수와 함께 죽고 살아서 할례받은 자다.'
'먹고 마시고, 또 어떤 절기나 안식일 문제로 흔들리지 말라.'
'어느 학문이나 천사 숭배도 꾸며낸 경전도 아무 유익이 없다.'
'예수 믿는 믿음 안에서 흔들리지 말고 굳게 서라.'

## 생각하기

신약성경의 서신서는 서로 아는 사이에서 주고받는 것이다.
내용도 이미 알고 있다는 것을 전제로 쓴다는 말이다.
예를 들면 '그 문제에, 그것은~'이라고 하면
일반 독자는 잘 모르지만 수신자들끼리는 잘 안다.
그래서 우리는 그들의 배경을 알아야 할 필요가 있다.
골로새교회의 문제는 교회를 위협하는 이단들의 주장이다.

- 예수그리스도의 창조 전에 계심을 부인한다.
- 당대 유명한 철학 사조들을 주장한다.
- 천사나 이방의 신들의 숭배를 허용한다.
- 유대교의 할례, 금식, 절기, 안식일 규례를 지켜야한다.

## 적용하기

**기독교는 유일신唯一神 하나님을 섬긴다. 그러나 세상에는 수많은 신들이 있다.**
**하나님의 유일성, 예수의 구원자로서 유일성과 절대성이 우리의 신앙이다.**
2천 년 전부터 세상은 혼합된 종교로 나아가고자 한다.
지금도 모든 종교는 같다면서 기독신앙을 폄하貶下한다.
사회의 다양성과 다원성은 신앙을 더욱 위태롭게 한다.
**그러니 예수그리스도의 유일한 구원자이심과**
**예수를 따르는 자들의 예배는 신앙의 보루堡壘인 것이다.**

## 86 교회 지도자들의 자격

누구든지 감독이 되기를 원하거든 선한 일을 사모해야 합니다.
감독은 사람들의 손가락질을 받아서는 안 됩니다.

따라서 한 아내의 남편이 되며, 절제할 줄 알고,
지혜롭고, 사람들에게 존경을 받고, 남을 잘 대접하며, 잘 가르쳐야 합니다.
술을 많이 마시지 않으며, 싸움을 좋아하지 않고,
신사답고 평온하게 행하며, 돈을 사랑하지 말아야 합니다.

또한, 자녀들이 아버지를 존경하고 신뢰할 수 있도록
자기 가정을 잘 다스려야 합니다.
한 가정을 제대로 이끌어 가지 못하는 사람이
어떻게 하나님의 교회를 잘 이끌 수 있겠습니까?

믿은 지 얼마 안 되는 사람을 감독으로 세우지 마십시오.
너무 교만해져서 마귀가 그랬던 것처럼 벌을 받게 될지도 모릅니다.
감독은 교회 밖의 사람들에게서도 존경을 받아야 합니다.
그래야 남에게 비난받지 않고, 마귀의 꾀임에도 빠지지 않을 수 있습니다.

감독과 마찬가지로 집사도 사람들에게 존경받는 사람이여야 합니다.
한 입으로 두 말을 하지 않으며 술 마시고 흥청대지 아니하고,
남을 속여 자신의 이익을 챙기는 사람이여서는 안 됩니다.
집사들은 깨끗한 양심과 믿음의 깊은 진리를 간직한 사람이여야 합니다.

이런 사람이라도 먼저 시험해 보고 책망할 일이 없으면 섬기게 하십시오.
이와 같이 여자들도 다른 이들의 존경을 받으며
남의 흉을 보지 않고 절제하며 모든 일에 충성해야 합니다.

집사는 한 아내의 남편이 되어 자녀들과 자기 가정을 잘 다스려야 합니다.
집사의 직분을 잘 행한 사람은 영광스런 자리를 차지하고
예수 그리스도에 대한 믿음도 더 확고히 서게 될 것입니다.

_ 디모데전서 3장에서

## 살펴보기

교회라는 공동체에는 지도자가 필요하다. 지도자라 함은 선한 일을 사모해야 한다.
**교회사역은 민주적 공동체이면서 공의와 사랑에 바탕을 둔다.**
**사람들에게 손가락질 받을 행동을 해서는 안 된다.**
가정에서는 좋은 남편과 좋은 아내, 좋은 자녀여야 한다.
자녀들에게도 신앙인으로 직분자로서 인정을 받아야 한다.
그 입술은 한 입으로 두 말하지 않고 말에 실수가 없어야 한다.
자기 이익을 챙기는 자가 아닌, 남을 유익하게 하는 자가 되어야 한다.
이러한 자격은 해마다 더욱 전진하여 예수의 장성한 분량까지 완성해야 한다.
이런 사람을 먼저 시험해 보고 책망할 일이 없을 때 섬기게 하는 것이다.

## 생각하기

직분자를 세우는 것은 교회 공동체를 온전하게 세우고자 함이다.
직분자는 자신의 헌신과 봉사에 대한 대가를 바라거나 요구하지 않는다.
'오직 나의 나 된 것은 예수의 은혜라.'는 고백이 선행되어야 한다.
맡은 자가 구할 것은 오직 충성이라는 것도 새겨두어야 한다.
**자기에게 주어진 직분을 완수하고자 매일 기도하지 않으면 '감투 신앙'이 된다.**
**교회일 뿐만 아니라 소속된 일터에서도 하나님의 자녀로 살아야 한다.**
교회 안에서 참된 예배자이며 일상이 삶으로서의 예배자여야 한다.
그리고 다른 지도자를 세워가는 일은 매우 중요하다.
사과나무의 진짜 열매는 또 하나의 사과나무인 것처럼.

## 적용하기

교회 지도자는 집사, 권사, 장로, 교사, 목사 등이 있다.
그것은 지위가 아닌 직분이다. 높고 낮음이 아닌 각각의 봉사에 대한 역할일 뿐이다.
사회적 지위나 세상적 지식의 유무로 선출하지 않는다.
오직 하나님에 대한 종 된 의식과 교회에 대한 헌신이다.
그러니 사회적으로 지탄을 받는다거나 가정을 소홀히 하면 안 된다.
세워진 자라고 한다면 세움 받을 때의 초심을 지키고 거들먹거리면 안 된다.
내게 직분을 주신 이유를 늘 돌아보아 '감투만 쓴 신앙'으로 가서는 안 된다.
사역에 월권을 하거나 자기주장을 강하게 해 다른 사람의 입을 막지 않아야 한다.
내가 속한 교회의 본이 되어 교회를 대표하는 신앙인이어야 한다.
**아울러 나는 하나님과 예수님의 얼굴임을 늘 상기해야 한다.**
**'나는 무늬만 직분자가 아니다. 나는 감투만 쓴 직분자가 아니다.'**

## 87 가장 큰 유혹 - 돈

주님의 가르침은 하나님을 섬기는 바른 길을 보여줍니다.
그리스도의 가르침을 바로 전하지 않는 사람은 교만하며,
아무것도 알지 못하고 말싸움과 변론을 일삼는 사람입니다.
이런 일은 시기와 다툼과 모욕과 서로에 대한 의심만 가져올 따름입니다.

악한 마음을 품고 다투는 사람들은 이미 진리를 잃어버렸으며,
하나님을 섬기는 일을 돈 버는 수단으로 생각하고 있습니다.
지금 가지고 있는 것에 만족하는 것은 경건에 큰 도움이 됩니다.
우리가 세상에 올 때, 아무것도 가지고 오지 않았으므로
세상을 떠날 때도 아무것도 가져가지 못합니다.
그러므로 먹을 음식과 입을 옷이 있다면 만족할 줄 알아야 합니다.

부자가 되려고 애쓰는 사람은 시험에 들고 함정에 빠지게 됩니다.
어리석은 일을 하다가 결국 자신을 망치는 구덩이에 떨어지는 것입니다.
돈을 사랑하는 것이 모든 악의 뿌리입니다.
돈을 더 많이 얻으려다가 진실한 믿음에서 떠나고
오히려 더 큰 근심과 고통만 당하게 됩니다.
그대는 하나님의 사람이니 이 모든 악을 멀리하십시오.

옳은 길에 서며 하나님을 섬기고 믿음, 사랑, 인내와 온유함을 가지십시오.
믿음을 지키는 것은 달리기 시합과도 같습니다.
영원한 생명을 얻게 될 것을 확신하며 승리할 때까지 열심히 뛰십시오.
이것을 위해 그대는 부르심을 받았고
많은 사람들 앞에서 그리스도를 향한 신앙을 고백한 것입니다.

세상의 부자들에게 이 말을 전하십시오.
교만하지 말며 돈을 의지하지 말고 하나님께 소망을 두라고 가르치십시오.
하나님은 우리가 필요로 하는 모든 것을 주시며 그것을 누리게 하십니다.
선한 일을 하도록 노력하며 베푸는 가운데 부유함을 누리도록
그들을 가르치십시오.
나눠 주고 베풀 때에 맛볼 수 있는 참 기쁨을 말해 주십시오.

_ 디모데전서 6장에서

### 살펴보기

돈은 막강한 위력을 가진다. 그래서 자족하는 마음을 가져야 한다.
빈손으로 세상에 왔기 때문에 떠날 때도 빈손으로 간다.
현재 주어진 삶에 감사하며 만족해야 한다. 부족하다면 힘써 땀 흘려 일해야 한다.
돈은 꼭 필요한 것이다. 그러나 돈을 사랑하는 것은 모든 악의 뿌리가 된다.
돈을 더 얻으려다 믿음에서 떠나기도 하고 더 얻어서 떠나기도 한다.

'그의 나라와 의를 구하면 모든 것을 더하시니 먹고 마시고 입을 것, 염려하지 말라.'
**나에게 큰 나라와 큰 의를 맡기시려면 재물도 크게 주실 것이다.**

### 생각하기

일하지 않고 빨리 부자 되는 것은 패망도 빠르다.
우리는 수고 한 댓가로 정당하게 살아야 한다. 공돈을 거부해야 한다.
세상은 돈이 신적 위치를 차지할 만큼 돈의 세상이다.
그러나 돈으로 사랑을 살 수 있을까? 돈으로 쉼과 행복, 생명을 살 수 있을까?
허다한 사람들이 돈이 부족해서, 돈이 남아서 죄를 짓는다.
**내게 큰 재물을 주셨다면 더 큰 하나님의 나라와 의를 위해 쓰라는 명령이다.**
**그리고 자족하는 마음과 나누는 마음이 돈에 대한 자세이다.**

### 적용하기

우리는 누구나 부자의 삶을 살거나 부자되기를 꿈꾼다.
하나님의 사람으로서 우리는 어떻게 돈을 다루어야 할까?

- 교만한 마음을 갖지 말라. 함부로 쓰지 말고 돈 없는 자를 얕보지 말라.
- 돈을 의지하지 말라. 하나님의 자리에 돈이 앉아 있지 않도록 하라.
- 하나님께 소망을 두라. 하나님만이 모든 것을 후히 주신다.
- 나눠주고 베풀어라. 베푸는 가운데 부유함을 누려라.
- 내게 재물을 주신 이유를 늘 하나님께 물어야 한다.

가족 간 사랑이나 하나님에 대한 믿음처럼 소중한 것들을 돈 때문에 잃었는가?
성도들은 돈을 귀하게 쓸 줄 알아야 한다.
**내가 돈을 소중하게 다루면 돈도 나를 소중하게 대할 것이다.**
**성도는 돈을 값지게, 귀하게 쓸 줄 아는 지혜자여야 한다.**

# 88 멘티 and 멘토

사랑하는 아들 디모데여,
예수 그리스도의 은혜로 강하고 담대하십시오.
내게서 들은 가르침을 충성된 사람들에게 가르치십시오.
그러면 그들이 또다시 다른 사람에게 말씀을 가르칠 것입니다.
예수 그리스도의 훌륭한 군사답게 지금 우리가 받는 고난을 함께 겪으십시오.
군사는 자신의 지휘관을 따라 그를 기쁘게 해야 하기 때문에
이 세상의 작은 일에는 신경을 쓸 수가 없습니다.
경기하는 사람이 규칙을 어기면 상을 받을 수가 없습니다.
열심히 일한 농부가 수확되는 곡식을 먼저 얻는 것이 당연합니다.

귀담아 들으십시오. 주님께서 이 모든 것을 이해할 지혜를 주실 것입니다.
성도들을 가르칠 때 하나님 앞에서 말다툼을 하지 않도록 주의를 주십시오.
말로 하는 논쟁은 아무에게도 도움이 안 되며 듣는 사람들도 망하게 합니다.
그대 스스로 하나님께 인정받는 선한 사람이 되도록 힘쓰고,
하나님을 열심히 섬기십시오.
진리의 말씀을 올바르게 가르쳐 부끄럼이 없는 일꾼이 되도록 노력하십시오.
쓸모없는 세상적인 것들을 이야기하는 사람들을 피하십시오.
그런 이야기들은 경건에서 점점 더 멀어지게 할 뿐입니다.

큰 집에는 금그릇과 은그릇이 있습니다.
그러나 나무그릇과 흙으로 빚은 그릇 또한 있습니다.
특별히 귀하게 쓰이는 그릇도 있지만 평범하게 쓰이는 그릇도 있습니다.
만약 누구든지 악을 멀리하고 자신을 깨끗하게 하면,
주인이신 주님이 쓰기에 귀하고 거룩한 그릇이 될 것입니다.
그런 사람은 언제나 좋은 일에 쓰일 수 있는 준비된 사람입니다.

젊은 사람들이 빠지기 쉬운 정욕을 멀리하십시오.
깨끗한 마음을 가지고 주님을 신뢰하는 사람들과 함께
의와 믿음과 사랑과 평안을 추구하기 바랍니다.
어리석고 무식한 논쟁을 피하십시오. 더 큰 싸움만 일으킬 뿐입니다.
주님의 종은 다투지 않고, 모든 사람을 친절히 대하고 잘 가르치며,
오래 참아야 합니다.

_ 디모데후서 2장에서

## 살펴보기

바울은 디모데를 동역자이며 제자요 아들처럼 여긴다.
마치 아버지가 자녀에게, 스승이 제자에게, 멘토가 멘티에게 일러주듯이 에베소교회를 담임하는 디모데에게 쓴다.
신앙생활에서도 이런 멘토가 있으면 좋은 신앙을 할 것이다.
함께 신앙하는 지기[知己]이며 신앙의 본이 되는 자와 함께 하는 것이다.
**아울러 교회 지도자나 신자들은 성경말씀에 익숙해야 한다.**
**듣는 일에도 익숙해야 하고 성경을 아는 일에도 익숙해야 한다.**
**신앙의 년수는 오래인데 성경 말씀을 아는 것은 여전히 초보이진 않는가?**

## 생각하기

- 강하고 담대하라. 또 충성 된 사람들을 잘 가르치라.
- 그리스도의 훌륭한 군사답게 고난도 겪어라.
- 군인처럼, 농사짓는 농부처럼, 경기하는 선수처럼
  명령에 복종하고, 규칙을 준수하고, 열심히 일하라.
- 그리스도를 깊이 묵상하라. 성도를 가르칠 때 말다툼하지 말라.
- 세상적인 쓸모없는 이야기하는 자를 피하라.
- 그릇의 비유를 들어라.
  금 그릇, 은 그릇, 흙 그릇, 나무 그릇은 모두 각 용도에 따라 쓰인다.
- 성도는 준비된 만큼 각각에 맞는 그릇으로 쓰인다.
- 젊은 사람들은 정욕에 빠지지 않도록 주의하라.
- 어리석고 무식한 논쟁은 피해라.
- 모두에게 친절해야 하고 잘 가르쳐야 하고 오래 참아야 한다.

## 적용하기

디모데에게 말한 세 은유[농부, 군인, 선수]는 일터에서도 지켜야 할 규례이다.
**어느 장소에서도 그리스도인은 부끄러울 것이 없는 자가 되어야 한다.**
군인은 고난을 견디며 상관에 복종한다. 목회자나, 일터의 상사에게 어떠한가?
농부가 시와 때를 알아 파종해야 열매를 맺는다. 때를 알아서 수고하는 자인가?
운동선수는 몸을 만들고 규칙을 준수한다. 몸이 비대하거나 유약하지 않는가?
그리스도를 섬긴다는 것은 이와 같은 자세를 갖는 것이다.
그리고 사소한 일로 다투지 말아야 하고 어리석은 논쟁은 피해야 한다.

## 89 내 인생을 정리해 가면서

마지막 날에 많은 고난이 있다는 것을 기억하십시오.
그때에는 사람들이 자기 자신과 돈만 사랑하며, 뽐내고 교만하며,
다른 사람들을 헐뜯고, 부모에게 순종하지 않을 것입니다.
감사하지 않고, 하나님께서 원하시는 사람이 되려고도 하지 않을 것입니다.

다른 사람에 대한 사랑도 없고, 용서도 없으며, 나쁜 말을 일삼으며,
절제하지도 못하고, 잔인하며, 선한 것을 싫어할 것입니다.
가까운 친구를 배반하고 성급하게 행동하며,
교만하고, 쾌락을 즐기며, 하나님을 사랑하지 않고,
겉으로 하나님을 섬기는 체하나 실제로는 하나님을 경외하지 않을 것입니다.

여러분은 이런 사람들을 멀리하기 바랍니다.
예수 안에서 하나님의 뜻대로 살고자 하면 고난을 겪게 될 것입니다.
그러나 악한 마음을 품고 다른 사람을 속이는 자들은 더 악해져서,
결국 자기 꾀에 속아 넘어가고 말 것입니다.

그대는 지금까지 배워 온 가르침을 계속 좇아가십시오.
이 가르침들이 진실이라는 것은 그대 스스로 알 것입니다.
그리고 그대가 믿을 만한 사람들이 그대에게 이것을 가르쳤습니다.

모든 성경 말씀은 하나님께서
감동을 주셔서 기록되었기 때문에 진리를 가르쳐 주며,
삶 가운데 무엇이 잘못되었는지 알게 해 줍니다.
또한, 그 잘못을 바르게 잡아 주고 의롭게 사는 법을 가르쳐 줍니다.

말씀을 통해 하나님을 바르게 섬기는 자로 준비하게 되고,
모든 좋은 일을 할 수 있는 사람으로 자라게 됩니다.
나는 하나님과 그리스도 예수 앞에서 그대에게 명령합니다.

예수 그리스도께서는 산 자와 죽은 자를 심판하실 분이십니다.
그분은 이 땅에 다시 오셔서 그의 나라를 세우실 것입니다.
언제 어디서나 항상 하나님의 말씀을 전하십시오.

사람들에게 마땅히 해야 할 일을 가르치고,
잘못을 바로잡아 주며, 격려해 주십시오.
끝까지 참고 그들을 잘 가르쳐야 합니다.

사람들이 참된 진리는 들으려고 하지 않고,
오히려 자기들을 즐겁게 해 주며
마음에 드는 말만 하는 선생들을 찾으려는 때가 올 것입니다.
그들은 진리에 귀 기울이기보다는 거짓된 이야기와 가르침을 따를 것입니다.

그러나 그대는 항상 자신을 돌아보며,
고난 받는 것을 두려워하지 마십시오.
복음 전하는 일에 힘쓰며, 하나님의 종으로 해야 할 일을 꿋꿋이 하십시오.

나는 선한 싸움을 싸웠고,
내가 달려가야 할 길도 끝냈으며, 믿음도 지켰습니다.
결국 내게는 의의 면류관이 예비되어 있습니다.

그 면류관은 의의 재판관이신 주님께서 그날에 나뿐만 아니라
주님의 나타나심을 사모하는 모든 사람들에게 상으로 주실 것입니다.
또한, 나뿐만 아니라 주님이 다시 오시기를
간절한 마음으로 기다리는 모든 사람에게도 주실 것입니다.

_ 디모데후서 3장과 4장에서

### 살펴보기

바울은 디모데에게 권면한다.
'너는 나의 모든 것을 잘 알고 있다.'
'가르치는 것, 살아가는 방식, 삶의 목적'
'끊임없이 노력하는 내 마음을 알고 있다.'
'지금까지 배워 온 가르침을 계속 따라가라.'
그리고 성경이 어떤 기능을 갖고 있는지 말해 준다.
마지막으로 자신은 세상을 떠날 때가 가까이 왔다며 자신있게 말한다.
'나는 선한 싸움을 싸웠고, 달려갈 길 끝냈고, 믿음도 지켰다.'
'내게는 의의 면류관이 예비 되어 있다.'
**갈수록 사악한 세상에서 믿음으로 사는 것이 어렵다.**
**그러니 성경말씀을 중심으로 살아가야 한다.**
**'죽음 앞에서 담대하게 싸웠노라. 이겼노라'고 말할 수 있어야 한다.**

### 생각하기

바울은 디모데를 '사랑하는 내 아들'이라고 한다.
연령은 30세 이상 차이가 난다. 성격도, 신분도, 출신도, 건강 상태도 모두 다르다.
그러나 바울은 디모데를 자신의 후계자로 세운다.
모든 결함을 뒤로하고 하나님에 대한 성품만 보았다.
고난 받는 것을 두려워 말고 하나님의 일을 당당하게 하며
언제 어디서나 하나님의 성품을 전하라고 부탁한다.
하나님의 사람으로서, 하나님의 종으로서 해야 할 일을 꿋꿋이 하라고.

### 적용하기

성도로서 끊임없는 노력을 해야 한다.
신앙인, 사회인, 직장인, 가정의 구성원으로서
더 나은 내가 되기 위해 어떤 노력을 해야 할까?
지난 과거를 속속들이 이야기할 만큼
삶을 주고 받는 관계를 가진 자는 미래도 나눌 것이다.
**하나님의 말씀이 내 안에서 역사하기 위해서는 날마다 말씀을 묵상하자.**
**어쩌다 주일에 듣는 설교만으로 말씀이 살아 숨쉬기는 어렵다.**
바울이 자신의 죽음 앞에서 삶을 몇 줄로 정리하는 것처럼,
지금까지의 내 삶을 몇 줄로 정리해보자.

*출처: A Fundamentalist cartoon portraying Modernism as the descent from Christianity to atheism, first published in 1922 and then used in Seven Questions in Dispute by William Jennings Bryan.

**현대인의 몰락 과정**

성경을 신뢰하지 못하고,
하나님의 형상으로 사람이 만들어진 것을 믿지 않고,
기적은 없다고 여기고,
동정녀에게 태어날 수 없다고 믿고,
신이 없다고 믿고,
예수님께서 십자가에 달려 돌아가심으로 우리 죄가 깨끗하게 됨을 믿지 않고,
부활이 없다고 믿고,
불가지론을 믿는다.

# 90 다시 오시는 예수

형제 여러분,
나는 여러분이 죽은 자들에 관해
아무것도 모르는 것을 원하지 않습니다.
아무 소망이 없는 사람들처럼 슬퍼하는 것을 바라지 않기 때문입니다.
우리는 주님께서 죽으셨다가 다시 살아나신 것을 믿고 있습니다.
그러므로 하나님께서는 예수님을 믿다가 죽은 자들도
예수님처럼 분명히 살리실 것입니다.
우리는 지금 주님께서 하신 말씀을 하고 있습니다.

주님께서 오시는 날, 살아 있는 자들은 주님과 함께 있게 될 것입니다.
그날에 주님은 하늘로부터 내려오셔서,
천사장의 소리와 하나님의 나팔 소리가 울리는 가운데
큰 소리로 호령하실 것입니다.
그때 그리스도를 믿다가 죽은 자들이 먼저 일어나고
그후에 살아 있던 자들도 그들과 함께
구름 속으로 끌어 올려져 하늘에서 주님을 만나게 될 것입니다.

그러므로 여러분은 이런 말로 서로 위로하십시오.
주님이 오시는 그날은 한밤중의 도적같이 임할 것이기 때문에
정확한 때와 시간은 말할 수 없습니다.
사람들이 '모든 것이 평안하고 안전하다.'고 말할 그 때에
재난이 갑자기 닥칠 것입니다.

그러나 여러분은 어두움 가운데 있지 않기 때문에
여러분에게는 그날이 도적같이 갑자기 찾아오지 않을 것입니다.
여러분은 빛의 아들들이며 낮에 속한 사람들입니다.
결코 어두움과 밤에 속한 사람들이 아닙니다.
그러므로 다른 사람들처럼 잠들지 말고 깨어서 정신을 차려야 합니다.

_ 데살로니가전서 4장과 5장에서

## 살펴보기

죽은 자에 대해서 소망 없는 자처럼 늘 피하지 말라.
우리는 예수님이 죽었다가 살아난 것을 믿는다.
그렇게 예수 믿다가 죽은 자도 분명히 살아날 것이다.
살아있는 우리도 주님이 오시는 날 그분과 함께 할 것이다.
그러나 그 시간과 때는 정확히 알지 못한다. 갑자기 닥칠 것이다.
누구도 피하지 못한다. 하지만 믿는 자들에게는 예견된 일이다.
늘 깨어있어 정신을 차리고 있어야 한다.
예수는 분명 이 세상에 다시 오신다.

## 생각하기

예수가 다시 세상에 오신다는 것이 '재림'이다.
그 재림의 징조는 예수가 알려주셨다.

- 전쟁과 기근과 지진, 믿는 자들에 대한 박해와 순교
- 거짓 예언자들과 예수를 대적하는 자의 출현
- 하늘해, 달, 별의 무서운 징조 등

하지만 때는 아무도 모른다.
그 재림의 목적은 죽은 자의 부활과 악의 멸망, 모든 인류에 대한 심판,
마지막 심판을 동반한 새 하늘과 새 땅인 하나님의 나라를 세우시는 것이다.

## 적용하기

**개인적 종말은 신체와 영혼의 분리인 죽음이다.**
내 죽음이 언제일지 아무도 모른다. 죽으면 천국과 지옥으로 나뉜다.
신자들의 목적은 이 세상의 정착이 아닌 저 세상인 천국이다.
영원할 것 같은 이곳의 삶은 나그네와 같은 순례자일 뿐이다.
신자들은 악한 세대에서 하나님의 영을 따라 사는 것이다.

그렇다고 죽어서의 천국이 목표는 아니다.
이 땅에 사는 신자로서의 합당한 삶이 있다.
**현재의 삶의 영역에서 하나님의 주권, 하나님의 자녀로 살아가는 것이다.**
**그러면서도 언제나 '아멘, 주 예수여 오소서.' 하는 자세이다.**

# 91 사랑의 대헌장

하나님의 어리석음이 사람의 지혜보다 더 지혜로우며,
하나님의 약함이 사람의 강함보다 더 강합니다.
그러나 하나님께서는 지혜로운 것들을 부끄럽게 하시려고
세상의 미련한 것들을 선택하셨고,
강한 것들을 부끄럽게 하시려고 세상의 약한 것들을 선택하셨습니다.

여러분은 하나님의 성전인 것과 하나님의 성령께서
여러분 안에 계신다는 사실을 알지 못합니까?
누구든지 하나님의 성전을 멸하면, 하나님께서 그 사람을 멸하실 것입니다.
하나님의 성전은 거룩하며, 여러분 자신이 바로 그 성전입니다.

이처럼 여러분은 마땅히 우리를 그리스도의 일꾼이요,
하나님의 비밀을 맡은 관리자로 생각해야 합니다.
맡은 사람에게 더없이 요구되는 것은 충성입니다.

내가 사람의 방언과 천사의 말을 하더라도 내게 사랑이 없다면,
나는 울리는 종과 시끄러운 꽹과리와 다를 것이 없습니다.
내가 예언하는 선물을 받고, 모든 비밀과 모든 지식을 헤아리고,
또 산을 옮길 만한 믿음을 가지고 있다 하더라도
내게 사랑이 없다면 나는 아무것도 아닙니다.

내가 내 모든 재산을 나누어 주고 내 몸을 불사르게 내어 준다 하더라도
사랑이 없으면 내가 얻는 것은 아무것도 없습니다.

- 사랑은 오래 참습니다. 친절합니다. 시기하지 않습니다. 자랑하지 않습니다.
- 교만하지 않습니다. 무례하지 않습니다. 자기 유익을 구하지 않습니다.
- 쉽게 성내지 않고, 원한을 품지 않고, 불의를 기뻐하지 않습니다
- 사랑은 모든 것을 덮어주며, 모든 것을 믿으며, 모든 것을 소망하며,
  모든 것을 견뎌냅니다.
- 믿음, 소망, 사랑, 이 세 가지는 항상 있을 것인데
  그 중에서 가장 위대한 것은 사랑입니다.

_ 고린도전서 3장, 4장, 13장에서

### 살펴보기

나는 하나님께 선택받은 미련하고 약한 자이다.
그런 나에게 하나님께서 들어와 하나님이 계시는 성전이 되었다.
하나님의 성전이 된 나는 어떻게 살아야 할까?
끝없이 요구하시는 것은 하나님께 충성이다.
충성은 계속해서 사랑하며 사는 것이다. 어떻게?
'사랑은 이렇다.' 하면서 15가지가 나열된다.
그리스도인 모두에게 주는 사랑의 헌장이다.
**예수에 대한 믿음, 천국에 대한 소망,**
**하나님과 사람에 대한 사랑은 항상 있어야 한다.**

### 생각하기

예수의 위대한 명령을 한 줄로 쓰면 다음과 같다. '서로 사랑하라.'
사랑을 이루는 방법이다.
'오래 참는다. 친절하다. 시기하지 않는다. 자랑하지 않는다.'
'교만하지 않는다. 무례하지 않는다. 쉽게 화내지 않는다.'
'모든 것을 덮어준다, 믿어준다, 소망한다, 견뎌낸다.' 이다.
이것은 내가 상대하는 어떤 누구일지라도 지켜야 할 헌장이다.
이 사랑은 누구로부터 시작됐을까? 하나님이시고 예수 그리스도이다.
**십자가를 지신 예수 그리스도의 사랑이 사랑의 기준이다.**
**'내가 너를 사랑한 것 같이 너희도 서로 사랑하라.'**

### 적용하기

사랑은 나누고 곱하는 것이다. 내가 다른 사람을 인정해 주는 것이다.
내가 다른 사람의 필요를 채우는 것이다.
'마음을 다하고 뜻을 다하고 힘을 다하여 네 하나님 여호와를 사랑하라.'
'하나님은 사랑이시다.'로 십자가의 죽음으로 자신을 드러내셨다.
하나님 자신이 우리에게 와서 우리를 위해 죽으셨다.
결국 죽음이 없는 신앙은 죽은 신앙이다.
**너는 상관없고 나만 살아야 하는 그런 자세는**
**모든 걸 다 하더라도 '사랑' 하나 없다면 '꽝' 신앙이다.**

## 92 새로운 직책 - 화평케 하는 자 Peace Maker

우리는 보화를 질그릇에 담고 있습니다.
이것은 그 풍성한 능력이 우리에게서 나오는 것이 아니라
하나님께로부터 나오는 것임을 보이시려는 것입니다.

우리는 예수님의 생명이 우리 몸에서 나타나도록 하기 위해,
항상 예수님의 죽으심을 우리 몸에 짊어지고 다닙니다.
예수님의 생명이 죽을 우리 몸에 나타나도록 하기 위해,
우리는 살아 있지만 예수님을 위해 항상 몸을 죽음에 내맡기고 있습니다.

그러므로 우리는 낙심하지 않습니다.
우리의 겉 사람은 점점 낡아지지만 속사람은 날마다 새로워지고 있습니다.
우리가 거하는 땅에 있는 천막집이 무너지면,
하늘에 있는 영원한 집이 우리에게 있다는 것을 압니다.

우리는 모두 그리스도의 심판대 앞에 서야 합니다.
각 사람은 몸을 입고 사는 동안 행한 선한 일이나 악한 일이나
자기가 행한 행위대로 거기에 알맞은 보응을 받게 될 것입니다.

그리스도의 사랑이 우리를 사로잡고 있습니다. 우리는 확신합니다.
한 사람이 모든 사람을 대신하여 죽었으므로 모든 사람이 죽은 것입니다.
그러므로 우리는 이제부터 그 어떤 사람도
세상의 관점으로 보지 않겠습니다.

전에는 우리가 그리스도에 대해서도 세상의 관점으로 알았으나,
이제는 더 이상 그렇게 하지 않겠습니다.
그러므로 누구든지 그리스도 안에 있으면 새로운 창조입니다.
이전 것들은 지나갔고 보십시오. 새 것들이 와 있습니다.

이 모든 것은 하나님께로부터 왔습니다.
하나님께서는 그리스도를 통해 우리를 자신과 화목 시키시고
또한, 우리에게 화목의 직분을 맡기셨습니다.

_ 고린도후서 4장과 5장에서

### 살펴보기

우리는 깨지기 쉬운 질그릇이다. 그런 나에게 예수 그리스도의 복음을 담아주었다.
내 안의 보물 때문에 어떤 어려움, 핍박에도 무너지지 않는다.
죽음에 넘겨진다 해도 예수와 함께 다시 설 것이다.
우리는 그리스도 안에서 새로운 피조물이다.
그리스도로 인해 하나님과 화목하게 된 자들이다.
우리에게 그 화목하게 하는 직책을 주셨다. 하나님의 은혜이다.
이 직책을 수행할 때 육체적, 정신적, 물리적 어려움을 당한다.
그러나 믿지 않는 자와 멍에를 같이 하지 말라.
**'하나님의 성전과 우상은 같이 할 수 없다. 너는 하나님의 성전이다.'**
**'내가 네 가운데 행하여 나는 너의 하나님, 너는 내 백성이 되리라.'**

### 생각하기

나는 비록 질그릇 같지만 내 안에 담긴 분은 그리스도 보물이다.
그 결과는 '하나님과의 화목'이며 그 보물을 전하는 자로 나를 세우셨다.
이 직책을 수행하는 것에는 역경이 있다.
그러나 하나님께서 근심하는 자 기뻐하게, 가난한 자 부요하게,
가진 것 없는 자 모든 것을 갖도록, 반드시 반전시켜 주실 것이다.
믿지 않는 자와 멍에를 같이 하지 말라는 말은 관계의 단절이 아니다.
음행, 호색, 우상숭배, 탐욕 등 그들의 행위에 메이지 말라는 것이다.
'나는 너의 아버지가 되고 너는 내게 자녀가 되리라.'

### 적용하기

예수 안에 있는 나는 세상을 살아가는 하나님의 관점이 생긴다.
새로운 피조물로서 살아가는 삶의 태도와 자세가 달라진다.
예수 믿고 난 뒤에 무엇이 달라졌고 무엇이 달라질 것인가?
나는 분명 화목하게 하는 직책을 가졌는데
아직까지 용서하지 못한 불협화음을 갖는 누군가가 있는가?
나를 통해서 누군가 어떤 질그릇이 '예수보물'을 소유하게 하는 것이 사명이다.
내 신앙의 유약함으로 스스로에 미안함을 갖는다면 도움을 요청하라.
**내 마음을 넓혀 줄 보물이신 그리스도께 구하라.**
**내가 너의 말을 듣고 너를 도우실 것이라 답하신다.**
**나는 '화평케 하는 자'**Peace Maker**이다.**

## 93 고난 속에 거룩한 유지하기

눈앞에 있는 여러 어려움으로 인하여 지금 당장은 힘들고 괴롭겠지만,
여러분의 믿음이 얼마나 강하고 순수한지 알아보기 위한 것일 뿐입니다.
순수한 믿음은 금보다도 훨씬 귀합니다.
여러분을 불러 주신 하나님께서 거룩하신 것처럼
여러분도 모든 행동에 거룩한 사람이 되십시오.

여러분은 하나님을 '아버지'라고 부르면서 기도합니다.
우리 아버지는 각 사람의 행동을 공평하게 판단하십니다.
그러므로 이 세상에 사는 동안 하나님을 경외하며 살아야 할 것입니다.

여러분은 다시 태어났습니다.
다시 태어난 것은 영원한 하나님의 살아 있는 말씀에 의한 것입니다.
'모든 인간은 풀과 같고, 그들의 권력도 들에 핀 꽃과 같으니,
풀은 시들고 꽃은 떨어지나, 주님의 말씀은 영원히 살아 있다.'

그러므로 여러분은 모든 악과 거짓을 버리십시오.
위선자가 되지 말고 시기하며 험담하는 자가 되지 마십시오.
갓난아기가 젖을 찾듯이 순결한 말씀을 사모하십시오.
그러면 여러분의 믿음이 자라나고 구원을 받게 될 것입니다.

그러나 여러분은 하나님께서 선택하신 민족이며 왕의 제사장입니다.
또 거룩한 나라이며 하나님께서 홀로 다스리는 나라의 백성입니다.

여러분이 전에는 하나님의 백성이 아니었지만,
지금은 하나님의 백성입니다.
이전에는 은혜를 몰랐지만, 지금은 은혜를 받고 누리고 있습니다.

사랑하는 여러분, 여러분은 이 세상에서 나그네와 같은 사람들입니다.
그러므로 육신이 원하는 악한 일들을 멀리하시기 바랍니다.
이런 것은 영혼을 대적해 싸우는 것들입니다.

_ 베드로전서 1장과 2장에서

### 살펴보기

신자들은 비방이나 차별, 착취 등의 고난을 받을 수 있다.
그러한 것들로 신자들이 가진 믿음의 순수성을 알아본다.
순수한 믿음은 예수 앞에 칭찬과 영광이다.
그래서 예수 믿기 전과는 다르게 살아야한다.
하나님의 거룩하심처럼 거룩하게 사는 것이다.
하나님을 아버지라 부른다면
형제를 진심으로 사랑함으로써 하나님을 경외해야 한다.
우리는 영원히 살아있는 하나님의 말씀으로 새롭게 태어났다.
그러니 삶 가운데 악한 것은 버려야 한다.
순전한 하나님의 말씀을 사모하며 사는 것이다.
그러면 내 안에 지어지는 성전의 거룩한 제사장이 된다.
나를 부르신 이유는 하나님의 선하심을 선포하는 것이다.

### 생각하기

그리스도인들에게도 고난은 있다. 그러나 고난은 영원하지 않다.
잠깐의 고난은 앞으로 있을 영원한 행복에 비교되지 않는다.
어린 양 예수의 피로 구원받았기 때문에 거룩하게 살아야 한다.
이를 위해서 창세 전에 우리를 선택하셨고 우리를 구원하시고자 예수를 주셨다.
사랑할 수 있는 마음을 주신 것이다.
이런 생명을 가진 존재로 우리는 다시 태어났다.
**이 생명을 계속 유지하는 방법은 말씀을 사모하는 것이다.**
**주위의 믿지 않는 자들 앞에 말씀으로 살아가는 것이다.**

### 적용하기

**그리스도인들은 세상의 법과 질서에 충실해야 한다.**
**그리고 신자로서의 정체성도 분명하게 구별된 삶을 살아야 한다.**
내가 만나는 고난은 나의 신앙의 거룩성을 위한 것이다.
행동의 거룩함이 필요하며 그 상황에서도 사랑하고 있는지 살펴야 한다.
여전히 세상 욕심이 가득한 목표와 삶의 방식을 갖지 않는가?
내 마음과 행위의 중심은 하나님이 되어야 한다.
**그리고 그 하나님 앞에서 늘 나의 정체성과 신분이 당당해야 한다.**
**그 정체성에 혼란을 가져오면 역경은 내가 가져오는 결과일 수 있다.**

## 94 행동하지 않는 믿음 - 죽은 믿음

형제 여러분, 여러 가지 시험을 겪을 때 기쁘게 여기십시오.
여러분은 믿음의 시련을 통하여 인내심이 성장한다는 것을 알고 있습니다.
참고 견디어 조금도 부족함이 없는 완전하고 성숙한 사람이 되십시오.

지혜가 부족한 사람이 있으면 하나님께 구하십시오.
하나님께서는 자비로우셔서 모든 사람에게 나눠 주시는 것을 즐거워하십니다.
하나님께 구할 때는 믿고 구해야 합니다. 조금도 의심하지 마십시오.
의심하는 자는 바다 물결같이 바람에 밀려 이리저리 움직이는 것과 같습니다.

다른 사람의 말은 빨리 듣고, 자신의 말은 천천히 하십시오.
쉽게 화를 내지 말기 바랍니다. 하나님께서 가르쳐 주신 대로 행하십시오.
듣기만 하고 행하지 않는 사람이 되어서는 안 됩니다.
앉아서 듣기만 한다면 그것은 자신을 속이는 것입니다.

하나님께서 받으시는 경건은 어려운 처지에 있는 고아와 과부를 돌보고,
세상의 악에 물들지 않도록 자신을 잘 지키는 것입니다.
하나님께서는 이런 순수하고 깨끗한 신앙을 보십니다.
여러분은 영광스러운 우리 주 예수 그리스도를 믿는 자들입니다.
그러므로 사람들을 차별해서 대하지 말기 바랍니다.

모든 법 위에 우선되는 법이 있습니다. 그 법은 성경에 기록되어 있습니다.
'네 이웃을 네 몸과 같이 사랑하라.'
만일 여러분이 이 율법을 지키면 잘하는 것입니다.
그러나 사람을 차별하여 대한다면 죄를 짓는 것이며,
이 율법에 따라 여러분은 하나님의 법을 어긴 것이 됩니다.

믿음도 마찬가지입니다. 행동이 따르지 않는 믿음은 죽은 믿음입니다.
여러분은 하나님이 한 분이신 것을 믿으니 잘하는 일입니다.
귀신들도 그것을 믿으며 두려워서 떱니다.
행함이 따르지 않는 믿음은 아무 쓸모도 없는 걸 모르시겠습니까?

_ 야고보서 1장과 2장에서

### 살펴보기

믿음에는 시험이 따른다.
그 시험을 기뻐하는 이유는 그로 인해 얻는 것이 있기 때문이다.
인격에 대한 시험은 하나님께로부터 온다.
그러나 유혹이라는 시험은 우리의 타락한 성품에서 온다.
하나님의 말씀을 듣기만 하지 말고 실천으로 옮겨야 한다.
실제 삶 속에서 믿음의 실천은 어려운 자를 구제하는 것이다.
사람을 차별해서 대우하지 않는다.
**모든 법 위에 우선되는 법은 '네 이웃을 네 몸과 같이 사랑하라.'이다.**
**무릇 율법을 다 지켜도 하나만 어기면 모든 율법을 어긴 것이다.**
**믿음이란 반드시 행동이 따르고 그것으로 완전해진다.**

### 생각하기

우리들의 믿음은 시험과 행동에서 나타난다.
또 말과 순결한 인격에서 나타나고 우리들의 기도생활에도 나타난다.
믿음은 행위로 나타난다. 행위가 없는 믿음은 죽은 믿음이다.
생활 속의 죄를 발견하기 위해선 말씀의 거울을 들여다보아야 한다.
사람을 차별해서는 안 되지만 구별해야 한다.
차별 없다며 구별하지 않는다면 자칫 무례한 행동이 될 수 있다.
믿음은 종종 생명을 요구하기도 한다.
그 요구에 기꺼이 순종하며 따를 때 진실한 믿음이 된다.
동전의 양면처럼 믿음과 행동을 구별할 수 없다.

### 적용하기

행실이 우리를 구원하지 않지만 구원받은 자들의 좋은 증거이다.
나의 행실이 누군가에게 보통사람인가? 그리스도인인가?
말씀을 대하는 태도는 깨닫는 대로 고치는 것이다.
이것을 무시하고 뒤로 미룬다면 자신을 속이는 자가 된다.
요즈음 내가 겪는 어려움이 어디서 왔는지 보라.
기꺼이 도와주시는 하나님께 어려움을 말씀드리고 행동을 구하라.
말씀의 듣기는 속히 하고 말은 더디 하자.
**'속히 하라'는 것을 듣고 깨달았으면 '행하라'는 말이고**
**'더디 하라'는 것은 '신중하라'는 말이다.**

## 95 백만 번 더 들어도 좋은 말

여러분이 처음부터 들어온 말씀은 우리가 서로 사랑해야 한다는 것입니다.
자기 형제를 미워하는 사람은 누구나 살인자입니다.
여러분도 아시다시피 살인자에게는 영원한 생명이 있을 수 없습니다.

자녀들이여, 우리는 말로만 사랑하는 사람이 되어서는 안 됩니다.
우리의 사랑은 진실되어야 합니나.
그리고 행함으로써 그 사랑을 보여야 할 것입니다.

하나님께서 우리 안에 거하신다는 사실을 어떻게 알 수 있습니까?
우리는 그것을 하나님께서 우리에게 주신 성령으로 알 수 있습니다.
사랑하는 친구들이여, 우리는 서로서로 사랑해야 합니다.
왜냐하면 사랑은 하나님께로부터 오기 때문입니다.

사랑하는 사람은 하나님의 자녀가 된 것이며,
하나님을 안다고 할 수 있습니다. 하나님은 사랑이시기에,
사랑할 줄 모르는 사람은 하나님을 알지 못하는 자입니다.

진실한 사랑이란 하나님을 향한 우리의 사랑이 아니라,
우리를 향한 하나님의 사랑인 것입니다.
하나님은 아들을 보내셔서 우리의 죄를 위해 화목 제물이 되게 하셨습니다.
어느 누구도 여태까지 하나님을 본 적이 없습니다.
그러나 우리가 서로 사랑하면 하나님께서 우리 안에 거하십니다.

우리가 서로 사랑할 때 하나님의 사랑은 우리 안에서 완전해질 것입니다.
거기엔 두려움이 없습니다. 완전한 사랑이 두려움을 쫓기 때문입니다.

하나님께서 우리를 먼저 사랑해 주셨기 때문에 우리도 사랑해야 합니다.
어떤 사람이 '나는 하나님을 사랑해요.'라고 말하면서
그의 형제를 미워하면 그는 거짓말쟁이입니다.
이는 눈에 보이는 자기의 형제도 사랑하지 못하면서
보이지 않는 하나님을 사랑할 수는 없기 때문입니다.

_ 요한일서 3장과 4장에서

### 살펴보기

예수는 하나님의 아들이다. 창세 전에 계셨고 시간 속에 오셔서 자기 일을 하셨다.
그 분은 이 세상에 사람으로 오셨고 다시 오실 것이다.
자기 백성을 사랑하시어 십자가를 지셨고 구세주가 되신다.
그를 믿는 자들은 사랑해야 한다. 형제를 미워하면 살인자이다.
하나님의 명령으로 예수의 이름을 믿고 서로 사랑해야 한다.
하나님께서 사랑하는 사람 안에 사신다. 말로만 사랑하지 말라.
하나님은 사랑이다. 그 사랑의 실체가 독생자 예수이다.
누구도 하나님을 본 적은 없으나 서로 사랑하면 그들 안에 거하신다.
하나님을 사랑한다면 자기 형제를 사랑하는 것이다.

### 생각하기

**하나님을 믿고 따르는 자는 의로운 생활로 전진한다.**
**이는 하나님의 인도하심을 생활 전반에서 실천하는 것이다.**
죄는 자신의 고집대로 살고자 하는 욕심이다.
하나님을 알고 믿는다는 것은 하나님의 계명을 지키는가에 달려있다.
자기 형제를 사랑하는 것은 빛 가운데 거하는 것이다.
이러한 것들을 가능하게 하는 것이 예수 그리스도의 사랑이다.
그 사랑으로 하나님의 자녀가 되었고 그들에게 재림의 소망이 있다.
그 소망을 가진 자들은 자신을 깨끗하게 한다.
그리고 그것을 통해 자기희생의 사랑이 가능해진다.
**오직 한 가지 계명만이 전부이다. '예수를 믿고 서로 사랑하라.'**

### 적용하기

신앙생활을 오래 해도 여전히 미운 사람이 있는가? 사랑은 용서이다.
시간, 돈, 마음을 기꺼이 내놓아 사랑을 실천해야 한다.
그렇게 하라고 시간, 돈, 마음을 주신 것이다.
내게 말씀하실 때 내놓는 것이 적극적으로 사랑하는 것이다.
나 때문에 하나님의 이름과 교회가 모독을 받아서는 안 된다.
자기들만의 관점으로 이웃사랑을 버린다면 늘 사회의 지탄 대상이 된다.
**백 번 들어도 부족한 말이 있다.**
**'우리가 말과 혀로만 사랑하지 말고 오직 행함과 진실함으로 하라.'**

## 96 이리 힘든데 하나님은 뭐하시지?

계시의 말씀을 읽는 자는 복 있는 사람입니다.
또한 이것을 듣고 그 가운데 기록된 것을
지키는 자들 역시 복 있는 사람입니다.
그것은 이 모든 말씀이 이루어질 날이 점점 다가오고 있기 때문입니다.

예수 그리스도께서 여러분에게 은혜와 평화를 내려 주시기를 빕니다.
예수님은 신실한 증인이십니다.
죽은 자 가운데서 제일 먼저 부활한 분이시며
이 세상 왕들을 다스리는 분이십니다.

우리를 사랑하시며 그의 보혈로 모든 죄에서 우리를 자유롭게 하셨습니다.
보십시오. 예수님은 구름을 타고 오실 것입니다.
모든 사람이 그분을 보게 될 것이며
그분을 창으로 찌른 자들도 보게 될 것입니다.

이 땅의 모든 민족들이 그분 때문에 크게 울 것입니다.
분명히 이 일은 일어날 것입니다! 아멘.

주께서 말씀하셨습니다.
"지금부터 네가 보는 것을 기록하라
에베소, 서머나, 버가모, 두아디라, 사데, 빌라델비아, 라오디게아
일곱 교회에 보내어라.
지금 네가 본 것과
현재 일어나고 있는 일들과
또 앞으로 일어날 일들을 기록하여라."

_ 요한계시록 1장에서

### 살펴보기

'계시'란 베일을 벗긴다는 뜻이다.
이것은 일곱 교회에 보내는 편지로, 읽고 듣고 지키는 자는 복이 있다.
일곱 교회는 현존하는 일곱 모양의 교회로 볼 수 있다.
책의 주인공은 예수이며 부활하신 세상의 왕들을 다스린다.
예수는 자기의 피로 우리를 죄에서 자유롭게 하셨다.
장차 재림하실 것이고 모든 민족은 그분으로 인하여 울 것이다.
'심판의 주'로 오시기 때문이다.
지금 이 글을 쓴 요한은 하나님 말씀과 예수에 대한 진리를 가르쳤다고
소아시아의 밧모라는 섬에 유배된 상태이다. (AD 95년경)
도미티안 황제의 기독교 박해로 희망이 절벽인 시대이다.

### 생각하기

요한계시록은 하나님께 받은 미래에 대한 메시지이다.
그리고 메시지 외에 환상으로 이루어진다.
우주적 종말이 있을 것인데 어린 양 예수의 손에 있다.
예수님께서 역사를 시작하셨고 완성하신다.
요한의 끊임없는 질문은
이러한 박해의 시기에 '하나님과 예수님은 무엇을 하고 계시는가.' 이다.
그때마다 예수께서 답하신다.
'나는 알파요 오메가라. 이제도 있었고 전에도 있었고 장차 올 자요. 전능한 자라.'
**사람이 내일 일을 알 수 있을까?**
**암담한 세상의 어두움에서 헤어 나오지 못할 때 처음과 나중이신 예수를 바라보라.**

### 적용하기

절망의 시대, 암울한 삶에서 오직 희망은 예수 그리스도이다.
어떤 암담한 현실에서도 어떤 눈으로 보는지가 중요하다.
그리스도인은 그 현실을 헤쳐 나가기 전에 예수의 시선을 가져야 한다.
우리가 바라는 세상은 지금 이 세상만이 아니다.
**우리에게 필요한 것은 오직 주를 앙망하며 믿음을 지키는 일이다.**
**우리들의 어려움에 예수는 결코 좌시하지 않고 나를 보신다.**
**예수는 다 보고 계시며 알고 계시며 일하실 것이다.**

## 97 난 너를 다 알고 있다

에베소교회 지도자에게 "너는 고난을 참고, 낙심하지 않고, 잘 견뎌 주었다.
그러나 네가 나를 처음만큼 사랑하지 않고 있다는 사실이다.
어디서 잘못되었는지 생각하고, 회개하여, 예전처럼 행하도록 하여라.
승리하는 자에게 동산에 있는 생명나무의 열매를 먹게 하겠다."

서머나교회 지도자에게 "네가 당하는 고난, 가난한 사정을 내가 알고 있다.
그러나 죽는 그 순간까지 신실하게 믿음을 지키라.
그러면 생명의 면류관을 네게 줄 것이다."

버가모교회 지도자에게 "사탄이 권세를 쥐고 있는 그런 도시에서,
너는 나를 향한 믿음을 굳게 지키고 있다. 그러나 네게 책망할 일이 있다.
너희 가운데 발람의 가르침을 따르는 무리들을 왜 그대로 보고만 있느냐?"

두아디라교회 지도자에게 "너의 사랑과 믿음과 봉사와 인내에 대해서,
처음보다 훨씬 더 열심히 이와 같은 일들을 행하고 있음도 알고 있다.
그러나 스스로 예언자라는 여자, 이세벨을 그대로 두고 보고 있는 일이다."

사데교회 지도자에게 "네가 살아 있다고 하나, 사실은 죽은 자와 다름없다.
완전히 죽기 전에, 조금이라도 남은 힘이 있을 때에 네 자신을 일으켜 세워라."

빌라델비아교회 지도자에게 "네가 결코 강하지 않으나,
내 가르침에 순종하고, 담대히 내 이름을 말하기를 두려워하지 않았다.
나는 그에게 하나님의 이름과 하늘로부터 내려올 새 예루살렘,
곧 하나님의 성 이름을 기록할 것이다.
또, 나의 새 이름도 그에게 기록할 것이다."

라오디게아교회 지도자에게 "네가 차지도 않고 덥지도 않으니,
차든지 덥든지 어느 한 쪽이 되어라.
보아라. 내가 문 앞에 서서 이렇게 두드리고 있다.
**만일 누구든지 내 음성을 듣고 문을 열면**
**내가 그에게로 들어가 그와 함께 먹고 그도 나와 함께 먹을 것이다."**

_ 요한계시록 2장과 3장에서

### 살펴보기

일곱 교회에 대해서 말씀하신다.
'나는 네 행위를 알고 있다. 나는 너의 환난과 궁핍을 안다.'
'나는 네가 어디에 사는지 안다. 나는 너가 한 일을 다 알고 있다.'
'너는 살았다 하나 죽은 자다. 너는 내 말을 지키고 배반하지 않는다.'
'너는 정말 미적지근하구나.'
**하나님과 예수님이 어디 계시냐고, 뭐하시느냐고 묻는다면 답하신다.**
**'나는 너를 다 보고 있다. 알고 있다. 이렇게 해라.'**
**하나님이 침묵하신다 할 때, 하나님은 성경책 속에만 있다 할 때 말씀하신다.**
**'귀 있는 자들은 들을지어다.'**

### 생각하기

- 너는 처음 사랑을 버렸다. 너는 궁핍한 것 같으나 부유하다.
- 너는 어려움 중에서도 믿음을 지켰다.
- 너는 잘하기도 하지만 우상을 끌어들였구나.
- 너는 살았다 하는 이름만 있지 죽은 자다.
- 내가 너를 지키어 시험을 면케 하겠다.
- 너는 부족한 것 없다 하나 가련하고, 가난하고, 눈멀고, 옷 벗었다.

**이렇게 그 속살까지 다 보시며 알고 계신다.**
**나는 어떤 상태일까? 신앙이란 아무도 보지 않는데서 더 잘하는 것이다.**

### 적용하기

**아래의 명령 앞에 나는 어디에 해당할까?**

- 너는 처음 사랑을 회복하라. 의무감의 신앙생활을 회개하라.
- 지금 힘들겠지만 끝까지 충성해라. 어떤 현실이든 두려워 말라.
- 믿음을 지켰다만 사랑이란 미명으로 거짓을 용납하지 말라,
- 사랑과 믿음의 열정이 종교적, 신비적, 의식적으로 가는 것을 돌이키라.
- 너를 보면 아무런 할 말이 없다. 이제 그만 일어나라.
- 아주 열악하고 보잘 것 없는 것 같지만, 너야말로 신실하도다.
  그 믿음과 신앙 굳게 유지해다오.
- 너는 칭찬할 곳이 하나도 없구나. 명목상의 허물뿐인 믿음을 떨궈내라.

**내가 대답할 말은 'yes' 뿐이다.**

## 98 오, 하늘의 예배에 내가 있도다

성령께서 즉시 나를 이끄시어 하늘로 올라갔습니다.
내 앞에는 한 보좌가 있었고 그 보좌에 어떤 분이 앉아 있었습니다.
또한, 스물네 개의 보좌가 그 주위에 있었고,
그 보좌에는 흰옷을 입고 금관을 쓴 스물네 명의 장로가 앉아 있었습니다.
보좌 앞에는 일곱 개의 등불이 켜져 있었는데 하나님의 일곱 영이었습니다.

또, 보좌 앞에는 수정과 같이 맑은 유리 바다가 펼쳐져 있었습니다.
보좌 중앙과 주위에는 눈이 가득한 네 생물이 서 있었습니다.
사자 같고, 송아지 같고, 독수리 같고 사람의 얼굴을 가지고 있었습니다.
이 생물들과 이십사 명의 장로들은 금관을 내려놓으며 이렇게 말하였습니다.
"주 하나님! 주님은 영광과 존귀와 능력을 받으시기에 합당한 분이십니다.
주님의 뜻에 따라 온 세상이 창조되고 또한 존재하고 있습니다."

보좌에 앉으신 분의 오른손에서 어린양이 두루마리를 받았습니다.
그러자 네 생물과 이십사 명의 장로들이 어린양 앞에 찬양하였습니다.
"주님은 봉인을 떼고, 두루마리를 펴기에 합당한 분이십니다.
주님은 죽임을 당하셨고, 그 흘리신 보혈의 댓가로
모든 민족, 언어, 나라로부터 하나님의 백성을 사셨습니다.
죽임을 당하신 어린양께 능력과 부귀와 지혜와 존귀와 영광과 찬양을!"

그후에 엄청난 군중이 모여 있는 것을 내 눈으로 보았습니다.
모든 나라와 민족, 언어를 초월하여 모인 이 사람들은
하나님의 보좌와 어린양 앞에 흰옷을 입고 종려나무 가지를 들고 섰습니다.
"구원은 보좌에 계신 우리 하나님과 어린양에게서 옵니다."

장로: "이 흰옷 입은 사람들이 누구이며, 어디에서 온 사람들인지 아십니까?"
이들은 큰 고난을 겪은 자로 어린양의 피로 옷을 씻어 희게 하였습니다.
보좌 가운데 계시는 어린 양이 그들의 목자가 되셔서
생명수가 흐르는 샘으로 인도하실 것이기 때문입니다.
그리고 하나님께서는 그들의 눈에서 흐르는 눈물을 닦아 주실 것입니다.

_ 요한계시록 4장부터 7장에서

### 살펴보기

요한이 본 '환상'이다. 제일 먼저 보이는 것은 하나님의 보좌이다.
이 세상을 넘어서면 저 세상 하나님의 나라가 있다.
살아계신 하나님의 보좌이고 세상의 보좌와 비교할 수 없다.
수많은 보석과 무지개로 나타나는 하나님은 영광스러움 그 자체이다.
보좌 주변에는 이십사 장로가 있다. 모든 교회의 대표성이다.
승리, 영광의 상징인 흰 옷을 입고 머리에 관을 쓰고 있다.
번개와 뇌성들이 울려 퍼진다. 두려움, 공포였던 그들이 보좌를 호위한다.
수정 같은 유리바다와 보좌 주위의 네 생물,
야생동물의 왕 사자, 새들의 왕 독수리, 가축 중 최고인 소가 있다.
그 모든 피조물의 대표와 이십사 장로의 찬양이 가득하다.

### 생각하기

우리 눈앞의 현실을 하늘 보좌에서 본다면
핍박 받는 교회, 폐허가 된 교회, 찢기고 상한 성도들,
강제 노역으로 지친 성도, 지하에서 몰래 예배하는 성도 등이 있다.
그들이 장차 가야 할 처소에서 예수가 기다리신다.
이십사 장로의 모습을 이 땅의 교회 지도자들의 환난에 비추어 본다면 어떨까?
지금 내 모습은 처참하지만 하늘보좌 위의 존귀함과 찬란함을 본다.
**지루함 없고 한없는 거룩과 기쁨이 있는 천국 예배이다.**
**지금 온통 암흑이고 절망이라면 하늘 예배를 보라. 거기에서 하나님을 예배한다.**

### 적용하기

당시 로마 황제의 지배 하에서 영원한 하나님의 나라를 본다.
우리의 예배는 우리와 온 만물들을 대표한다.
나는 예배의 한량없는 즐거움과 기쁨의 찬양이 있는가?
하나님 심판을 벗어나 구원과 생명의 책에 내 이름이 녹명될까?
죽임 당하신 어린 양이 책을 취하신다.
그 생명책에는 어린 양 예수의 피로 씻은 자들의 이름이 있다.
**우리 찬양의 대상은 십자가에 죽으신 예수이다.**
**내가 그를 믿음의 주요, 찬양의 주로 고백한다면 진정한 예배자이다.**

# 99 혼인잔치 죽음잔치

나는 하늘에서 수많은 사람들이 부르는 노래 소리를 들었습니다.
"할렐루야! 구원과 영광과 능력을 하나님께 돌려 드리자."

이십사 명의 장로와 네 생물이 보좌에 앉으신 하나님께 엎드려 경배하였습니다.
"아멘, 할렐루야! 하나님을 섬기는 자들아, 하나님을 찬양하라!
높은 자든지, 낮은 자든지, 그분께 영광 돌리는 모든 자들아,
하나님을 찬양하라! 기뻐하고 즐거워하자.
하나님께 영광을 돌리자. 어린양의 결혼식이 가까웠다."

천사는 내게 계속 말하였습니다.
"어린 양의 결혼 잔치에 초대받은 자는 복이 있다고 기록하여라.
이는 하나님께서 친히 말씀하신 진리의 말씀이다."

나는 또 한 천사가 하늘에서 내려오는 것을 보았습니다.
그 천사는 끝없는 구덩이의 열쇠를 갖고 있었고,
손에는 큰 쇠사슬을 쥐고 있었습니다.
그리고 그들을 꾀던 사탄은 유황이 타는 불못에 던져질 것입니다.
그곳은 이미 짐승과 거짓 예언자가 던져졌던 곳입니다.

사탄은 그곳에서 밤낮으로 영원토록 고통을 받을 것입니다.
또, 나는 크고 흰 보좌와 그 위에 앉으신 분을 보았습니다.
땅과 하늘이 그분 앞에서 흔적도 없이 사라졌습니다.

그리고 높은 자나 낮은 자를 막론하고
죽은 사람들이 모두 보좌 앞에 서 있는 것을 보았습니다.
생명책이 펴져 있고 다른 책들도 펼쳐져 있었습니다.
죽은 사람들은 그 책에 기록되어 있는 대로
각기 행한 행위에 따라 심판을 받았습니다.
생명책에 이름이 기록되지 않은 자들은 누구든지 다 불못에 던져졌습니다.

_ 요한계시록 19장과 20장에서

### 살펴보기

수많은 사람들과 이십사 장로들, 네 생물들에게서
하나님의 구원, 영광, 능력으로 가장 기쁜 소리인 '할렐루야'가 연이어 나온다.
전능하신 하나님이 다스린다고 찬양한다.
드디어 어린 양의 결혼식이라는 환상이 열린다.
결혼식이란 가장 행복하고, 기쁘고, 즐거운 날의 상징이다.
신랑의 모습은 어린 양이고 신부는 교회이다.
신부가 입은 빛나고 깨끗한 옷은 성도들의 의로운 행위라고 부언을 한다.
'어린 양의 혼인 잔치에 청함을 입을 자들이 복이 있도다.
여기에 초대된 자들이 바로 성도이다.'

### 생각하기

우리는 초청받은 하객이자 주인공이다.
내게 어떤 의로움도 신부의 자격도 없지만 예수의 사랑으로 된 것이다.
현실의 어떤 고난 앞에서도 더럽히지 않는 정결한 삶을 살게 하신다.
이 '혼인잔치'에 반대되는 환상이 또 있다.
하나님의 백성인 신부들을 대적했던 자들의 '죽음잔치'이다.
신실하시고 참된 분, 피 뿌린 옷을 입은 예수 그리스도가 왕이다.
그 왕이 세상 통치자와 그를 따르던 자들을 심판한다.
유황 불못에 던져지고 영원토록 밤낮 고통을 받는다.
**그 이름이 보좌 앞의 생명책에 있는 자들은 '혼인잔치'로,**
**이름이 적히지 않은 자들은 행위록에 기록된 대로 '죽음잔치'로 간다.**

### 적용하기

성도들의 종국은 이 세상이 아니라 하나님의 왕국이다.
천국에 대한 진정한 소망이 있는가?
구원받은 사람이 기록된 생명책과 죽은 자의 행위가 기록된 행위록이 있다.
누가 전자의 책으로, 누가 후자의 책으로 심판을 받을까?
**어린 양 예수가 인도하는 대로 따라간 자들은 생명책에 있다.**
**세상은 늘 힘과 권력을 요구하지만**
**예수는 늘 힘없고 유약한 어린 양으로 묘사된다.**
**하지만 그 분의 유약함이 모든 인류의 강함보다 우월하다.**

## 100 하나님과 함께 영원히

그 후, 나는 새 하늘과 새 땅을 보았습니다.
전에 있던 하늘과 땅은 사라지고 바다도 없어졌습니다.
그리고 거룩한 성, 새 예루살렘이
하나님이 계신 하늘로부터 내려오는 것을 보았습니다.

나는 마치 신랑을 위해 단장한 신부의 모습을 보는 듯했습니다.
보좌로부터 큰 음성이 들렸습니다.
"이제 하나님의 집이 사람들 가운데 있게 될 것이다.
하나님께서 사람들과 함께 계시고, 그들은 하나님의 백성이 될 것이다.
하나님께서 친히 그들과 함께 계시며, 그들의 하나님이 되어서
그들의 눈에서 모든 눈물을 닦아 주실 것이다.
이제는 죽음도, 슬픔도, 울음도, 아픔도 없으며,
모든 옛 것들이 다 사라질 것이다."

그 때, 보좌에 계신 분이 말씀하셨습니다.
"보아라, 내가 모든 것을 새롭게 하겠다.
내가 네게 하는 말은 진실하고 참되니 이것을 기록하여라."

또 이어서 말씀하셨습니다.
"이제 다 이루었다! 나는 알파와 오메가이며, 처음과 마지막이다.
내가 목마른 자들에게 생명수 샘물을 거저 주겠다.
승리한 자들은 누구나 다 이것을 유업으로 받을 것이며,
나는 그의 하나님이 되고, 그는 나의 아들이 될 것이다."

나는 성 안에서 성전을 볼 수 없었습니다.
그 이유는 전능하신 주 하나님과 어린 양이 바로 성전이시기 때문입니다.
그 성에는 해와 달도 필요가 없었습니다.

하나님의 영광의 광채가 빛이 되고,
어린 양이 그 성의 등불이 되시기 때문입니다.

그러나 깨끗하지 못하고 부끄러운 것이나
거짓말한 자들은 이 성에 들어올 수 없습니다.

오직 이름이 어린 양의 생명책에 기록된 자들만이 들어갈 수 있습니다.
그 천사는 또, 내게 생명수가 흐르는 강을 보여주었습니다.
수정같이 맑은 그 강은 하나님과 어린양의 보좌로부터 흘러나와
그 성의 넓은 거리 한가운데로 흐르고 있었습니다.

강 양쪽에는 생명나무가 있어서 일 년에 열두 번,
달마다 새로운 열매를 맺고 있었습니다.
또, 그 잎은 모든 사람들을 치료하는 데 사용되었습니다.

그들은 하나님의 얼굴을 볼 것이며,
그들의 이마에는 하나님의 이름이 기록될 것입니다.
그곳에는 밤도 없고 등불이나 햇빛이 필요 없을 것입니다.
주 하나님께서 그들의 빛이 되시고,
그들은 거기서 영원히 왕처럼 살 것입니다.

이 책에 기록된 예언의 말씀을 듣는 모든 이들에게 경고합니다.
만일 누구든지 이 말씀에 다른 것을 덧붙이는 사람이 있으면
하나님께서 이 책에 기록된 재앙을 그에게 내리실 것입니다.

또, 만일 누구든지 이 예언의 말씀에서 어느 하나라도 빼는 자는
하나님께서 이 책에 기록된 생명나무와
거룩한 성에 참여할 특권을 빼앗아 버리실 것입니다.
이 모든 것을 증언하신 분 예수님께서 말씀하십니다.
"그렇다, 내가 속히 가겠다."
"아멘! 주 예수여, 오시 옵소서."

_ 요한계시록 21장과 22장에서

## 살펴보기

새 하늘과 새 땅이 내려온다. 하나님께서 자기백성들과 친히 함께 하신다.
승리한 자들이 누리는 집이라고 선언하신다.
믿지 않는 자들은 유황이 타는 불못으로 갈 것이다.
거룩한 도성이 내려온다. 모든 성은 각종 보석으로 만들어져 있다.
누가 새롭게 된 만물 가운데 살까? 오직 믿음으로 이긴 자들이다.
성안에는 성전이 없고 하나님과 어린 양이 성전이다.
두 분의 빛이 가득하다. 해, 달이 필요 없고 모든 민족이 그 아래에서 다닌다.
하나님과 어린 양의 보좌 앞에서 생명나무가 있고 생명수가 흐른다.
이 모든 환상을 본 요한이 들은 마지막 음성이다.
**'오직 하나님께 경배하라. 내가 진실로 속히 오리라.'**

## 생각하기

새 하늘과 새 땅은 우리가 상상하는 그 어떤 것보다 놀랍고 아름다운 곳이다.
친히 하나님께서 예수를 통하여 택하신 자들과 거하신다.
속된 것, 가증한 일, 거짓말하는 자는 누구도 들어가지 못한다.
오직 어린 양의 생명책에 기록된 자들만 들어갈 수 있다.
요한에게 이 놀랍고 무서운 환상을 보여주신 이유가 있다.
**계속 세상 속에서 힘 가진 나라로, 힘 가진 나로 살 것인지**
**아니면 하나님과의 관계 안에서 더욱 경배할 것인지 선택해야 하는 것이다.**
**예수 믿음으로 산다면 어떤 환난 속에서도**
**다시 오시는 예수를 두 팔 벌려 환영하는 내가 될 것이다.**
**그분이 다시 오심은 첫 창조인 에덴보다 완벽한 곳이다.**

## 적용하기

'아멘! 주 예수여, 오시옵소서.'
이렇게 두 손 들고 두 팔 벌려 예수를 기다리는 신앙인가?
조금 있다가, 나중에 오셔야 할 신앙인가?
하나님에 대해 소망조차 없고 기대도, 기다림도 없는 진부한 상태의 연장인가?
새로운 하늘과 땅 안에 세상의 귀하고 아름다운 모든 보석 장식물들이 있다.
그것들은 그곳에 거주하는 하나님의 자녀들만큼 귀하진 않다.
**이 세상에서 내 삶의 형태가 어떠하더라도 진정한 예배자라면**
**우리에게 약속된 곳은 하나님과 예수의 빛 가운데 사는 하나님나라이다.**

| 신약성경의 분류 | | | |
|---|---|---|---|
| 복음서 | | 마태복음(마) | 메시야적 왕 예수그리스도 |
| | | 마가복음(막) | 종으로 오신 예수그리스도 |
| | | 누가복음(눅) | 사람으로 오신 예수그리스도 |
| | | 요한복음(요) | 예수님은 하나님이시다 |
| 역사서 | | 사도행전(행) | 제자(베드로)의 전도기록 |
| 서신서 | 바울서신 | 로마서(롬) | 행위가 아닌 오직 믿음으로 |
| | | 고린도전서(고전) | 언제가 심판대 앞에 서는 우리 |
| | | 고린도후서(고후) | 환난 당하는 자를 위로함 |
| | | 갈라디아서(갈) | 기뻐하라. 믿음으로만 자유한다 |
| | | 에베소서(엡) | 구원은 하나님의 놀라운 은혜로만 |
| | | 빌립보서(빌) | 어떤 상황에서 기뻐하라 |
| | | 골로새서(골) | 하나님의 지식은 인격의 변화로 |
| | | 데살로니가전서(살전) | 천국에서 만날 사람들을 고대하라 |
| | | 데살로니가후서(살후) | 재림하실 주를 바라보며 분별력과 균형 |
| | | 디모데전서(딤전) | 선한 싸움! 절대포기하지 말라 |
| | | 디모데후서(딤후) | 주를 섬기는 일에 흔들리지 말라 |
| | | 디도서(딛) | 예수가 오늘 오실 것처럼 |
| | | 빌레몬서(몬) | 삶으로 믿음을 드러내야 한다 |
| | | 히브리서(히) | 하나님을 알려면 예수를 보아라 |
| | 일반서신 | 야고보서(약) | 믿음은 행동해야 한다 |
| | | 베드로전서(벧전) | 말씀은 영적 자양분이다 |
| | | 베드로후서(벧후) | 영원을 바라보는 시각 |
| | | 요한1서(요1) | 우리의 대언자 예수 그리스도 |
| | | 요한2서(요2) | 말로만 말고 삶으로 사랑해라 |
| | | 요한3서(요3) | 선을 행하는 것이 하나님 가족이다 |
| | | 유다서(유) | 용서가 면죄부는 아니다 |
| 계시록 | | 요한계시록(계) | 새 땅과 새 하늘이 우리들이 갈 나라 |

**바이블 라이프**

성경의 핵심 본문을 통한 100가지 만남

초판 1쇄 발행 2021년 6월 30일

지은이 정종돈
펴낸이 김한수
편 집 박민선

펴낸곳 한국NCD미디어
등 록 과천 제2016-000009호
주 소 경기도 과천시 문원청계2길50 로고스센터 205호
전 화 02-3012-0520
이메일 ncdkorea@hanmail.net
홈주소 www.ncdkorea.net

Copyright©한국NCD미디어2021
Printed in Seoul, Korea

ISBN 979-11-91609-02-8

* 이 책은 한국NCD미디어가 저작권자와의 계약에 따라 발행한 것이므로
본사의 협의없는 무단전재와 무단복제를 엄격히 금합니다.
* 잘못 만들어진 책은 구입처에서 교환해드립니다.

**값 15,000원**